U0932519

国家出版基金项目
NATIONAL PUBLICATION FOUNDATION

# 中国信访制度研究

ZHONGGUO XINFANG ZHIDU YANJIU


主　编：舒晓琴

副主编：徐思鸣　范　愉　牟海松

成　员：龚维斌　王万华　刘智刚　史嵩宇　宋军亮

　　　　李秋学　方绍飞　马永辉　章鹤群　王治铎

　　　　丹　彤　逯占英　周向阳



中国法制出版社

CHINA LEGAL PUBLISHING HOUSE

# 前 言

信访制度是中国特色社会主义民主政治制度的有益补充，是中国特色社会主义法治体系的有机组成部分。新中国成立以来，信访制度在倾听群众呼声、维护群众权益、密切党群干群关系方面发挥了重要作用。党的十八大以来，习近平总书记就信访工作提出一系列新观点新论断，系统回答了信访工作是什么、信访形势怎么看、信访工作怎么干等重大理论和实践问题，形成了习近平总书记关于加强和改进人民信访工作的重要思想。这一重要思想是习近平新时代中国特色社会主义思想的重要组成部分，信访工作以此为根本遵循，在体制、机制、法治等方面取得了新的突破，形成了一系列理论成果和实践成果。加强信访理论研究，系统梳理这些成果，深入研究信访制度的内在规律以及理论和实践中的重大问题，指导信访工作新的实践，是信访制度不断发展完善的要求。为此，国家信访局组织力量编写了《中国信访制度研究》一书。

本书坚持以习近平总书记关于加强和改进人民信访工作的重要思想为根本遵循，立足于信访工作制度改革和信访法治化建设的成功实践，对信访制度在党和国家工作大局中的地位和作用，作出新概括、提出新观点，充分体现了道路自信、理论自信、制度自信、文化自信。

本书坚持构建信访制度理论体系和加强实践指导并重，学术价值、权威解读、实务指引相统一。通过对信访制度的基本概念、历史演进、功能定位、价值理念、机理运行、中外制度比较等方面进行系统阐释，对信访权、信访制度功能、信访制度政治定位与法律定位、信访法治化等一些学术上关注的重点问题进行辨析和论证，夯实信访理论体系的基础。同时，本书还以党的十八大以来信访工作理念为主线，对信访工作的体制机制和具体程序作出详细描述和解读，为信访工作实务提供指导，以期广大读者通过本书了解信访制度的基本理论、基本架构和运行机制，对信访制度有一个全面客观的认识。

实践永无止境，理论研究永无止境。信访制度需要在改革过程中，不断完善，迎接新的挑战、完成新的使命。信访制度研究也要与时俱进，不断研究新情况新问题，指导新的实践。期望本书能够为今后信访制度研究提供一个新的起点。期望信访制度研究不断结出新的硕果、开辟新的境界，在指导和推动实践方面发挥更大的作用、体现更大的作为！

# 目 录

## 第一章 基本概念



## 第二章 信访制度的建立和演进

## 第三章　信访制度的功能定位

## 第五章 信访工作的运行

## 第六章 国外类似制度比较研究

## 结语　信访制度的发展与完善

# 第一章　基本概念

在长期的实践中，逐步形成了信访、信访活动、信访工作、信访制度、信访权、信访人等一系列基本概念。这些基本概念有的没有明确的定义，有的只有定义但缺乏对内涵深入系统的阐释，因而很难在此基础上构建一个完整的理论体系，一些理论争议和实践中的困惑由此产生。厘清和阐释这些基本概念的内涵，对研究范畴和研究对象作出明确界定，为后续所有的规律、理念、观点的阐释和体制、机制、法治的建立提供明晰的起点，是研究中国信访制度、构建完整的信访理论体系不可或缺的基础。

## 第一节　信　　访

### 一、信访的概念

#### （一）“信访”的词源及定义

“信访”一词，是新中国成立后在处理人民来信来访工作的长期实践中逐步形成的。1963 年 12 月，国务院秘书厅发布《信访档案分类办法》，在中央国家机关内部文件较早使用“信访”一词①。1971 年，《红旗》杂志刊登《必须重视人民来信来访》一文，把人民来信来访称为“信访”、

① 刁杰成：《人民信访史略》，北京经济学院出版社 1996 年版，第 338 页。

处理人民来信来访工作称为“信访工作”。1986年，《汉语大词典》把“信访”一词列入，解释为“群众来信来访的简称，指人民群众致函或走访有关部门，反映情况，并要求解决某些问题”。这样，“信访”一词逐渐成为一个有确定涵义的专业名词。

国务院于1995年制定、2005年修订的《信访条例》以行政法规形式对“信访”作了定义，《信访条例》所称的信访，“是指公民、法人或者其他组织采用书信、电子邮件、传真、电话、走访等形式，向各级人民政府、县级以上人民政府工作部门反映情况，提出建议、意见或者投诉请求，依法由有关行政机关处理的活动”。这一定义分别从主体（公民、法人或者其他组织）、形式（书信、电子邮件、传真、电话、走访等）、受理部门（各级人民政府、县级以上人民政府工作部门）、目的（反映情况，提出建议、意见或者投诉请求）等层面对信访作了界定。作为行政法规，《信访条例》将受理信访的部门限定在行政机关，无法囊括所有行使国家公权力的机关和组织，具有一定的局限性。从工作实践看，除行政机关外，中国共产党的各级组织以及立法机关、监察机关、审判机关、检察机关等行使公权力的部门都处理群众信访，同时，各级人民政协机关，工会、共青团、妇联等群团组织，法律法规授权的具有管理公共事务职能的组织，提供公共服务的国有企事业单位等相关组织一般也处理群众信访。此外，军事机关也处理本系统的信访问题。公民、法人和其他组织不仅向行使公权力的部门和相关组织，而且大量是向党政机关负责人、领导人反映情况，提出建议、意见或者投诉请求。因此，本书所研究的信访制度中的“信访”，在一般意义上是指公民、法人或者其他组织采用书信、电子邮件、传真、电话、走访等形式，向行使公权力的部门、组织及其负责人反映情况，提出建议、意见或者投诉请求，依法由有关部门、组织处理的活动。

从“信访”的词源及定义可以看出，这一概念是由人民来信、来访，即形式特征演化而来的，是长期以来在人民群众的社会实践和国家治理中逐渐形成的用语，具有约定俗成的特点，之后通过国家法律法规的形式被赋予特定的含义，成为法律概念。

（二）信访的本质属性

信访本质属性体现在三个方面：第一，信访是一种活动。信访活动的主体是公民、法人和其他组织，是由社会成员主动发起的活动；活动的形式主要包括写信、走访、网上投诉等。信访活动指向的对象是各级党的机关、国家机关等行使公权力的部门和组织，体现了社会成员与公权力部门和组织的互动，实质是公民与国家之间关系的反映。信访活动的内容是反映情况，提出建议、意见或者投诉请求，反映了社会成员参与国家治理、维护个人权益、进行民主监督的意愿。第二，信访是一种权利。信访权受法律的认可、保障和规范，公民、法人和其他组织有权进行信访活动，公权力部门和组织应当对信访活动所承载的内容予以妥善处理。信访权作为一项权利，是人民群众主体地位的体现，表明了国家对信访活动的认可，意味着国家需要通过相应的程序及职权行为（作为或者不作为）保障该权利的实现。第三，信访是一种制度。信访制度是国家在法律规范、组织机构体系、工作运行机制等方面的一系列制度安排，目的是依法按程序处理公民、法人和其他组织的信访活动、保障其信访权利。信访制度是一项具有中国特色的制度，发挥着参与治理、保障权益、民主监督等功能。作为社会主义民主政治制度的有益补充，信访制度是党和国家机关听取人民群众意见、建议和要求，接受人民群众监督的重要渠道；作为社会主义法治体系的有机组成部分，信访制度是法定的特殊救济渠道或程序，承担着社会矛盾纠纷化解和权利救济功能，发挥了维护群众合法权益的重要作用。

## 二、信访活动

（一）信访活动的构成要素

信访活动作为一种社会成员主导和参与的活动，有其特定的内涵，信访活动的构成要素主要体现在：

1. 信访活动具有特定的主体。信访活动的主体是通过书信、电子邮件、传真、电话、走访等形式反映情况、提出意见建议和投诉请求的公民、法人或者其他组织，称为信访人。信访人可以是自然人，也可以是法人或者其他组织。公民、法人或者其他组织采用书信、电子邮件、传真、电话、走访等形式可以进行多种内容的活动，如私人联络、信息发布、商务交往等，但只有向行使公权力的部门和组织反映情况、提出意见建议和投诉请求时，才能成为“信访人”。

2. 信访活动具有特定的内容。信访活动的内容，主要是向行使公权力的部门或组织反映情况，提出建议、意见或者投诉请求，要求依法处理。信访人提出的建议、意见和投诉请求称为信访事项。信访事项主要分为以下几类：①意见建议类信访事项，是指对国家事务、经济和文化事业、社会事务管理提出自己的主张和看法；②申诉求决类信访事项，是指不服国家机关、其他有关组织的处理决定，提出改变或纠正的要求，或者请求国家机关履行职责，帮助解决困难、问题，满足自身特定利益需求；③检举控告类信访事项，是指对行使公权力的部门和组织及其工作人员失职、渎职等违纪、违法行为的检举或者控告，要求查处。

3. 信访活动具有特定的形式。信访活动的目的要通过特定的形式来实现，包括两个层面的要求：一是必须是向行使公权力的部门或组织提出。信访本质上反映的是国家和人民的关系，因此信访活动指向的只能是公权力部门或组织，向其他主体反映情况、提出意见建议和投诉请求，不属于信访活动，比如，公民通过新闻媒体表达言论的活动，就不属于信访活动。二是必须按照规定的形式提出。信访活动的进行应当依照国家认可的形式进行，《信访条例》等相关法律法规规定了提出信访的方式、层级等，体现了信访作为一项制度安排的基本要求，比如，应当依法向有权受理和办理信访事项的国家机关提出，采用走访形式的，还应当到指定的接待场所。在指定场所之外进行的，不属于信访活动，这也构成了信访活动与宪法规定的集会、游行、示威等活动的区别。

（二）信访活动的特点

1. 信访活动反映了社会成员与国家的互动关系，具有历史性和普遍性。尽管作为概念的“信访”是新中国成立后出现的，但从实质上而言，信访活动反映了社会成员和国家的关系，是社会成员通过特定形式向国家表达意愿或要求的一种手段。这种现象是古今中外都存在的。类似信访的活动有其历史渊源，民众通过挝鼓申诉、赴阙陈情、遮道倾诉、拦路喊冤、邀驾告状等形式向统治者陈情、申冤古已有之。信访也并非中国所独有，国外也有类似的活动，公民有了冤屈和诉求可以采用书面、走访或网上等形式向专门的申诉机构反映，许多国家把处理公民申诉作为议会或政府的一项专门工作。

2. 信访活动的内容涉及国家治理和社会治理的各个方面，具有多样性和综合性。第一，信访活动涉及的领域广泛，包含了国家事务、经济和文化事业、社会事务管理的各个方面。第二，信访活动涉及的群体广泛。社会各个阶层、各个群体都可以参与信访活动，信访活动的内容既可以是信访人的切身利益，也可以是公共利益。同时，进行信访活动的程序性限制较少，更具有开放性，更便于不同群体反映诉求。第三，信访的类型广泛，涉及信访人的政治权利或人身、财产权利和其他权利。意见建议类信访事项不以实现自身特定的利益诉求为目的，是为了促进国民经济和社会发展、改进国家机关工作、保护社会公共利益而表达看法；检举控告类信访事项无论是否涉及信访人的特定利益诉求，在客观效果上，都具有监督公权力部门和组织及其工作人员的作用，这两类信访都是信访人参与政治活动、行使政治权利的体现。申诉求决类信访事项以利益诉求为内容，信访人希望通过公权力的介入，实现其主张，维护其人身权、财产权和其他权利。

3. 信访活动可以通过多种方式进行，具有灵活性和便捷性。进行信访活动不受文化程度、财产状况、地域、职业等的限制，可以通过书信、走访、传真、电子邮件、电话等多种形式随时随地反映。国家提供多种方便快捷的诉求表达渠道，方便群众信访活动，适应人民群众的需求，保障人民群众与国家沟通。同时，随着科学技术的发展，国家还实行网上投诉、视频接访、手机信访，其核心的目的都是确保信访渠道更加畅通，信访活动更为便捷。

4. 信访活动反映经济社会发展状况，具有时代性和社会性。信访活动反映一个时期社会成员参与国家政治生活、监督权力运行、维护个人合法权益的愿望和要求，其与当时经济社会的发展程度密切相关。不同经济社会发展阶段存在不同的问题，有着不同的社会矛盾，这些矛盾和问题往往通过信访渠道反映出来。因此，信访活动也有着不同的内容和形式，是国家直接了解社情民意、评价社会治理能力和为政得失的一个重要信息来源。处理信访问题体现着国家治理能力和政府公共决策、公共服务的水平。

## 三、信访工作

信访工作是公权力部门和组织对信访活动做出回应、对信访事项进行处理的行为。信访工作的主要内容是处理信访事项，其外延也在不断扩展，呈现出“瞻前顾后”的特点：一是延伸到信访事项发生之前，如通过征求意见建议等形式主动吸收社会成员的参与、开展决策评估等主动预防矛盾纠纷；二是延伸到信访事项办理之后，如对反映的问题进行综合分析研判，为政策的调整和完善提供依据。

信访工作的性质主要体现在：

1. 信访工作是所有公权力部门和组织的工作。信访活动的内容涉及公权力行使的各个领域，并不是特定部门的专门工作。《中华人民共和国宪法》第二十七条明确规定，一切国家机关和国家工作人员必须依靠人民的支持，经常保持同人民的密切联系，倾听人民的意见和建议，接受人民的监督，努力为人民服务。《中国共产党章程》把坚持全心全意为人民服务作为党的建设必须坚决实现的基本要求之一。信访问题的产生是社会经济发展过程中各种社会矛盾的综合反映，信访工作也需要贯穿政策制定、实施、评估、反馈的全过程和各方面。信访工作既涉及党的组织，也涉及所有国家机关、行使公权力的社会团体和企事业单位，是一项全局性、系统性的工作，是全党和所有国家机关的工作。

2. 信访工作是群众工作。信访工作是党和政府联系群众的桥梁纽带，其基本内容和根本任务是了解民情、集中民意、维护民利、凝聚民心。信访工作所处理的事项，都涉及人民群众最关心最直接最现实的利益问题。人民性是信访工作的本质属性，群众工作方法是信访工作的基本方法。信访工作并不是简单判断是非对错的工作，而是应当怀着对群众的感情，坚持群众观点和群众路线，认真回应群众的问题和困难。因此，信访工作也是一项政治性的工作，对夯实党执政的基础、促进社会和谐稳定具有重要作用。

3. 信访工作是维护权益的工作。切实维护群众合法权益，是信访工作的出发点和落脚点，也是检验信访制度成效的试金石。国家机关通过处理群众信访事项，使得信访人的权利得到合法合理的救济，保护或恢复受到侵害的合法权益，满足人民群众正当的利益要求；同时，通过信访渠道听取人民群众意见建议、接受人民群众监督，不断改进国家机关工作，保障人民群众依法有序参与管理国家事务和社会公共事务。

## 四、信访制度

信访制度，是对信访活动和信访工作所作的一系列制度性安排，包括调整信访活动和信访工作的法律、法规和规范的总和以及相关的组织体系、工作制度和基本程序。信访作为一项独立的制度，具有相对稳定的模式、独立的定位和独特的功能。

（一）信访制度的内容

信访制度主要包括信访法律规范体系和信访工作制度两部分内容。

1. 信访法律规范体系。作为国家层面确立的制度，信访制度是以《宪法》、法律、法规以及党内法规文件和其他规范性文件为依据的。信访法律规范体系规定了信访制度的主要内容，对信访制度功能作用的发挥具有导引、约束和保障的作用。在特定历史阶段，信访制度所发挥的功能，在国家治理体系中的定位以及实际的运转状况，都是由相应的法律规范及政策所决定的。信访法律规范体系受到特定社会发展阶段的制约，体现了一定历史阶段信访制度的发展特点，需要随着国家政治体制改革和信访制度实践的发展进程而不断调整完善，以适应社会治理的需求和信访制度发展的需要。在我国，信访制度的发展、演变并不完全是依靠顶层设计和法律制度建构而成的，在很大程度上是实践发展的产物，与不同历史阶段的经济社会文化发展状况、民主和法治发展水平、公民的法治素养以及其他相关制度的发展完善情况密切相关，是各级国家机关和信访工作机构“摸着石头过河”，不断创新、不断完善的结果。目前，我国初步形成了以《宪法》为统领，以《信访条例》为主干，以党内法规、地方性法规和规范性文件等为有机组成部分的信访法律规范体系，在保障信访权利、规范信访工作方面发挥了重要作用。

2. 信访工作制度。信访工作制度是为了保障信访制度的运行，由法律规范体系确立的关于信访工作的一系列体系化安排。信访工作制度主要包括信访工作体制、工作机构、工作原则、工作运行制度等内容。其中包括国家统一的宏观制度设计和各个地方、部门的微观制度设计；也包括信访工作组织体系和具体工作程序，如信访矛盾排查化解制度、信访受理制度、初信初访办理制度、信访听证制度、信访督查制度等。这些制度共同作用，保障了信访制度功能作用的实现。

此外，信访活动和信访工作中形成的一些习惯性的、尚没有纳入法律规范体系和工作制度中的做法及工作惯例，也是信访制度的组成部分，这些做法将在逐渐成熟和完善的基础上，融入法律规范制度或工作制度中。

信访制度和信访工作制度是工作实践中经常使用的概念，两者的主要联系在于，信访工作制度是信访制度的下位概念，是保障信访制度运行、实现信访制度功能的机制。通过改革信访工作制度，调整、创新信访工作中不适应信访制度功能定位的体制机制，是完善信访制度的必由之路。两者的主要区别在于，信访制度作为一项法律制度，是面向社会的，具有规范性、稳定性、公开性和程序性特点，只有顺应和符合群众的实际需求，坚持以维护人民群众的合法权益为核心价值追求，才能更好地发挥作用；而信访工作制度主要是指公权力机关及信访部门的具体工作制度，主要用以规范、约束自身工作，本身亦属于信访制度，但可以有更多的针对性、创新性和灵活性。

（二）信访制度的属性

1. 信访制度是国家确立的一项制度，是国家治理体系和制度体系的重要组成部分。信访制度的确立、运行、发展、完善都是国家意志的反映，信访的制度化，就是国家通过制度化手段，对信访活动进行保障并对信访工作进行规范的安排。比如，党的十七大报告提出“完善信访制度，健全党和政府主导的维护群众权益机制”，党的十八大报告提出“正确处理人民内部矛盾，建立健全党和政府主导的维护群众权益机制，完善信访制度，完善人民调解、行政调解、司法调解联动的工作体系，畅通和规范群众诉求表达、利益协调、权益保障渠道”。当前的信访制度就是按照这些要求不断明确功能定位，不断完善法律、政策和体制机制，依法规范运行的。

2. 信访制度兼具政治制度和法律制度的双重属性。作为一项政治制度，信访是公民管理国家事务，管理经济和文化事业，管理社会事务的重要途径和形式，是一切权力属于人民的具体体现，是中国特色社会主义民主政治的有益补充。同时，信访制度又是中国共产党密切联系群众的重要制度设置，体现了党的群众工作路线。作为一项法律制度，信访制度有专门的法律依据，具有相对独立的调整范围和独特的处理方式，是与诉讼、行政复议、仲裁等制度并存的纠纷解决机制，是维护公民合法权益的一项保障机制。

3. 信访制度是融合本土特色和世界趋势的制度。从历史渊源看，信访制度是具有中国特色，传承中国历史、符合文化传统又契合国情的本土制度；从产生和发展的过程看，信访制度是中国共产党领导人民科学、民主、依法、有效治理国家和社会的重要制度设计，是中国共产党一手创立和完善的制度，是马克思主义与中国国情相结合的产物。在当代社会治理的格局中，信访制度作为一项具有权益救济功能的制度，与司法及其他纠纷解决程序相互配合，以充分发挥其便利性、低成本、强调协商等柔性方式的优势，发挥了不可替代的作用。国外也有类似信访制度的公民申诉制度，其理念和方法与中国信访制度有很多类似之处，利用柔性的非诉讼纠纷解决机制来化解矛盾符合国际潮流。

## 第二节　信　访　权

人民群众进行信访活动，实质上是行使宪法赋予的一项基本权利。信访制度的建立和发展，都是围绕着更好地维护人民群众的信访权利进行的。明确信访权的概念和范围、确立尊重和保障信访权的理念，是信访制度研究必不可少的内容。

### 一、信访权的概念

#### （一）信访权的内涵和依据

信访权最初源于实践，国家相关政策文件中对此已有较为系统的表述，表明信访权事实上已经成为国家认可并加以保护的公民权利。1982

年，中共中央办公厅、国务院办公厅转发的《党政机关信访工作暂行条例（草案）》即规定，“人民群众通过来信来访向各级党委和政府提出要求、建议、批评和揭发、控告、申诉，是宪法规定的民主权利”。2002 年 7 月，中共中央办公厅、国务院办公厅在《关于进一步做好村民委员会换届选举工作的通知》中明确使用了“信访权”概念，要求“各地、各有关部门特别是信访、民政、司法行政部门一定要尊重农民群众的申诉权、信访权”。2007 年，中共中央、国务院印发的《关于进一步加强新时期信访工作的意见》中也明确要求要“完善信访诉求表达方式”，“充分尊重和保护人民群众的信访权利”，这是第一次以中共中央、国务院文件的形式对“信访权利”概念予以确认。

所谓信访权，即公民进行信访活动的权利，是指公民、法人或者其他组织有权通过书信、电话、传真、电子邮件、走访等形式，向公权力部门和组织反映情况，提出意见、建议和投诉请求，并要求其依法处理的权利。信访权的构成类似于诉权。诉权即起诉权，是指当事人提起诉讼的权利或权能，与诉权相对应的是胜诉权，即实体权利，一般特指实体法上的各种权利。诉权决定当事人有权利将纠纷诉诸司法诉讼，但只有拥有实体权利并满足诉讼的各种法律条件（如证据、实体依据等），才可能赢得诉讼。信访权是一种程序性权利，旨在保护公民利用信访方式提出各类诉求的权利，但其诉求是否合法合理、能否被采纳或得到救济、处理，则需要根据实体权利而定。作为一项程序性权利，信访权具有综合性或复合性，包含批评、建议、申诉、控告、检举和特定权益诉求等不同内容。

权利与义务是辩证统一的，与其他权利一样，公民行使信访权也必须履行相应的法律义务，即依法进行信访；而国家作为责任主体，不仅有义务和责任保障公民信访权的实现，也有权对相关违法行为追究法律责任。

在我国，信访权有明确的宪法和法律依据。根据我国《宪法》第四十一条规定，公民有对国家机关和国家工作人员提出批评和建议的权利，有对国家机关和国家工作人员的违法失职行为提出申诉、控告或者检举的权利。上述权利内容的行使方式多样，既可以通过新闻媒体、网络等提出，也可以直接向国家机关提出，信访是其中重要的一种形式。信访权是公民向国家机关提出批评、建议、申诉、控告和检举权利的综合和延伸。《信访条例》对信访权的保障作了细化规定，规定“各级人民政府、县级以上人民政府工作部门应当畅通信访渠道，为信访人采用本条例规定的形式反映情况，提出建议、意见或者投诉请求提供便利条件。任何组织和个人不得打击报复信访人”，各省（自治区、直辖市）人大常委会制定的本行政区域的信访法规也都有类似规定，这些都是信访权行使的直接依据。

确认信访权的权利属性具有现实必要性，是公民、法人和其他组织通过信访活动实现实体权利的程序保障。在实践中，由于尊重和保障信访权的观念薄弱，一方面，限制、阻碍和压制信访活动的现象仍时有发生，正常的信访权利得不到保障；另一方面，无序的、不依法进行的信访活动极大地扰乱了信访秩序，实际上是一种滥用权利的行为。确立信访权的概念，明晰信访权的边界，既是依法维护人民群众合法权益的需要，也是保障信访制度良性有序发展的需要。

### （二）信访权的构成要素

根据权利的定义，权利的构成要素包括三个方面：权利的主体，即被赋予权利的一方；权利的内容，即一定的作为或者不作为；义务的主体，即承担相应义务或责任的一方。信访权有下列构成要素：

#### 1. 权利主体

信访权的权利主体是公民、法人或者其他组织，具有广泛性和平等性。中华人民共和国公民，不分民族、种族、性别、职业、家庭出身、宗教信仰、教育程度、财产状况和居住状况等，都具有行使信访权的资格。法人和其他组织也可以进行信访活动。信访权的权利主体不等同于信访人，信访人是实际行使信访权的权利主体，即信访行为人，其内涵小于信访权权利主体。具备了信访权权利主体资格的公民、法人或者其他组织，只有进行信访活动时，才成为事实上的信访人。

2. 权利内容

信访权的主要内容是向公权力部门和组织表达意愿，反映问题，提出批评、意见建议、控告检举和投诉请求，并要求其给予恰当的回复和处理。信访权作为一项程序性权利，权利主体有权进行信访活动，要求启动信访工作程序，满足其实体性权利要求。信访权所指向的实体性权利从性质上可以区分为参政权、监督权和获得救济权三项权能。表达意愿、反映问题，是公民参与国家和社会治理的具体方式；对国家机关的批评、意见建议，体现了对国家机关的监督；提出投诉请求，则是公民获得权利救济的一种方式；而控告检举则既可能属于权利救济的范畴，也可能属于监督的范畴。

3. 义务主体

根据承担的义务的不同，信访权的义务主体包括两类。①国家。国家对信访权的实现既承担积极义务，也承担消极义务。信访权首先表现为进行信访活动的权利，而信访活动的进行需要借助一定的形式，这些形式既需要国家的认可，也需要国家通过积极作为予以保障。消极义务主要表现在，禁止国家机关和行使公权力的组织限制和妨碍信访权主体进行信访活动，更不得歧视和打击报复进行信访活动的公民。②其他任何组织和公民。其主要承担消极义务，即不得限制和妨碍信访活动，不得歧视、打击报复进行信访活动的公民。

另一方面，公民、法人或者其他组织作为信访权的权利主体，本身也必须承担相应的义务，即依法进行信访活动的义务，需要遵守信访相关法律法规规定，遵守国家其他刑事、民事、行政法律法规。同时，行使信访权也应当有明确的边界或限度，不得滥用。

（三）信访权的性质

1. 信访权是公民的一项基本权利

信访权作为基本权利，是由我国人民当家作主的根本地位决定的。我国《宪法》规定，“中华人民共和国的一切权力属于人民”，“人民依照法律规定，通过各种途径和形式，管理国家事务，管理经济和文化事业，管理社会事务”。信访为人民管理国家事务，管理经济和文化事业，管理社会事务，行使当家作主的权利提供了制度化的渠道，是人民主权的具体体现。能否保障信访权的行使，在一定程度上反映了人民群众能否表达自己的意愿、积极参政议政，进行民主监督，行使当家作主的权利。

信访权作为基本权利，是由信访权在权利体系中的基础性地位所决定的。一般认为，公民权利中最根本、最主要的内容被称为公民的基本权利，基本权利表明了公民的宪法地位，反映了国家权力与公民权利之间的相互关系，构成一个国家政治制度运行的基础。信访权实质上是公民行使特定政治权利、民主权利和申诉权利的一种程序性权利，反映了国家与公民的关系，体现了公民在国家中的地位，在公民权利体系中具有基本权利的地位。从实践看，人民群众将信访作为反映情况、提出意见建议和投诉请求的优先选择的情况仍然较为普遍，信访的实际作用和优势亦难以完全被其他法定渠道所兼容，充分体现了信访渠道的不可替代性。

2. 信访权是一项综合性权利

信访权包含了批评、建议、申诉、控告、检举等多项权利内容，体现出政治参与、监督和请求权利救济的多重属性，具有综合性。在实践中，公民的信访活动指向的内容较为复杂，往往体现为多种权利目标的结合，其中既包括参政议政等政治性权利，也包括要求实现人身权、人格权、财产权和其他社会经济权利等非政治性权利。信访权是实现公民上述多种权利目标的权利，不仅仅是批评、建议、申诉、控告等权利的简单叠加，因而具有相对独立的意义。

3. 信访权是一项程序性权利

信访权意味着权利主体有权进行信访活动，其解决的不是信访人的实体诉求的合法性或正当性，而是旨在满足信访活动主体选择特定公权力机关及信访程序解决其诉求的意愿。在具体的信访活动中，作为程序性权利，信访权与其指向的实体性权利既有明确的区别，又存在密切的联系。

首先，信访权的程序性与其所指向的实体性权利密不可分，两者统一于信访活动之中。实现实体性权利是信访权权利主体进行信访活动的目的，而作为程序性权利的信访权则是实现这一目的的手段。通过信访权的行使，保障信访人有效、便捷地进行信访活动，并要求公权力部门对其诉求予以认真处理和回复，根本目标是实现其实体权利诉求。如果脱离了对实体权利的维护，程序空转，信访权就失去了存在的意义。信访渠道的畅通、信访工作程序的规范，都是围绕保障信访权权利主体的程序权利设置的，其目标则是旨在促进实体权利的实现。

其次，信访权作为程序性权利与其指向的实体性权利相对独立。无论实体性权利是否具有合法性，都不能成为妨碍进行信访活动的理由，即使实体权利不成立甚至不合法，只要信访人依法进行信访活动，其程序性权利都应当得到保障。信访权的行使不能保证每一个信访人的诉求都得到其期待的处理结果，但应该保证每一个信访人在信访活动中得到合法、公正、公平的对待。公权力部门和组织作为相对的义务主体，需要积极作为，通过畅通渠道，为信访权的行使提供便利，对信访权予以保障，并通过对具体信访事项的处理实现信访人的实体权利。在实践中，如果人民群众的信访活动受到限制、阻碍和压制，信访权得不到保障，实体权利的维护必然会受到影响，甚至无从谈起。

## 二、信访权的保障

为了保障信访权的充分行使，我国《宪法》和相关法律法规对信访权的行使形成了系统、严密的制度体系。

1. 构建和完善保障信访权的法律规范体系。信访权同其他权利一样，都需要专门法律规范体系的保障，法律规范体系越完善，尊重和保障信访权的相关制度设计越精细，就越有利于信访权的充分行使。构建和完善信访法律规范体系，重点是对信访工作程序进行规范，确保公权力部门和组织的信访工作依法规范运行，公平、公正处理信访事项，保障信访人行使信访权，进而实现其实体权利。在这方面，从中央到地方各级党政机关，都建立了相对完备的体系。其中，《信访条例》作为行政法规，是规范行政管理领域信访工作的立法；地方性法规适用于各地方区域国家机关的信访活动和信访工作。此外，一些相关党内法规和规范性文件也对规范信访工作提出了具体要求，核心都是为了进一步规范信访工作，保障信访权利。

2. 畅通信访渠道。信访渠道是国家机关为便利信访权权利主体进行信访活动而专门开辟的途径。渠道的畅通意味着信访人可以方便、快捷地进行信访活动、启动信访工作程序，是信访权实现的首要保障。如果渠道不畅通，信访人就难以有效行使信访权，信访制度的各项功能也就无法得到有效实现，渠道畅通解决了信访权的入口问题，是整个信访制度良性运行的前提和基础。《信访条例》规定，“各级人民政府、县级以上人民政府工作部门应当畅通信访渠道，为信访人采用本条例规定的形式反映情况，提出建议、意见或者投诉请求提供便利条件”。《信访条例》及有关的地方性法规中明确规定的推行绿色邮政、实行网上受理信访制度、开展联合接访等措施，都是进一步畅通和拓宽信访渠道的做法。畅通和拓宽信访渠道，体现了国家作为义务主体保障信访人行使信访权的责任，既保障信访人有渠道进行信访活动，又保障信访人选择自己认为最优的渠道提出信访事项的程序性权利。此外，任何国家机关及其工作人员、其他任何组织和公民都不得阻碍、干涉、压制信访权权利主体依法进行的信访活动，不得非法限制信访人的人身自由，不得歧视、打击报复信访人。

3. 依法处理信访事项。信访权的保障并不意味着必然满足信访权权利主体所请求的实体权利，而是旨在在信访程序内，由责任主体依照法律和政策，使信访事项得到公平公正处理。这里的“依法”，既包括了《信访条例》等调整和规范信访工作程序的法律法规，也包括了调整公民实体权利的其他法律法规。信访权的保障不能脱离实体权利的实现，畅通信访渠道和保障信访权的目标，必须落实到责任主体的实体处理上，给予信访人合法、合理、有效的救济才是信访活动、信访制度、信访权的实质目标。

4. 依法进行信访活动。根据我国《宪法》的规定，“中华人民共和国公民在行使自由和权利的时候，不得损害国家的、社会的、集体的利益和其他公民的合法的自由和权利”，为权利尤其是基本权利的行使设定了内在界限。任何权利的行使都应当有边界，信访权也不例外。信访人需要遵守有关信访活动的程序要求，不得滥用权利、采用违法行为方式。信访权的行使需要遵循一定的程序，《信访条例》明确了行使信访权应当采用的形式、对象，即采用书信、电子邮件、传真、电话、走访等形式，向各级人民政府、县级以上人民政府工作部门提出，采用走访形式提出信访事项的，应当向依法有权处理的本级或者上一级机关提出，并且应当到有关机关设立或者指定的接待场所提出。行使信访权应当遵循这些规定和正当程序，不得滥用信访权，甚至以信访为名获取非法利益。

## 三、信访人的权利和义务

信访人的权利是法律赋予的信访人在信访活动中享有的具体权利，信访人的义务是法律规定的信访人在信访活动中必须遵守的行为规范。

### （一）信访人的权利

1. 知情权。知情权作为一项重要的权利，是信访人充分获取信息，顺利进行信访活动的必要保障。信访人有权查询其提出的信访事项的受理办理情况，要求国家机关及时给予答复。国家机关应当主动公开与信访活动相关的信息并为信访人获取相关信息提供便利条件。《信访条例》要求行政机关向社会公布信访工作机构的通信地址、电子信箱、投诉电话、信访接待的时间和地点、查询信访事项处理进展及结果的方式等相关信息，是保障信访人知情权的具体举措。

2. 获得公正处理的程序保障权。为保障信访事项的公正处理，有以下几项具体权利：①申请回避权。《信访条例》规定，“行政机关工作人员与信访事项或者信访人有直接利害关系的，应当回避”。②陈述、申辩权。《信访条例》规定，“对信访事项有权处理的行政机关办理信访事项，应当听取信访人陈述事实和理由”。③委托代理权。信访人可以委托律师或者其他代理人代理其进行信访活动。④申请复查、复核权。信访人对信访事项处理意见不服的，可以申请复查、复核。这些程序的设置，目的都在于保障信访人对其提出的信访事项能够获得公正处理。

3. 个人信息受保护权。在信访活动中，信访人的个人信息应当受到保护，信访权的行使，有的与监督国家机关及其工作人员的职务行为有关，有的是为了维护信访人的个人权益或者公共利益，保护信访人的个人信息，其目的是为信访人行使权利提供更安全的环境，避免信访人的后顾之忧。为此，信访人有权要求国家机关及其工作人员对其个人隐私、商业秘密进行保密，国家机关及其工作人员也不得泄露工作中知悉的信访人个人隐私、商业秘密，不得将信访人的检举材料及有关情况透露给被检举的人员或者单位。

（二）信访人的义务

1. 依照法律、法规的规定进行信访活动。信访人应当依法进行信访活动，主要表现为：一是按照法律规定的方式提出信访事项，即通过书信、传真、电话、走访、信息网络等形式提出。二是通过走访提出信访事项的，还应当在规定的接待时间，到有权处理的本级或者其上一级国家机关设立或者指定的接待场所提出，即走访有时间、地点和国家机关层级的要求。三是多人采用走访形式提出信访事项的，还应当推选代表，代表人数不得超过5人。四是不得损害国家、社会、集体的利益和其他公民的合法权利，不得扰乱社会公共秩序和信访秩序。

2. 信访人应当根据客观事实如实提出信访事项，不得捏造或者歪曲事实进行诬告陷害。同时，还应当配合国家机关对信访事项进行调查、核实和处理，以便于查清事实，作出处理结论。

3. 不得泄露、传播、扩散涉及第三方的个人隐私、商业秘密等信息和信访活动中承诺保密的有关信息。不得泄露、传播、扩散涉及第三方的个人隐私、商业秘密是一项一般性的要求，在信访活动中也应予以遵守。不得泄露信访活动中承诺保密的有关信息是信访活动中的一项特殊要求，主要考虑到信访活动往往更多通过协商、调解等方式解决矛盾纠纷，或者是在事实不易认定等特殊情况下，需要通过适用公平原则解决矛盾纠纷时，对其中的过程性信息确定保密义务，有助于双方在没有顾虑的情况下充分交换意见，如果通过协商、调解的方式无法达成意见，则这一过程中需要保密的内容不得作为形成信访处理意见时的依据。

信访人在信访活动中，如果上述权利未能得到保障，可以按照相应程序寻求救济；如果未能依法履行义务，甚至违反相关法律的，需要依法承担法律责任。

# 第二章　信访制度的建立和演进

信访制度具有显著的中国特色，历史渊源可以追溯到中国久远的文化传统中。本书所讲的中国信访制度是中华人民共和国成立后所建立的处理人民来信和接待人民来访制度，它萌发于新民主主义革命时期，初步创立于中华人民共和国成立后，在社会主义建设和改革开放时期逐渐发展起来，党的十八大以后得到进一步改革和完善。

## 第一节　信访制度的历史渊源

中国信访制度深深扎根于中国历史文化土壤中。古代的上书言事、赴阙陈情，近现代的请愿制度，都为当代中国信访制度的产生和发展提供了丰富的历史养分。

### 一、古代上书陈情制度

在中国古代数千年历史长河中，上书陈情制度不断演进，展示出一幅色彩斑斓的历史长卷。

它发端于原始社会末期的尧舜禹时代。据史料记载，尧即位后，为了听取人们对社会治理的建议或批评等，就在大路口设置了两个标志性设施，一是“进善之旌”，二是“诽谤之木”。[①] 此外还有尧“置敢谏之鼓”的记载。[②] 舜时，继承尧制，“立诽谤之木，使天下得攻其过”[③]，“设旌陈鼓以广直言之路”[④]。他还任命龙为“纳言”，“听下言纳于上，受上言宣于下，必信也”[⑤]。禹时，同时悬钟、鼓、磬、铎、鼗以待四方之士，史料称：“教寡人以道者击鼓，谕以义者击钟，告以事者振铎，语以忧者击磬，有讼狱者摇鼗。一馈而十起，一沐三握发，以劳天下之民。”[⑥]

进入阶级社会以后，这种历史文化传统得到继承和发扬。例如，西周朝外右置“肺石”，“以肺石达穷民，凡远近茕独老幼之欲有复于上而其长弗达者，立于肺石三日，士听其辞，以告于上而罪其长”[⑦]。在大寝之门外还建有路鼓，大仆“掌其政”。御仆和御庶子在路鼓处轮流当值，穷苦无告之民由朝士带领来到此处击路鼓鸣冤诉苦。[⑧] 春秋战国时期，士人周游列国，积极参政议政，不少人因建言献策得到重用，由布衣而成卿相。有的诸侯国还发布相关王令。如，齐威王发布命令，“群臣吏民能面刺寡人之过者，受上赏；上书谏寡人者，受中赏；能谤讥于市朝，闻寡人之耳者，受下赏”[⑨]，实行批评有奖制度。自秦朝至清朝的封建专制时期，中国古代上书陈情制度不断重构、承继、变革，形成了较为稳定的制度体系。

### （一）公车府受理制度

秦朝建立公车司马府，对外受理吏民上书，[⑩] 内朝由近臣掌通章奏。[⑪] 西汉王朝在卫尉下设立公车府对外接受吏民上书。“公车司马令一人，六

---

① 司马迁：《史记·孝文本纪》，中华书局1999年简体字版，第12页。
② 杨坚点校：《吕氏春秋·淮南子》，岳麓书社2006年第2版，第294页。
③ 吴乘权等：《纲鉴易知录·五帝记》，中华书局2009年版，第11页。
④ 袁了凡、王凤洲：《纲鉴合编·五帝纪》，中国书店1985年版，第23页。
⑤ 司马迁：《史记·五帝本纪》，中华书局1999年版，第32页。
⑥ 袁了凡、王凤洲：《纲鉴合编·夏记》，中国书店1985年版，第25页。
⑦ 陈戍国点校：《周礼·仪礼·礼记》，岳麓书社2006年第2版，第81页。
⑧ 杨天宇：《周礼译注》，上海古籍出版社2004年版，第510页。
⑨ 刘向选编：《战国策·齐策一·邹忌修八尺有余》，山西古籍出版社2003年版，第83页。
⑩ 杜佑：《通典》卷25，中华书局1988年版，第70页。
⑪ 杜佑：《通典》卷22，中华书局1988年版，第587页。

百石。”“掌宫南阙门，凡吏民上章，四方贡献，及征诣公车者”[①]。配备丞、尉各一人。西汉成帝于少府置尚书五人，其中，民曹尚书主管吏民上书事。秦朝和西汉前期，尚书只是“通章奏而已”，但后来进而“拆阅章奏”和“裁决章奏”。汉宣帝亲政后，令吏民上书不经尚书，改由中书令启封，宣帝亲览。这一制度模式确立后，魏晋南北朝诸王朝因袭之，只是在名称和具体运作机制等方面稍有变化而已。

（二）匭（使）制度

唐初继承前朝立登闻鼓和肺石古制。但是，武则天为通悉天下事务，于公元686年（垂拱二年），命铸铜为匭，置之朝堂。东边的叫延恩匭，献赋颂、求仕进者投之；南边的叫招谏匭，言朝政得失者投之；西边的叫伸冤匭，有冤抑者投之；北边的叫通玄匭，言天象灾变及军机秘计者投之。[②] 以谏议大夫及补阙、拾遗一人充使，受纳诉状，每日暮进晨出。[③] 谏议大夫及补阙、拾遗，为知匭事；御史中丞、侍御史一人，为理匭使。其后同为一匭。[④] 武周以后的唐朝并没有废除匭制，而是大体上沿用。五代十国时期，后唐、后晋、后周等王朝承袭匭制。[⑤]

（三）登闻鼓及登闻检院制度

登闻鼓至少早在西晋就开始设立，南北朝、隋、唐、宋、元、明、清时期诸王朝承袭之，一直延续到清末。北宋将管理登闻鼓的鼓司改为登闻鼓院，将匭院改为登闻检院。南宋、金国也实行登闻鼓院和登闻检院制度，受理有关“言朝政得失、公私利害”等方面的进状。[⑥] 未经鼓院者，检院不得收接。登闻鼓院和登闻检院只负责受理和转呈进状，不负责处理，皇帝直接审阅后交有关部门处理。

---

① 司马彪：《后汉书》志25，中华书局1965年版，第3579页。
② 司马光：《资治通鉴·唐纪》卷203，中华书局1956年版，第6437—6439页。
③ 刘昫：《旧唐书》志第23《职官》，中华书局1975年版，第1853页。
④ 欧阳修：《新唐书》志第37《百官二》，中华书局1975年版，第1206—1207页。
⑤ 薛居正：《旧五代史·职官志》，中华书局1976年版，第1994页。
⑥ 毕沅：《续资治通鉴·宋纪》，中华书局1957年版，第297、2590、3489页。

### （四）通政使司制度

为了加强皇权专制统治，避免权臣控制言路擅权舞弊，公元1377年，明朝太祖朱元璋改察言司为通政使司，规定吏民上书必须经过专门设立的通政使司，改变了明初承袭的元制（言事经中书省）。通政使司有通政使一人，正三品；左、右通政各一人，正四品。后改司为寺，通政使改为通政卿，通政参议改为少卿，寺丞增置左、右补阙，左、右拾遗各一人。掌管四方陈情建言，申诉冤滞，或告不法等事。凡天下臣民实封入递，即于公厅启视，节写副本，然后奏闻。午朝则引奏臣民之言事者，有机密则不时入奏。凡议大政、大狱及会推文武大臣，必参预。① 这就明确规定了通政使司的组成、职权、工作程序及地位作用等。清朝沿袭了明朝通政使司制度。

## 二、近现代请愿制度

鸦片战争后，中国社会发生巨变，西学东渐，近代西方各种思潮不断涌入中国，不同思想文化相互激荡，政治制度发生嬗变。上书陈情制度也是这样，受到西方影响，请愿制度首次以政治制度形式在中国历史舞台上出现。

辛亥革命时期，湖北军政府于1911年11月公布的《中华民国鄂州临时约法草案》规定："人民得陈请于议会。"② 1912年3月11日公布的《中华民国临时约法》在第二章第七条规定，人民有请愿于议会之权；第八条规定，人民有陈诉于行政官署之权。

北洋军阀执政时期，1914年制定了《立法院组织法》，主要内容有：人民请愿书，非有议员五人以上之介绍，不得收受；请愿事件，非经审查，不得提付院议；抵触约法之请愿，不得受理；干预审判之请愿，不得

---

① 张廷玉：《明史·职官二》志第49，中华书局1974年版，第1780页。

② 辛亥革命武昌起义纪念馆、政协湖北省委员会文史资料研究委员会：《湖北军政府文献资料汇编》，武汉大学出版社1986年版，第41页。

受理；请愿书不合程式者，不得受理；请愿书对于政府或议会，措词不守相当之敬礼者，不得受理。这些基本上都是禁止性规定，[①] 从一个侧面反映了民权被削弱的事实。

南京国民政府时期，民众陈情请愿活动没有中断过，但由于国民党长期实行“训政”，直到1946年12月才制定了《中华民国宪法》，[②] 其中第十六条规定，人民有请愿、诉愿及诉讼之权。国民政府公布施行的《立法院组织法》第八条规定，人民依宪法第十六条之规定，向立法院请愿时，其处理办法，由立法院定之。

可见，无论是古代上书陈情等制度，还是近现代请愿制度，在一定程度上可以成为民众表达疾苦、议政建言的渠道，是统治者广开言路、及时了解和处理社会矛盾的需要，起到了维护自身统治的作用。

## 第二节　信访制度的初创

信访制度是中国共产党领导建立的人民信访制度。中国共产党领导的红色政权建立之初，就把处理人民来信和接待群众来访作为一项重要工作内容予以规定。新中国建立后，设立了负责信访工作的机构，明确了相关工作制度，信访制度初步创立起来。

### 一、革命根据地时期处理人民来信和接待群众来访的制度

在瑞金时期，1931年11月7日通过的《中华苏维埃共和国宪法大纲》中规定，工农劳动群众享有言论、出版、集会、结社等民主自由权利。从临时中央政府到县级组织系统中，各级均设有工农检察部（科），

---

① 中华民国史事纪要编辑委员会：《中华民国史事纪要（初稿）》1914年卷（7月至12月），第580页。

② 郑大华：《重评1946年〈中华民国宪法〉》，《史学月刊》2003年第2期。

下设控告局。控告箱应运而生。比如，江西兴国县苏维埃政府就设置了控告箱。大量的群众控告类来信主要由控告局负责处理。

在延安时期，1941 年 5 月，中共陕甘宁边区中央局颁布《陕甘宁边区施政纲领》，其中规定，保障一切抗日人民（地主、资本家、农民、工人等）的人权、财权及言论、出版、集会、结社等自由权。1942 年 6 月，陕甘宁边区政府发布了《关于派公正干部切实调查群众控告案件的命令》。1945 年 9 月，陕甘宁边区政府又发布了《令各县政府对人民控告干部的案件应及时认真负责处理》的文件，并予以认真贯彻。

中国共产党领导人有亲自处理人民来信和接待人民来访的传统。比如，毛泽东同志在延安时期就曾接收、接待和处理过许多群众来信来访。如，新闻工作者范长江曾于 1938 年 1 月 3 日给毛泽东写信谈论国家重大问题，毛泽东于 2 月 15 日复信，希望大家为促进并实行共同抗战、共同建国纲领而奋斗；① 接到美国一位同情八路军抗战的人来信后，1938 年 6 月 15 日，毛泽东请《解放》周刊编辑吴亮平起草一封回信，并明示回信要点。② 1938 年 8 月，抗日军政大学第六大队第一支队政治教育干事柳夷写信反映其入党障碍问题等，毛泽东于 10 月 30 日复信表明自己的看法，并告知写信人下一步反映问题的办法及渠道。③ 1938 年，《大公报》派驻陕西榆林记者杨令德写信反映其外甥袁尘影被错误关押问题，12 月 14 日，毛泽东复信说，其外甥已经被释放，并表示歉意。④ 1938 年 2 月，毛泽东还亲自研究处理过延安、延川、宜川等地残废医院的伤病员要到延安集体请愿、反映医疗条件差等问题的事宜。毛泽东在百忙之中回复来信群众或接待求见者，凡能做到的，都满足其要求；不能做到的，也做了很好的解释说明工作。

---

① 《毛泽东书信选集》，人民出版社 1983 年版，第 120—122 页。
② 《毛泽东书信选集》，人民出版社 1983 年版，第 129 页。
③ 《毛泽东书信选集》，人民出版社 1983 年版，第 130—131 页。
④ 《毛泽东书信选集》，人民出版社 1983 年版，第 134—135 页。

随着解放战争的不断胜利，人民的政治热情空前高涨，不少群众给中央领导同志写信，批阅信件任务繁重。根据毛泽东同志的提议，1949 年 4 月，中共中央批准成立“中央书记处政治秘书室”，由中央书记处书记任弼时兼任室主任，主要任务是处理人民群众给毛泽东同志和党中央的信件，为中华人民共和国信访制度的建立奠定了基础。

## 二、新中国信访工作机构的设立

新中国成立后，人民群众纷纷来信，表示热烈祝贺、拥护和支持，同时也有一些人民来信来访，要求政府帮助解决个人困难，或者反映情况。中央人民政府委员会办公厅指派专人负责人民来信来访工作。群众给党中央、毛泽东的信由中央书记处政治秘书室负责处理，开始是兼职，后改为专职。1950 年，党中央决定撤销中共中央书记处政治秘书室，成立中共中央办公厅秘书室，专门负责处理群众写给毛泽东等中央领导同志的信件及接待上访群众，由毛泽东的秘书田家英任主任。[①] 群众写给周恩来总理的信件，多集中在总理办公室处理。写给政务院和副总理的信件由政务院秘书厅的同志在办理公文同时兼办。1950 年 12 月，中央人民政府委员会办公厅和政务院秘书厅合署办公，处理人民来信来访工作也合在了一起。1951 年 3 月，政务院秘书厅成立“群众信件组”，作为办理人民群众来信的专职机构。1951 年 10 月，总理办公室受理的人民来信工作移交给政务院秘书厅统一办理。1952 年 2 月，政务院秘书厅开始安排专人负责领导人民来访工作。[②] 当时，来访活动相对较少，专门的来访接待机构尚未普遍建立起来。随着来访活动增多，建立专门的接待来访机构被提上议事日程。1954 年 12 月，国务院秘书厅人民接待室成立。之后，中央国家机关和地方政府普遍设立处理人民来信来访的工作机构，制定了工作办法。这标志着信访工作制度的组织基础开始创建起来。

---

① 刁杰成：《人民信访史略》，北京经济学院出版社 1996 年版，第 26 页。

② 刁杰成：《人民信访史略》，北京经济学院出版社 1996 年版，第 26—27 页。

## 三、信访工作基本方针的初步确立

新中国成立之初，毛泽东、周恩来等党和国家领导人就处理人民来信来访工作原则等问题，分别作出重要指示，为信访工作的开展明确了指导思想。1951 年 5 月 16 日，毛泽东在中央办公厅秘书室的工作报告上批示："必须重视人民的通信，要给人民来信以恰当的处理，满足群众的正当要求，要把这件事看成是共产党和人民政府加强和人民联系的一种方法，不要采取掉以轻心置之不理的官僚主义态度。如果人民来信很多，本人处理困难，应设立适当人数的专门机关或专门的人，处理这些信件。如果来信不多，本人或秘书能够处理，则不要另设专人。"[①] 1951 年 6 月 7 日，政务院颁发了《关于处理人民来信和接见人民工作的决定》，这是我国第一部信访工作的规范性文件，促进了信访工作制度建设；1951 年 7 月 19 日，通过了《中国人民政治协商会议全国委员会暨省、市协商委员会关于处理人民意见的试行办法》。[②] 这些批示和文件初步明确了信访工作的原则要求、方法措施等，初步回答了怎么看待信访工作、如何处理信访问题等。主要体现在以下几个方面：

一是明确了信访工作的政治定位，强调做好人民来信来访工作的必要性。把处理人民来信和接待人民来访工作看作是党和政府加强与人民联系的一种方法。要求重视人民的通信，满足群众的正当要求，不要采取官僚主义的态度。指出，各级人民政府是人民自己的政府，各级人民政府的工作人员是人民的勤务员；应该密切地联系人民群众，全心全意地为人民服务；应该鼓励人民群众监督自己的政府和工作人员；对于人民的来信或要求见面谈话，应该热情接待，认真负责处理。

二是明确了要有机构和人员来做信访工作。处理人民来信和接待人民

---

① 中国共产党中央文献研究室编：《建国以来重要文献选编》第 2 册，中央文献出版社 1992 年版，第 265 页。

② 刁杰成：《人民信访史略》，北京经济学院出版社 1996 年版，第 351 页。

来访是各级领导的工作，秘书或信访工作机构则是协助领导处理来信和接待来访的。中央要求，领导人应经常地对这项工作进行检查和指导，各级党委和政府应当指定一名领导同志负责，专门工作人员或机构的配备，根据来信来访多少和工作需要而定。

三是明确了处理群众来信来访的原则。凡属群众的正当要求，应当解决而又可以解决的，必须认真处理，负责解决；尚不能解决的，必须耐心解释；凡属中央专管部门已经解决了的问题，如无原则错误，一般应维持原议；如确有处理不当之处，可提请再议或提交原专管部门领导人负责处理。

## 四、信访工作基本规范的初步形成

新中国成立初期中央和政务院的有关文件规定了一系列信访工作制度，主要包括：

一是日常办理制度。对人民所提出的意见和问题，凡本机关能办理的，必须及时办理。需要转交下级机关或其他有关部门办理的，应及时转送，并检查催办。如系上级机关交办者，应及时办理，并于办理后将结果回报；若有特殊情况不能及时处理，亦应告知来信本人及原交机关。对于人民所提问题的处理结果，应及时通知本人。建立登记、研究、转办、检查、催办、存档等制度。

二是分工负责制度。对于群众提出的各种各样的问题，必须分别“归口交办”，依靠各个业务部门和工作单位，结合各自的业务和工作进行处理。凡属控告机关或工作人员的事件，应交人民监察机关处理。反对信访工作中推诿扯皮等官僚主义行为，中央各机关接见群众工作要明确分工。加强地方党政机关接见群众工作，减少来京求见的群众。

三是保护来信来访群众制度。严禁被控机关或人员采取报复行为；如有报复者，应予以处分，情节严重者并应送司法机关依法惩处。

四是工作报告制度。各级人民政府及政府各部门对处理人民来信和接见人民的工作，应经常总结和定期向上级报告。比如，各大行政区人民政府（军政委员会）和中央直属省市人民政府，应每半年向政务院作一次总结报告。

五是舆论监督制度。对于有教育意义的典型事件，于处理后，可在当地报纸上发表或在适当的会议上宣布。对报纸刊物所载人民群众的批评或意见，各有关机关或工作人员须认真研究处理，并应在该报刊上作公开的答复或检讨。

六是闹访处理制度。对无理取闹者，根据情节轻重，作适当制止或会同公安机关适当处理；对确有问题需要解决，但态度蛮横、滋事取闹者，原则上作两案办理，即一方面对其所提问题予以负责处理，另一方面对其取闹态度作适当制止，如有违法（包括违警）行为者亦可会同公安部门处置。

这一时期，信访制度尽管刚刚建立，但已发挥出积极的作用。一是提供了一条方便快捷的群众利益与意见表达的渠道。它汇集、吸收、综合并向上传递了大量的社情民意，为救济失业的工人、知识分子、旧军政人员、失学的学生和缺粮的农民等群体提供了重要帮助。二是调动了人民群众参政议政的积极性。通过信访渠道将来自各方面群众的意见建议搜集整理上报，源源不断地将蕴藏在人民群众中的无穷智慧与力量挖掘出来，在国家和社会发展事业中发挥出应有的作用。三是巩固了人民政权。人民群众通过来信来访方式检举、揭发和控告反革命分子以及坏人坏事，使各种敌特分子和不法分子纷纷暴露出来。同时，人民群众通过来信来访还揭发了各种官僚主义现象，促进了干部队伍的纯洁。

## 第三节　信访制度的形成

在 1957 年《国务院关于加强处理人民来信和接待人民来访工作的指

示》发布后，经过20多年的曲折探索，至1978年12月党的十一届三中全会开启的改革开放前，中国信访制度基本成型。

## 一、社会主义建设时期信访工作形势与要求

1956年后，我国由社会主义革命时期转入社会主义建设时期。农业、手工业、私人资本主义工商业社会主义改造等三大改造急速完成，在促进社会主义建设转型的同时，也给经济和社会生活带来了这样那样的困难和问题。我国国内发生了一些小范围的闹事事件，一些地方发生罢工、罢课、游行、示威等情况。这表明，在社会主义基本制度确立后，社会主义社会仍然存在各种矛盾，敌我矛盾问题在全国范围内已经基本解决，人民内部矛盾凸显出来，社会主要矛盾发生了重大转变，已经是人民对于经济文化迅速发展的需要的状况同当前经济文化不能满足人民需要之间的矛盾。来信来访形势也发生了一些变化，突出表现在数量有较大幅度上升，经常有集体进京上访出现。毛泽东等中央领导在调查研究基础上，分析了人民内部矛盾的表现和成因，提出了正确处理人民内部矛盾的指导思想和工作原则。指出，群众有气就要出，办法就是使群众有出气的地方，有说话的地方，有申诉的地方。群众把气出了，问题尽可能解决了，怎么还会有罢工罢课呢？但是，严重的官僚主义总是会有的，所以有时闹事也是不可避免的。这也不要紧，遇到这种情况要沉住气，要善于面对群众，依靠群众，耐心地去做工作，这样问题就可以解决①。中央领导的有关论述对当时的信访制度建设起到了重要指导作用。

## 二、社会主义建设时期信访制度的逐步形成

在这一时期，中央先后制定或发布了一系列信访工作文件，主要有《中国共产党各级党委机关处理人民来信、接待群众来访工作的暂行办法

① 《邓小平文选》第一卷，人民出版社1994年版，第273页。

(草案)》《国务院关于加强处理人民来信和接待人民来访工作的指示》《中共中央、国务院关于加强人民来信来访工作的通知》，在明确信访制度框架基础上，各有侧重地强调了人民来信来访工作的原则要求和方式方法，推进了信访制度建设。

### （一）第一次全国信访工作会议后的建章立制

#### 1. 第一次全国信访工作会议

1957 年 5 月 28 日至 31 日，中共中央办公厅和国务院秘书厅在北京联合召开处理人民来信、来访工作会议（后来称第一次全国信访工作会议），中央办公厅主任杨尚昆作工作报告，国务院秘书长习仲勋作总结报告。会议交流和总结了做好人民来信、来访工作的经验，还讨论了《中国共产党各级党委机关处理人民来信、接待群众来访工作的暂行办法（草案)》和《国务院关于加强处理人民来信和接待人民来访工作的指示》。

会议强调要正确认识人民来信来访工作，针对当时信访工作存在的官僚主义缺点，要求加强领导，要有人负责、有专职机构“管这个事情”。会议指出，群众到中央机关提意见、提要求是一种合法的民主权利，不仅是党政机关，也包括群众团体、军队在内，处理群众来信和接待群众来访，是经常联系群众的一个重要方法，是一项政治工作、一个政治任务。会议提出了几条制度性措施。一是明确处理来信来访问题的总方针，必须有信必办，有人必见，做到件件有交代。二是抓“辫子”，就是各单位都要有一个领导同志负责。中央各部要求有一个副部长以上干部负责信访工作，各省、市要有一个副省长或副市长负责管，国务院抓省长，党委抓书记。其职责是指导接见工作和处理来信的机构，阅看一些重要来信、接见一些重要来访，经常把最重要的问题在一定会议上提出来讨论一下。三是要求归口包干，负责到底。坚持归口负责、分工协作的办法。信访群众找到谁谁就要负责，不能推。关于控告干部的问题，凡是被控告的中央管理的干部，归中央处理；凡是省市管理的，归省市处理；凡是控告县以下干部的信，只转到县一级，由县委会的监察委员会负责处理。四是建立督促检查制度。为了防止和纠正“一转下去就再也不管了”的官僚主义问题，要建立起督促检查制度，哪里出事哪里负责解决。五是领导干部轮流参加接待来访群众工作。比如，1957 年 5 月 22 日，国务院秘书厅开始实行国务院秘书长至副处长定期接见群众的制度。六是加强信访工作机构。省委下的这个机构由省委书记管，人民委员会下的由省长管。这个工作机构的干部不但不能精简，还应该适当增加。

2.《中国共产党各级党委机关处理人民来信、接待群众来访工作的暂行办法（草案）》和《国务院关于加强处理人民来信和接待人民来访工作的指示》主要内容

第一次全国信访工作会议讨论了《中国共产党各级党委机关处理人民来信、接待群众来访工作的暂行办法（草案）》（以下简称《办法》），吸收了大家所提的修改意见。[①] 1957 年 11 月 15 日，周恩来主持召开的国务院第 62 次会议，对《国务院关于加强处理人民来信和接待人民来访工作的指示》（以下简称《指示》）进行讨论，并予以通过，11 月 19 日下发。主要内容是：

一是明确信访工作方针。《办法》指出，办理人民来信和接待群众来访工作是一切党的组织和国家机关的一项政治任务、一项长期的经常的工作。毛泽东关于“必须重视人民的通信”的批示是处理人民来信、接待群众来访工作的基本方针。

二是明确信访工作基本原则。①实行专人负责和大家动手相结合的办法。《办法》指出，处理人民来信、接待群众来访，应以尽可能满足群众的要求，又合乎党和人民政府的政策精神为原则。《指示》明确，县以上人民委员会一定要有专职人员或者专职机构，负责建立制度，组织分工，进行督促检查，综合研究，交流经验，并且直接处理一些问题。②实行分级负责。《办法》指出，分为直接办理和转办原则：应由本机关直接办理

---

① 刘旭、聂玉春主编：《信访工作手册》，高等教育出版社 1988 年版，第 10 页。

的，必须负责及时处理；需要转交下级或其他机关直接办理的，一般应按照层次转办或按系统归口办理，但也可以不受层次和系统的限制，直接转请当地或所在机关解决，需要上级机关了解案情或加以监督的，最好经过上级机关；不得将控告干部或批评工作缺点的信件原信转给被控告人或被批评机关，以防止发生报复行为。《指示》明确，处理人民来信和接待人民来访工作，应该以发扬人民民主，密切联系群众，并且遵照国家政策、法令，尽可能满足群众的正当要求为原则。对于群众的批评、建议、要求、控告等都应该认真负责处理；对于无理取闹的坏分子、诈骗犯，应该根据情节轻重，分别进行批评、教育或者联系有关部门作适当的处理。③实行归口办理原则。《指示》明确，对于群众提出的问题，必须分别"归口交办"，依靠各个业务部门和工作单位，结合各自的业务和工作进行处理。县级机关和其以下的基层单位，必须多办少转或只办不转。要认真建立层层负责的制度。

三是明确信访工作职责要求。《办法》指出，办好人民来信、来访工作的关键在于党委领导。要求县（市）以上的各级党委都应该根据来信、来访数量的多少，建立一套登记、转办、检查、催办、档案制度，使重要案件案案有着落，件件有交代；各级业务部门的负责干部应对本部门的人民来信、来访工作进行经常的指导，重要问题应由本人亲自处理。《指示》明确，处理群众提出的问题要采取多种多样的方法。例如，委托下乡、带案下厂、专案调查、报纸登载、编送简报等。各个机关在处理人民来信和接待人民来访工作中都应该建立和健全必要的手续和制度。这些手续和制度，应该适合各种不同机关各自的情况，简便易行，而不能强求一致，过于繁琐。

第一次全国信访工作会议后，各地各部门普遍加强了对信访工作的重视，做了大量的建章立制工作，绝大多数县级以上机关设立了专门的信访工作机构，配备了专兼职信访干部，基层的信访工作得到了重视和加强。

### （二）信访制度在曲折探索中发展

在 1959 年下半年到 1960 年期间，由于受到“反右派”“反右倾”的影响，一些地方发生了对人民来信进行检查、扣留，对来信来访人打击、迫害等违反党纪国法的严重现象，来信来访数量减少百分之六十，匿名信增加一倍，信访制度能否有效发挥党和政府密切联系人民群众的桥梁作用面临考验。

1. 20 世纪 60 年代初毛泽东、刘少奇、周恩来等关于来信来访工作的重要指示

1961 年 3 月，毛泽东对处理反映不满意见的信件作出指示。对反映不满意见的群众来信，不要当反动信件处理；不要一概都转给公安部。对这种信，处理上要宽大一些。处理原则是：如果来信内容还有一些参考价值，可以转给地方参考；如果来信内容没有参考价值，就存起来。对那种明显的反动信，要转给公安部去查，一般只说了一些不满意的话，不要当反动信处理。[①] 这个指示对于确保信访制度在今后一段历史时期不发生重大方向偏离具有重要的指导意义。

1961 年 2 月，召开了中央机关信访工作会议，传达了刘少奇的指示。刘少奇指出，看群众来信更实在；收信机关应对来信经整理审查后，抓住典型案件，组织人直接下去查，一直查到最基层，找来信人问明白，调查清楚后，再要求当地党委处理。要防止下面打击报复，不要原信照转，特别是不要把写信人的姓名地址告诉下面。不容许任何一级机关随意检查、扣留群众来信，信写给哪一级，就只能由哪一级拆看。党委指定一负责同志管来信工作，那些信如何处理，由他负责。[②]

1962 年 3 月，国务院总理周恩来在政府工作报告中批评国务院的有些部门、有些地方的人民政府不重视人民群众经过来信来访和其他方式提出

---

① 董边、镡德山、曾自：《毛泽东和他的秘书田家英》，中央文献出版社 1996 年版，第 348 页。

② 刘春秀、周占顺：《刘少奇与人民信访（上）》，《人民论坛》1996 年第 11 期。

的意见和批评，对人民群众的民主权利尊重不够，强调任何干部都不允许侵犯群众的利益，侵犯群众的民主权利。[①]

2.《中共中央、国务院关于加强人民来信来访工作的通知》的主要内容

经过一系列整治，从 1962 年开始，来信来访数量上升，尤其是到北京各中央机关要求解决工作安置、户口迁移、生活困难等问题的群众日渐增多，这给中央机关的工作增加了很多困难，也加重了群众的困难。这些群众的问题之所以解决不了，主要原因有：一是缺乏具体的政策规定；二是部门分工不明确，助长了官僚主义和不负责任态度。为了改变这种状况，1963 年 9 月下发《中共中央、国务院关于加强人民来信来访工作的通知》（以下简称《通知》），《通知》中有关制度性规定包括：[②]

一是强调加强领导。中央各部门和省、市、自治区党委、人委[③]，都要有一位领导同志主管这项工作。主管领导必须真正管起来，要经常对这项工作进行督促、指导和帮助，要亲自处理一些来信来访问题；要把工作中的重要问题提到本机关的会议上研究解决。中央各部门和地方各级组织要认真检查，总结经验，采取有效措施，切实加强这项工作。

二是强调“归口办理”。对于人民群众提出的各种具体问题，在中央、国务院和省、市、自治区党委、人委，一般采取归口处理，即依靠各个专业部门，结合他们的业务工作，进行处理。中央各部门和地方各业务部门都要按照分工规定负责处理。

三是强调“多办少转”。省、地（专）两级的党政机关，应当力求多办少转。来信来访中的一些重要问题或者下级机关难于解决的，必须直接处理。县的党政机关，一般应当做到只办不转。

这是中华人民共和国成立以后第一次以中共中央文件形式下发关于信

① 参见刁杰成：《周恩来与信访工作》，人民出版社 2014 年版，第 71 页。

② 刁杰成：《人民信访史略》，北京经济学院出版社 1996 年版，第 173—175 页。

③ 即“人民委员会”，是我国 1954 年《宪法》规定的地方国家行政机关。

访工作的通知，尽管《通知》本身很简短，但把新中国成立后10多年信访工作最基本经验概括出来了，大大推动了信访工作制度化建设。

1966年5月后，由于受到当时复杂的经济、政治、社会形势的影响，信访工作出现了一些曲折。

1978年9月18日至10月5日，全国信访工作会议（后来称第二次全国信访工作会议）在北京召开，虽然受到“文化大革命”“两个凡是”“左”的错误政策的影响，未能明确当时信访工作的指导思想和主要任务是平反冤假错案，但会议讨论、印发、交流了中央和有关部门、省市制定的具体政策草稿，涉及遣返遗留、上山下乡、城市私有房产、平反后的工资工龄、成份出身、户口等近十个具有普遍性的政策问题，在促进信访工作方面起到了积极作用。

## 第四节　改革开放以来信访制度的发展

从1978年12月党的十一届三中全会开始到党的十八大召开前，在改革开放形势下，中国特色社会主义信访制度得到长足发展。这一时期，信访制度运行平稳，既体现了社会主义性质和原则，又具有鲜明的中国特色和时代特色。

### 一、改革开放初期的信访制度建设

党的十一届三中全会是新中国成立以来我党历史上具有深远意义的伟大转折，全国的政治经济社会形势发生了极大变化。信访工作形势面临许多新任务新要求。

#### （一）拨乱反正时期信访工作的加强

由于“左”的影响，许多陈年积案得不到解决，不少地方的信访人进京上访，出现了上访“高潮”。由于受当时思想、政治、经济等因素的影响，落实政策、平反昭雪的工作受到影响和阻力。对此，邓小平同志给予了很大关注。1979 年 11 月，他在中央党政军干部大会上作报告时指出：“近来上访人员很多，其中确实有少数坏人、也有一部分人反映的问题有道理或有一定道理，但由于当前条件的限制，一时难以解决；还有相当一部分反映的许多问题，按照党和政府的现行政策，是应该和能够解决的。但是，我们有少数同志对于这些应该而又能够解决的问题，却采取官僚主义态度，漠不关心，久拖不决，个别人甚至打击报复。这就是非常错误和不能允许的了。”① 为此，1979 年 9 月，中央决定成立中央机关处理上访问题领导小组，从中央机关抽 1000 名干部到地方，既当接待员，又当宣传员、调查员，与当地配合，“一竿子”插到底，推动平反冤假错案落实政策。中央、国家机关和各省（自治区、直辖市）相继成立了处理上访问题领导小组或信访领导小组，先后抽调约 20 万名干部协助地方就地解决问题。1981 年与 1979 年相比，进京上访数量减少，内容也有所变化。从信访量上看，1981 年，人民群众给党中央、国务院的来信和到北京的上访大幅减少。各省（自治区、直辖市）的信访量也大幅度下降。从反映内容上看，反映历史问题的申诉信下降，反映现行问题的控告信上升，信访工作取得明显成效。三年间，全国信访工作承担的任务之重，投入的力量之大，联系人民群众之广，解决问题之多，是新中国成立以来所没有的。

### （二）拨乱反正时期的信访制度建设

这个时期，信访工作既要推动解决历史遗留问题、落实党的政策，又要及时反映群众在经济、文化、社会生活等领域揭发和控告信息及利益诉求问题，还要从各方面集中群众智慧，为领导机关提供决策参考。这就要求信访制度必须适应改革开放新形势新任务新要求，不断发展成熟起来。

① 《邓小平文选》第二卷，人民出版社 1994 年版，第 190 页。

根据形势和任务需要，信访工作机构得到恢复和发展。1977 年 11 月，在中共中央办公厅信访处的基础上成立了中共中央办公厅信访局。1980 年 5 月，在国务院办公室信访室的基础上成立了国务院办公厅信访局。1980 年 9 月，中共中央办公厅、全国人大常委会办公厅和国务院办公厅分别成立人民来访接待室。中共中央办公厅信访局和国务院办公厅信访局的编制扩充了一倍多。1983 年 8 月，全国人大常委会办公厅信访室改为办公厅信访局。

1980 年 8 月，中共中央办公厅、全国人大常委会办公厅、国务院办公厅印发了《关于中央各部门归口分工接待群众来访的暂行办法》，对信访涉及的问题按来访人所属系统或反映问题的性质，归口由中共中央和国务院各有关部门接谈处理，各部门各负其责。① 1981 年 5 月，中共中央办公厅发出《关于防止和纠正对人民群众来信来访进行打击报复问题的通知》，主要精神是排除打击报复和诬陷诬告两种干扰，确保信访渠道畅通。以上两个文件分别从归口办理、保障权利等方面促进了信访制度建设。

（三）全党工作重点的转移和信访工作发展

1982 年，在顺利完成拨乱反正、落实政策、平反冤假错案工作之后，全党工作重点转移到了社会主义现代化建设上来。9 月，党的十二大召开，阐明了建设有中国特色的社会主义思想，提出了建设高度的社会主义精神文明和高度的社会主义民主的目标，为新形势下信访制度建设奠定了政治思想基础、指明了奋斗方向。12 月，我国颁布新宪法即现行宪法，明确规定了与信访活动和信访工作有关的宪法性权利，为信访制度建设提供了宪法基础。这意味着，人民群众向各级党委和政府写信、上访，是宪法保障的一项民主权利，也是人民群众参与管理和监督国家各项工作、监督国家工作人员的一种方式，在改革开放新的历史时期，必须建设好信访制度，不断综合反映和解决信访工作中的新情况和新问题，保障好人民群

① 中央办公厅信访局、国务院办公厅信访局编著：《信访学概论》，华夏出版社 1991 年版，第 367 页。

众的民主权利，为建设社会主义物质文明和精神文明作出新贡献。

1982年2月22日至27日，第三次全国信访工作会议在北京召开。会前，党中央、国务院就进一步做好信访工作作了指示，明确了“积极主动、因地制宜、量力而行、积极稳妥”地解决历史遗留问题的重要方针，要求在积极主动解决历史遗留问题的同时，又要量力而行，不要开口子太大，以免引起新的上访“高潮”；对于少数无理取闹的所谓上访人，一定要下决心解决好；各级党委和政府的负责同志都要对信访工作加强领导，所有工作人员都要扎扎实实地做工作。4月8日，中共中央办公厅、国务院办公厅向各地各部门转发此次会议讨论过的《党政机关信访工作暂行条例（草案)》。总共有6章21条。它明确了实事求是，正确贯彻执行党的方针、政策，件件有着落、有结果等信访工作原则，实行按地区、按系统分级分工，归口办理的工作责任制；规定了信访工作领导制度、信访工作机构的设置规格和基本任务、一系列具体工作制度、加强县一级党委和政府信访工作的制度以及信访工作人员守则等。明确规定，各级党政机关，要按照方便群众、有利工作和机构精干的原则，建立健全信访工作机构。党中央、国务院分别在办公厅设立信访局。中央、国家机关各部委(局)，一般在办公厅设立信访处；信访量少的，可配备一定数量的专职信访干部。省、市、自治区党委和政府，可联合设立信访办公室（可以相当于省级机关的局)，或分别在办公厅设立信访处。地（市、州、盟）委和行署（政府)，一般可联合设立信访办公室（可以相当于地级机关的局)。县（市、旗）委和政府，一般可联合设立信访办公室。这为各地各部门信访工作机构的设立提供了统一的文件依据，全国信访工作机构渐成系统。

### （四）信访工作制度的探索与实践

随着国家政治、经济形势的迅速好转和党的各项政策的逐步落实，信访形势和内容也发生了很大变化，如前所述，反映经济建设、“四化”建设和改革中的情况、问题和建议日益增多。党中央、国务院强调信访工作要为改革开放服务。为做好信访工作，进行了一系列探索。

一是健全归口办理制度。随着机构改革的进行，一些信访问题出现归口不清现象，因此，1985 年 2 月，重新修订 1980 年 7 月实施的《关于中央各部门归口分工接待群众来访的暂行办法》，将《中央各部门归口分工接待群众来访办法》作为正式办法下发。[①] 进一步明确了责任主体和归口划分问题。1991 年 5 月，中共中央办公厅、全国人大常委会办公厅和国务院办公厅针对中央机关一些机构的较大调整和业务范围的变化，重新修订了 1985 年的《中央各部门归口分工接待群众来访办法》，进一步明确规定了中央各部门归口分工接待群众来访的范围，而未列入的问题，均按来访人反映问题的性质或所属系统分别归口中央有关部门接谈处理。

二是加强对信访工作的领导。1986 年 3 月，中共中央办公厅和国务院办公厅联合颁发《关于加强信访工作的通知》。[②] 时任中共中央总书记胡耀邦指出，做好信访工作是中央书记处要抓紧指导好的一项长期的大事，一定要把这件大事办得更好。5 月，召开全国信访工作座谈会，中共中央政治局委员、中央书记处书记习仲勋同志到会讲话，强调执政党要重视群众的监督，发扬民主，健全法制；要加强对信访部门的领导；要把群众的问题解决在基层，不要转来转去、无人负责；领导干部要定期接待群众。[③]

三是信访工作机构的调整和加强。为了解决信访工作机构重叠、工作交叉，群众多头信访、重复信访等问题，提高工作效率和质量，1986 年 11 月，中央决定中共中央办公厅信访局、国务院办公厅信访局合并，成立"中共中央办公厅、国务院办公厅信访局"，12 月开始办公。1989 年 11 月，中共中央办公厅、国务院办公厅下发《关于进一步加强信访工作的通知》[④]，要求各级党委和政府重视信访工作，切实加强对信访工作的领导；在党委

① 刘旭、聂玉春：《信访工作手册》，高等教育出版社 1988 年版，第 498—499 页。

② 刘旭、聂玉春：《信访工作手册》，高等教育出版社 1988 年版，第 22—23 页。

③ 《通过处理信访体察民情极为重要》，《人民日报》，1986 年 5 月 22 日，第一版。

④ 《中共中央办公厅国务院办公厅发出通知 进一步加强信访工作》，《人民日报》，1989 年 12 月 22 日，第三版。

和政府的领导下，信访部门对跨地区、跨部门的有关信访案件，要注意协调落实处理单位；指出信访机构是做好信访工作的组织保证，要进一步加强。这就赋予信访部门协调信访案件的职责，有利于推动解决跨地区跨部门信访问题，防止相互推诿、互相扯皮、无人负责现象出现。

## 二、社会主义市场经济条件下的信访制度建设

随着改革开放不断深入推进，企业改制、亏损企业拖欠职工工资、征地拆迁等问题凸显，一些新的矛盾反映到信访工作中，群众集体上访尤其是进京上访明显增多，与改革开放和经济建设有关的问题明显增多，许多问题处理起来难度比较大。信访工作出现了新情况、新问题，亟须制定一部适用于全国的信访法规来调整和规范信访工作。

1. 国务院颁布《信访条例》

1992 年 11 月 12 日至 16 日，中共中央办公厅、国务院办公厅在河南省郑州市召开全国信访工作座谈会，提出尽快制定信访法规或出台信访工作条例，坚持“分级负责，归口办理”原则，实行逐级上访制度和责任追究制度、采取实际措施加强基层信访工作、规范信访机构的规格、归属、名称等意见和建议。

1995 年 10 月 28 日，国务院颁布《信访条例》，并于 1996 年 1 月 1 日正式实施。它是 40 多年信访工作制度建设经验的总结，是加强社会主义民主和法制建设的重要成果，是信访工作步入法制化轨道的重要标志。

该条例共 6 章 44 条。主要内容是：一是阐明了信访立法的指导思想及立法目的，保持各级人民政府同人民的密切联系，保护信访人的合法权益，维护信访秩序。二是明确了信访工作原则，分级负责、归口办理，谁主管、谁负责，及时、就地、依法解决问题与思想疏导教育相结合。三是明确行政机关受理的信访范围：对行政机关及其工作人员的批评、建议和要求；检举、揭发行政机关工作人员的违法失职行为；控告侵害自己合法权益的行为。四是明确了领导职责和信访机构，县级以上各级人民政府及

其所属部门按照有利工作、方便信访人的原则，确定负责信访工作的机构或者人员，负责具体受理、办理信访事项。

《信访条例》的颁布，带动了全国信访法制建设工作。20 世纪 90 年代中后期是信访法规集中出台的时期。不少中央政府部门、许多地方人大和人民政府陆续制定、颁布和实施了与《信访条例》相配套的省、市级信访条例、工作办法、规定或细则等，表现出明显的上下互动关系。

1995 年 10 月 30 日至 11 月 2 日，第四次全国信访工作会议召开，要求各级党委和政府的领导要把做好信访工作作为密切联系群众的一件大事来抓，纳入领导工作的重要议事日程；要有领导分管、专人去抓；党政主要领导要经常阅批群众来信，注意研究解决信访工作中的问题，过问重要信访案件的处理，及时协调处理一些规模较大的群众集体来访；要建立明确的责任制，建立集体上访预报和善后处理汇报以及集体上访责任追究制度。

2. 世纪之交信访工作制度建设的进一步加强

1998 年，中共中央办公厅、国务院办公厅下发《关于进一步加强信访工作的通知》，强调在当前群众来信来访数量呈大幅度上升趋势的情况下，信访工作只能加强，不能削弱；要切实加强领导，建立健全各级、各部门信访工作领导小组，发挥其统筹协调作用；坚持信访工作领导责任制，谁主管谁负责，一级抓一级，一级对一级负责；继续坚持和完善党政领导干部接待群众来访、阅批群众来信、亲自处理重大信访问题的制度，把信访工作纳入领导干部的岗位责任制，对因不负责任、工作失职、处置失当而诱发大规模群众集体上访造成严重后果的，必须追究有关领导的责任；要建立健全县（区）、乡（镇、街道）信访工作网络，配齐配强信访工作人员，完善各项制度，规范工作程序，增强基层就地化解矛盾的能力，把问题解决在基层，解决在萌芽状态；深入贯彻实施《信访条例》，继续推行群众逐级上访和分级受理制度，把信访工作逐步纳入规范化、法制化轨道；对于集体上访特别是集体赴京上访，要采取有效或果断措施，及时就地化解。各级党委和人民政府要重视信访工作机构和队伍建设，使之与形势和自身任务相适应。

2000 年 2 月，经党中央、国务院批准，中共中央办公厅、国务院办公厅信访局更名为国家信访局。

2001 年 9 月 27 日至 29 日，第五次全国信访工作会议在北京召开。会议针对信访总量持续上升，表现形式日趋激烈，集体访、异常访明显增多的情况，要求强化责任制和责任追究制；加强信息反馈、调查研究和跟踪督办工作；加强基层工作，切实解决问题；增强法制意识，加强法制建设，依法办理信访。

## 三、新时期信访工作的发展和制度建设

21 世纪初，信访形势呈现出一些新特点。群众进京访增势明显，从中央到地方，群众信访增幅呈"倒金字塔型"，中央和国家机关受理的越级访、集体访增幅较大。信访反映的问题相对集中，主要集中在农村土地征用、城镇房屋拆迁、国有企业改制、涉法涉诉、企业军转干部问题等五个方面。一些来访诉求形式激烈，集体访尤其是大规模集体访增多，越级集体访增幅较大；择机赴省进京上访，到重要政治活动场所聚集上访有所增多，过激行为时有发生，出现跨地区、跨部门的串联上访活动。

1. 国务院修订《信访条例》

面对新的信访形势，信访工作制度建设存在着不适应的方面，主要体现在：信访渠道还不够畅通；信访工作责任制还没有真正落实；对侵犯群众利益引发信访问题的行为的责任追究还没有完全落到实处；对新出现的破坏信访秩序的行为缺乏依法处置的法律依据。因此，必须面向实际，与时俱进，从制度上构建起系统化、规范化、便捷高效、责任明确的信访工作体系。

2005 年 1 月 5 日，国务院第 76 次常务会议讨论通过了《信访条例（修订草案）》，5 月 1 日，修订后的《信访条例》正式实施。

2005年修订的《信访条例》，对信访工作体制机制作了重大调整。第一，对信访工作原则做出修改和补充。去掉了“归口办理”，变为“属地管理、分级负责，谁主管、谁负责，依法、及时、就地解决问题与疏导教育相结合的原则”。第二，确立了信访工作格局，明确了信访工作领导负责制。规定：县以上各级人民政府应当建立“统一领导、部门协调，统筹兼顾、标本兼治，各负其责、齐抓共管”的信访工作格局，规定：通过联席会议、建立排查调处机制、建立信访督查工作制度等方式，及时化解矛盾和纠纷。第三，明确了信访工作机构的设置、性质及职责。规定：县级以上人民政府应当设立信访工作机构；县级以上人民政府工作部门及乡、镇人民政府应当按照有利工作、方便信访人的原则，确定负责信访工作的机构或者人员，具体负责信访工作。第四，要求信访工作机构及时履行“提出改进工作建议、提出行政处分建议、提出完善政策建议”等职责。第五，明确规定了各级人民政府应建立信访工作责任制、将信访工作绩效纳入考核体系，进一步强化了工作责任。第六，进一步突出了畅通信访渠道。包括：实行信访信息公开制度；建立行政机关负责人信访接待日制度；建立全国信访信息系统；建立政府主导、社会参与、有利于迅速解决纠纷的工作机制等。第七，强化了对信访人合法权益的尊重和保护。修订后的《信访条例》保留了原有保护信访人权利的规定并进行了细化，着重从程序设计上进行完善。第八，进一步强调维护信访秩序，规范信访行为。对围堵、冲击国家机关，拦截公务车辆等6类行为作了禁止性规定。第九，进一步细化和明确了受理、办理、督办程序。原《信访条例》对信访事项的受理、办理程序规定得较为原则，修订后的《信访条例》在程序上进行了细化，规定更加明确，增加了可操作性。第十，明确规定了信访事项实行复查、复核制度。同一信访事项经过信访办理、复查、复核，最多经过三级行政机关做出决定，信访人仍以同一事实和理由提出投诉请求的，各级人民政府信访工作机构和其他行政机关不再受理。第十一，强化依法行政，将法律责任贯穿于信访事项的产生、提出、受理和办理全过程。

《信访条例》的修订，是在新形势下加强和改进信访工作的重要举措，是贯彻《全面推进依法行政实施纲要》，全面推进依法行政，建设法治政府的具体体现，体现了科学执政、民主执政、依法执政的重要理念，在信访领域中促进各级政府向法治、服务、责任、权限、效能、阳光政府转变，回答了新时期信访工作迫切需要回答的一系列重大问题。

《信访条例》的修订，有力地促进了各地各部门建章立制活动。全国绝大多数省份都颁布实施了本行政区域范围内的信访法规，60 多个国家机关修订出台了信访工作办法或规则。建立起与《信访条例》相配套的各项制度，形成了比较完整的信访工作行政规范体系，推动了信访制度的发展。

2. 《中共中央、国务院关于进一步加强新时期信访工作的意见》

2007 年 3 月 10 日，《中共中央、国务院关于进一步加强新时期信访工作的意见》下发（以下简称《意见》）。《意见》的主要内容是：

第一，明确了指导思想和目标任务。提出以邓小平理论、“三个代表”重要思想为指导，全面落实科学发展观，认真贯彻中央决策部署，紧紧围绕全党全国工作大局，牢记为民宗旨，发扬务实作风，坚持依法按政策办事，切实维护社会公平正义，最大限度减少不和谐因素，最大限度增加和谐因素。同时，围绕实现“切实维护群众合法权益，及时反映社情民意，着力促进社会和谐”的目标，提出了构建新格局、建立新秩序、形成新机制和推进信访工作制度化、规范化、法制化的“三新”“三化”任务。这是中央立足当前、着眼长远而提出的战略性要求。

第二，要求进一步畅通信访渠道、依法规范信访秩序。提出要完善信访诉求表达方式，充分尊重和保护人民群众的信访权利，坚决纠正限制和干涉群众正常信访活动的错误做法，确保信访渠道畅通。要通过建设全国信访信息系统，设立国家投诉受理中心等多种渠道和方式，并为群众反映问题、提出意见建议、查询办理情况提供便利条件；提出建立健全人民建议征集制度，鼓励和支持人民群众以各种方式参与国家事务管理；提出大力推行领导干部接待群众来访制度，完善党政领导干部和党代会代表、人大代表、政协委员联系信访群众制度。对信访活动中少数人违反有关法律法规，损害国家、社会、集体利益和其他公民合法权益的行为，要依法严肃处理。

第三，要求建立健全“四个长效机制”。即信访工作综合协调机制，信访问题排查化解机制，信访信息汇集分析机制，信访工作督查机制。强调信访部门要充分履行提出改进工作、完善政策、给予处分建议的职责。

第四，强调要加强基层基础工作。要求各地各部门把“提高基层化解矛盾的能力”和“加强县级信访工作”作为重点。

第五，要求加强对信访工作的领导。健全信访工作领导体制。认真落实信访工作领导责任制，建立科学的信访工作考核评价办法，严格实行信访工作责任追究制。加强信访部门领导班子和干部队伍建设，特别是探索建立后备干部和新提拔干部到信访部门锻炼的制度等。

《意见》是改革开放以来第一个以党中央、国务院名义对信访工作进行全面安排部署的纲领性文件，在信访工作发展史上具有里程碑意义，为进一步开创信访工作新局面提供了明确而有力的思想、政治、组织和制度保障，具有鲜明的时代特征和很强的指导性、针对性和可操作性。

2007 年 3 月 27 日至 28 日，中央召开第六次全国信访工作会议，讨论学习贯彻《意见》精神，总结信访工作经验，部署下一阶段信访工作，进一步推动了信访工作制度建设。

3. 违反信访工作纪律实行责任追究的两个文件

2008 年 7 月 4 日，中共中央纪律检查委员会发布《关于违反信访工作纪律责任追究适用〈中国共产党纪律处分条例〉若干问题的解释》（以下简称《解释》）；2008 年 6 月 30 日监察部、人力资源和社会保障部、国家信访局联合发布了《关于违反信访工作纪律处分暂行规定》（以下简称

《规定》)，主要目的是严格执行处理信访突出问题及群体性事件工作责任制，切实落实领导责任，惩处信访工作违纪行为，维护信访工作秩序，保护信访人合法权益，促进社会和谐稳定。违反信访工作纪律实行责任追究制度在全国范围内建立起来。

《解释》和《规定》重点是对因官僚主义作风严重、工作极端不负责任、决策失误或与民争利而引发大规模群体性事件的，严格实行信访工作责任追究，严肃处理有关责任人。《解释》和《规定》明确界定了“领导责任”内涵，区分了主要领导责任和重要领导责任，涉及了直接责任人员责任问题，列举了违反信访工作纪律的十六种行为，明确了处分规定。《解释》和《规定》的出台，对推动信访工作责任制落实、促进信访问题解决、维护群众合法权益起到了重要作用。

4. 领导干部接访、机关干部下访和矛盾纠纷排查化解“三项长效机制”的建立

为了进一步推动信访工作的体制、机制和法制建设，正确处理新时期人民内部矛盾，促进干部作风转变，夯实党执政的群众基础，推动形成依法及时就地解决信访问题的整体合力，提高科学决策和依法行政水平，中央要求将2008年北京奥运会期间信访工作的成功经验予以总结，将此期间中央相继部署开展的县（市、区）委书记大接访活动、中央和国家机关干部下访督导、矛盾纠纷排查化解活动上升为长效工作机制，深入贯彻《中共中央、国务院关于进一步加强新时期信访工作的意见》，健全党和政府主导的维护群众权益机制。2009年1月，中共中央办公厅、国务院办公厅以中办文件形式转发了相关文件，对领导干部定期接访、定期组织机关干部下访和矛盾纠纷排查化解工作进行了制度性规范，从目标任务、工作原则、方式方法、具体要求、组织领导等方面对领导干部接待群众来访、中央和国家机关组织干部下访、矛盾纠纷排查化解工作都提出了明确要求，具有很强的指导性、针对性和可操作性。

2012年7月13日至14日，中央召开第七次全国信访工作会议，要求

深入开展领导干部接访下访、矛盾纠纷排查化解等工作，大力推进信访体制机制创新，全面加强信访干部队伍建设，不断开创信访工作新局面。

## 第五节　新时代信访制度的改革

党的十八大以来，习近平总书记就加强和改进人民信访工作作出了系列重要指示和重要论述，系统回答了信访工作是什么，信访形势怎么看、信访工作怎么干等重大理论和实践问题，形成了习近平总书记关于加强和改进人民信访工作的重要思想，这是以习近平同志为核心的党中央治国理政思想在信访工作的集中体现，是做好新时代人民信访工作的根本遵循。[①]党的十九大作出了中国特色社会主义进入新时代，我国社会主要矛盾已经转化为人民日益增长的美好生活需要和不平衡不充分的发展之间的矛盾的重大判断。这一重大判断，揭示了新时代广大人民群众不仅对物质文化生活提出了更高要求，而且在民主、法治、公平、正义、安全、环境等方面的要求日益增长，同时也对党和国家各项工作提出了新的更高要求，使得“改革”成为最鲜明的时代主题。

进入新时代，以习近平同志为核心的党中央顺应时代要求、现实需要和人民群众的期待，把信访工作制度改革摆上了十分重要的位置安排部署。2012 年，党的十八大明确要求“建立健全党和政府主导的维护群众权益机制，完善信访制度”[②]；2013 年 11 月，党的十八届三中全会决定要求“改革信访工作制度，实行网上受理信访制度，健全及时就地解决群众合理诉求机制。把涉法涉诉信访纳入法治轨道解决，建立涉法涉诉信访依

① 舒晓琴：《新时代开创人民信访工作新局面的强大思想武器——深入学习贯彻习近平总书记关于加强和改进人民信访工作的重要思想》，《求是》2018 年第 24 期。

② 《十八大报告辅导读本》，人民出版社 2012 年版，第 38—39 页。

法终结制度”[①]，为全面改革信访工作制度提供了基本遵循。2014 年 10 月，十八届四中全会决定要求：“把信访纳入法治化轨道，保障合理合法诉求依照法律规定和程序就能得到合理合法的结果。”[②] 2015 年 10 月，十八届五中全会通过的《中共中央关于制定国民经济和社会发展第十三个五年规划的建议》中，要求“完善社会矛盾排查预警和调处化解综合机制，加强和改进信访和调解工作，有效预防和化解矛盾纠纷”[③]。中共中央办公厅、国务院办公厅先后下发《关于依法处理涉法涉诉信访问题的意见》《关于创新群众工作方法解决信访突出问题的意见》《信访工作责任制实施办法》等文件，进一步细化了信访工作制度改革的要求。

## 一、实行网上受理信访制度

党的十八届三中全会把“实行网上受理信访制度”作为信访工作制度改革的一项重要内容作出部署。2015 年，国务院制定《关于积极推进“互联网 +”行动的指导意见》，要求“深入推进网上信访，提高信访工作质量、效率和公信力”。信访工作落实中央决策部署，打造“阳光信访”，依托互联网建立国家信访信息系统，来信来访来电网上投诉等信访事项都在网上流转，实现信访工作公开透明，接受群众评价和社会监督，提高信访工作公信力。

2006 年 12 月，国家投诉受理办公室经中央批准正式成立。2009 年 1 月 1 日开始对外试运行，专题受理“三农”方面的问题，2010 年扩展到城乡建设、劳动和社会保障领域。2013 年 7 月 1 日，全面放开网上投诉受理内容。2014 年 4 月 8 日，国家信访局印发《关于推进信访工作信息化建设的意见》的通知，要求全国信访系统进一步促进信访工作公开透明高

---

① 《中共中央关于全面深化改革若干重大问题的决定》，《人民日报》，2013 年 11 月 16 日，第三版。

② 《中共中央关于全面推进依法治国若干重大问题的决定》，《人民日报》，2014 年 10 月 29 日，第三版。

③ 《〈中共中央关于制定国民经济和社会发展第十三个五年规划的建议〉辅导读本》，人民出版社 2015 年版，第 57 页。

效，提高规范化、信息化和公信力。

2015 年 1 月 1 日，依托互联网建设的国家信访信息系统正式投入使用，全国各级各部门接收的来信、来访和网上投诉事项受理办理全过程在信息系统流转，群众可以通过互联网进行投诉并在网上查询信访事项受理办理进展和结果，并对信访部门和责任单位进行满意度评价。上级机关可以对下级机关办理情况进行跟踪和督办。截至 2018 年年底，近 9 万个单位接入国家信访信息系统，覆盖了 31 个省（自治区、直辖市）、新疆生产建设兵团的省、市、县三级信访工作机构和大部分职能部门、乡镇街道，45 个中央和国家机关也与国家信访信息系统实现了对接。2016 年 7 月 1 日，国家信访局开通手机信访 APP，同年 9 月 1 日，开通官方微信公众号，群众可以随时随地通过手机在线进行投诉，实时查询信访事项办理情况并进行满意度评价。2018 年，开展信访业务智能辅助系统开发建设，运用信息化智能化手段，提高信访工作质量和效率。

实行网上受理信访制度以来，群众足不出户就可以方便地反映问题、查询办理情况，减少了群众信访成本，实现了“让数据多跑路、让群众少跑腿”，投诉事项的办理时间明显缩短，办结率和群众满意率明显提高，越来越多的群众愿意选择网上投诉，网上信访已经成为公民反映诉求的主渠道。全国网上信访量在信访总量中的占比，从 2013 年的 36.6% 上升到 2018 年的 51.4%；国家信访局网上信访量占比由 32.6% 上升到 51.9%。

## 二、及时就地解决群众合理诉求

为了落实中央关于“健全及时就地解决群众合理诉求机制”的部署要求，信访工作全力打造“责任信访”，进一步明确和落实信访工作责任，推动信访问题及时就地解决。

2016 年 10 月，中办、国办制定下发《信访工作责任制实施办法》，共 5 章 19 条。第一章为总则，共 3 条，分别明确了目的依据、适用范围和指导思想。第二章为责任内容，共 5 条，将信访工作责任按照主体划分为领导责任、部门责任、属地责任、信访部门责任和工作人员责任，并对各责任主体责任的内容作出具体规定。第三章为督查考核，共2条，分别对信访工作督查和考核评价作出规定。第四章为责任追究，共6条，明确了信访工作责任追究的情形和方式。第五章为附则，共3条，明确了授权规定、解释单位和施行日期。该实施办法首次对信访工作各责任主体的责任内容进行了明确规定，厘清了许多实践中理解不一、难以界定或把握不准的问题，真正把信访工作责任细化到岗位、落实到人员，形成了履职尽责的良好氛围，推动各地区各部门层层明确和传导责任。截至2018年年底，全国30个省（自治区、直辖市）和新疆生产建设兵团以及多个中央和国家机关出台实施细则，构建起权责明晰的责任体系。《信访工作责任制实施办法》的出台，适应了党的十八大以来全面从严治党强化问责的形势要求，在信访工作领域树立了失责必问、问责必严的鲜明导向，在防止和纠正一些地方和部门信访工作责任追究失之于宽、失之于软、失之于松等方面发挥了重要作用。

全国信访系统围绕推动及时就地解决群众合理诉求问题开展了一系列建章立制工作。2014年5月1日，《关于进一步规范信访事项受理办理程序引导来访人依法逐级走访的办法》开始施行，进一步强化属地责任、引导来访人依法逐级走访，推动信访事项及时就地解决。11月1日，《关于进一步加强初信初访办理工作的办法》开始施行，规范工作程序，压实首办责任，提高办理质量和效率。2015年1月1日，《信访事项办理群众满意度评价工作办法》开始施行，以群众满意度评价倒逼信访工作机构和有权处理机关落实责任、工作到位。6月24日，国家信访局印发《关于进一步加强和规范联合接访工作的意见》，要求整合资源力量，方便群众反映诉求，及时就地解决信访问题。10月26日，国家信访局出台《信访事项网上办理工作规程（试行）》，要求进一步推动信访事项网上办理工作规范化，提高工作质量、效率和公信力。2016年7月1日，《信访事项简易办理办法（试行）》开始施行，要求对易于办理的信访事项，简化工作程序，缩短办理时限，更加高效快捷地受理办理。8月10日，国家信访局出台《关于进一步加强和规范信访事项实地督查工作的意见》，对实地督查的总体要求、督查筹备、督查方式等作出了规定，强化了实地督办效能。2017年1月1日，《中央和国家机关信访事项受理办理工作有关规定（试行）》开始施行，强化中央和国家机关在处理信访事项中的责任，规范信访事项受理办理程序。此外，国家信访局还进一步完善了考核制度，重点考核信访事项及时受理率、按期办结率和群众满意率，引导地方和基层把主要精力放在及时解决问题、化解矛盾上。

通过这一系列制度措施的实施，信访工作更加规范、运转更加有效，减少了矛盾积累和信访上行。比如，2018年，全国信访总量比2012年下降30.3%，初次信访下降56.8%，信访秩序趋于好转，同时也降低了群众信访成本。又如，2018年，全国信访部门和责任单位及时受理率、按期办结率均超过95%，及时就地解决问题成效明显。督查问责也发挥了重要作用，一批在信访工作中失职失责的责任单位和责任人受到了党纪政纪处分。一大批多年积累的矛盾和问题得到有效化解，一大批信访积案得到切实解决。

## 三、把信访纳入法治化轨道

党的十八届三中全会提出把涉法涉诉信访纳入法治轨道解决，十八届四中全会对全面依法治国作出安排部署，其中专门提出把信访纳入法治化轨道的要求。按照这些安排部署，信访工作努力打造“法治信访”，使信访工作的体制机制更加契合法治的要求，运用法治思维和法治方式解决信访问题，保障群众合理合法诉求依照法律规定和程序得到合理合法的结果。

为了划清信访与诉讼的边界，防止信访与诉讼交织，切实维护司法权威，2014年4月，中办、国办《关于依法处理涉法涉诉信访问题的意见》公布，要求实行诉讼与信访分离制度，把涉及民商事、行政、刑事等诉讼权利救济的信访事项从普通信访体制中分离出来，由政法机关依法处理；要求建立涉法涉诉信访事项导入司法程序机制，严格落实依法按程序办理制度，建立涉法涉诉信访依法终结制度，健全国家司法救助制度。中央政法委印发文件，对建立涉法涉诉信访事项导入法律程序工作机制、建立涉法涉诉信访执法错误纠正和瑕疵补正机制、健全涉法涉诉信访依法终结制度作出了明确规定。最高人民法院、最高人民检察院、公安部、司法部印发了各自的涉法涉诉信访事项处理规程，根据各自职责及相关法律规定，对分别导入诉讼程序、法律监督程序、司法程序作了详细规定。

2014 年，为了全面了解《信访条例》实施情况，发现和纠正存在的问题，督促和推动各地各部门深入推进条例的实施，确保相关规定落到实处，国务院组织开展了全国范围的《信访条例》执法检查。针对执法检查中发现的问题，国务院召开专题会议进行研究，提出了推动信访工作法治化的重点工作，包括各部门梳理本领域通过法定途径分类处理群众诉求清单、加快信访立法步伐、将《信访条例》纳入“六五”普法重要内容等。

2013 年下半年开始，国家信访局、国务院法制办牵头中央部委开展依法分类处理信访诉求工作，在行政体系内部进一步厘清信访途径与仲裁、行政复议等其他法定途径的界限。国务院将依法分类处理群众信访诉求列入 2015 年、2016 年《关于落实〈政府工作报告〉重点工作部门分工的意见》的重点任务，要求由国家信访局牵头，公安部、民政部、人力资源社会保障部、国土资源部、住房城乡建设部、卫生计生委、法制办等部门按职责分工负责。2016 年底，38 个中央和国家机关出台了分类处理清单。2017 年 7 月，国家信访局出台《依法分类处理信访诉求工作规则》，大部分省份出台了细化的工作规程，并在市县层面推开了这项工作。

信访立法工作持续推进，2015 年列入国务院立法工作计划研究项目，2016 年列入预备项目，2017 年列入十二届全国人大常委会立法工作计划研究论证项目，2018 年列入十三届全国人大常委会立法规划研究论证项目。

法治信访的深入推进，有力地促进了信访工作职责明晰、回归本位，国家机关的信访工作行为进一步规范，提升了运用法治思维和法治方式维护人民群众合法权益的效率和水平，群众理性表达诉求，依法信访的理念逐步形成。实行访诉分离以来，越来越多的群众选择司法渠道反映和解决问题。通过积极引导群众通过法定途径依法解决信访问题，引入律师、人民调解员等专业人士和第三方力量参与信访工作，解决问题、化解矛盾的质量不断提高。

2017 年 7 月 18 日至 19 日，党中央、国务院召开第八次全国信访工作会议。习近平同志作出重要指示，要求各级党委、政府和领导干部要坚持把信访工作作为了解民情、集中民智、维护民利、凝聚民心的一项重要工作，千方百计为群众排忧解难。要切实依法及时就地解决群众合理诉求，注重源头预防，夯实基层基础，加强法治建设，健全化解机制，不断增强工作的前瞻性、系统性、针对性，真正把解决信访问题的过程作为践行党的群众路线、做好群众工作的过程；要求各级党委加强对信访工作的领导，关心、支持、爱护信访干部，建设一支高素质信访工作队伍，不断开创信访工作新局面。① 这为做好新时代信访工作、进一步完善信访制度指明了前进方向。会议系统总结了党的十八大以来信访工作制度改革和信访法治化取得的成绩，对做好新时代信访工作作出全面部署，会议强调，坚持党的群众路线，把理念提升、机制创新、制度完善和科技应用结合起来，坚持一手抓信访事项解决，一手抓源头性、基础性工作，不断提高信访工作专业化、法治化、信息化水平，推动依法及时就地解决群众合理诉求，更好地维护群众合法权益、维护社会和谐稳定。

---

① 《习近平对信访工作作出重要指示强调 千方百计为群众排忧解难 不断开创信访工作新局面》，《人民日报》，2017 年 7 月 20 日，第一版。

# 第三章　信访制度的功能定位

信访制度的形成及其功能定位的确定是在我国社会发展和改革中逐步实现的。信访制度是一种民主参政制度，是国家监督体系中的一环，是多元纠纷解决机制的重要组成部分。新中国成立以来，通过不断制定和完善法律法规和规章制度，信访制度逐步建立了科学系统的制度体系，形成了信访工作理念、根本属性、目标任务、根本路径、方式方法、根本保证等基本原则和工作体系，使信访工作发展为规范的政治制度和法律制度，其功能也愈加明确，发挥着重要作用。

## 第一节　信访制度的功能

信访制度具有参与治理、保障权益、民主监督的功能，在维护群众合法权益、及时反映社情民意、化解社会矛盾、促进社会和谐、密切党和政府同人民群众的血肉联系等方面发挥着重要作用。

### 一、参与治理

信访制度是人民群众参与国家和社会治理的重要保障。通过信访渠道，及时汇集社情民意，民情、民意、民智得以顺畅上达，公共政策和决策的效果得到了及时反馈，生动体现了人民群众参与国家治理的主体地位。

### （一）信访是人民群众政治参与的一种形式

根据我国《宪法》规定，人民群众通过各种途径和形式管理国家事务，管理经济和文化事业，管理社会事务。通过规范的制度程序，保障人民群众参与到国家治理中来，是由我国国家性质所决定的，也是推进国家治理体系和治理能力现代化的必然要求。信访制度是人民群众政治参与的重要渠道，信访工作把保障人民参政议政权利作为一项重要的工作目标。一方面，信访制度确保了政治参与的广泛性和直接性。信访渠道是行使民主权利的重要途径，社会各阶层、各群体都可以提出涉及国家和社会治理各方面的意见、建议，表达对公共政策和涉及公共利益的决策的看法，反映法律、法规和政策等实施中存在的问题。另一方面，信访制度确保了政治参与的有效性。通过信访渠道，人民群众能够普遍、合法、经常、广泛地参政议政，其呼声和愿望能够得到充分表达，意见和建议能够成为决策参考。信访渠道确保了能够将来源于基层、反映群众切身利益的问题通过适当的形式传递给决策者和领导机关，通过对信访信息进行综合分析，深入研究群众关心的热点难点问题，对面临的形势和任务作出准确客观、实事求是的研判，发现并解决好政策不连续、不平衡、不完善、不落实等问题，把人民群众通过信访渠道反映的情况转化为有效治理国家的重要资源。

### （二）信访工作贯穿于社会治理的全过程

国家治理体系和治理能力是一个国家制度和制度执行能力的集中体现。40 年的改革开放，有力地推动着中国的现代化建设不断迈上新的台阶，也推动了国家治理体系的完善和治理能力的提升。新时代要求坚持以人民为中心的发展思想，推动形成共建共治共享的社会治理新格局。这就要求坚持人民主体地位，坚持立党为公、执政为民，贯彻党的群众路线，健全人民当家作主制度体系，完善为民谋利、为民办事、为民解忧、保障人民权益、倾听人民心声、接受人民监督的体制机制。随着社会治理社会化、法治化、智能化、专业化水平的不断提升，广纳群言、广谋良策，问政于民、问需于民、问计于民，已成为现代社会治理的重要方式。信访工作就是做“人”的工作，通过反映不同利益群体的诉求、健全完善相关政策措施，发挥着协调社会关系的作用；通过排查苗头隐患、加强源头预防，发挥着预防和化解社会矛盾的作用；通过信访事项的处理、维护群众合法权益，发挥着促进社会公正的作用；通过开展信访评估、信访信息分析研判，发挥着防范社会风险的作用；通过及时发现和纠正失范的信访行为，发挥着规范社会行为的作用，等等，贯穿了社会治理的各个环节和各个方面。

### （三）信访制度具有促进依法决策、科学决策、民主决策的重要作用

新中国成立以来，随着我国经济社会的发展变化，人民群众的需求也发生了变化。一方面，群众的权利意识、自我意识、法治意识日益提升，对权益保障、公共服务、公平正义、安全环境等方面的要求越来越高，希望增强政策制定的透明度，希望依法保障人民知情权、参与权、表达权、监督权等民主权利。另一方面，党在动员和组织人民依法管理国家和社会事务时，也需要人民群众广泛地参与社会事务，推进决策的科学化、民主化。对涉及经济社会发展全局的重大事项，通过多种渠道和形式广泛集中民智，对同群众利益密切相关的重大事项，实行公示、听证等制度，扩大人民群众的参与度。信访是反映社情民意的晴雨表，是群众所思所想所盼的直接表达，是社会矛盾问题的真实反映。党和政府制定实施的各项政策措施，是不是符合人民群众的根本利益，是不是得到有效落实，人民群众自身感受最真切。从群众的信访反映可以看出，一个时期群众关注什么、迫切需要解决什么、什么问题比较突出、什么意见比较集中。群众信访事项中包含着丰富的原汁原味的信息，这些信访信息是一座“富矿”。从信访信息中，党和政府可以汇集意见和建议，发现普遍性和倾向性的问题，了解施政得失，促进完善政策，改进工作，有利于决策机关形成客观判断，增强工作针对性，把握工作主动权。各级党委、政府通过信访渠道把群众的智慧和创造体现到各项决策中去，有利于促进决策科学化、民主化。

## 二、保障权益

“治理之道，莫要于安民；安民之道，在于察其疾苦。”[①] 维护群众合法权益，解决好人民群众最关心最直接最现实的利益问题，使群众由衷感到权利受到了公平对待、利益得到了有效维护，是信访制度的核心功能。

### （一）保障权益是信访制度的根本价值取向

新中国成立以来，伴随着从计划经济体制向市场经济体制转型、从传统的农业社会向现代工业社会转型，我国经历了广泛深刻的社会变革，社会结构、组织形式、利益格局、思想文化等方面发生了深刻变化，各类社会矛盾和问题相互交织并将长期存在。正确处理人民内部矛盾，是一个涉及改革、发展和稳定的全局性问题。稳定是建立在保持改革活力和发展动力基础上的稳定。要保持社会稳定，就要积极化解矛盾，维护群众合法权益。信访问题是人民内部矛盾，是在人民根本利益一致基础上的矛盾，具有非对抗性的明显特征。对这类问题，首先要把群众合理合法的利益诉求解决好。信访工作是维护群众合法权益的工作，体现着党的执政宗旨，必须始终坚持群众观点，从群众的立场考虑问题，站在群众的角度来解决问题，认真对待群众的每一个合理诉求，研究处理群众反映的每一个问题，把切实维护群众合法权益作为根本价值取向。从人民内部矛盾意义上说，维权是维稳的基础，维稳的实质是维权。对涉及维权的信访问题，主要是利益矛盾，但不是根本利益上的冲突，信访工作做好了、群众权益维护好了，可以增强人民的团结、增强国家建设和发展的凝聚力和向心力，促进社会和谐稳定。

### （二）保障权益是信访工作的主要任务

信访问题是社会矛盾的综合反映，伴生于经济社会的发展过程之中，是一种普遍的社会现象。与经济社会发展的阶段性特征相一致，当前我国

---

① 张居正：《答福建巡抚耿楚侗》。

仍处于矛盾多发期，大量的矛盾通过信访渠道反映出来，信访问题是客观存在的。群众通过信访渠道向党和政府反映关系切身利益的问题，是对党和政府的信任，是相信问题能够得到公正解决。在信访总量中，大多数是求决类信访事项。维护群众权益是信访工作的根本价值取向，通过解决问题、化解矛盾来维护群众合法权益，是信访工作的出发点和落脚点。这既是由党和政府全心全意为人民服务的宗旨决定的，是由信访制度以人民为中心的理念决定的，也是基于社会现实的需要和人民群众的自发选择做出的回应。改革开放之初，为了妥善解决群众反映“文革”中的冤假错案和建国以来的历史遗留问题，中央成立了中央机关处理上访问题领导小组，积极稳妥地推动解决历史遗留问题。据统计，1979 年至 1982 年，仅河南、湖北等 14 个省（自治区、直辖市）得到平反昭雪、落实政策和解决各种实际问题的就达 800 多万人。20 世纪八九十年代，信访工作推动解决了大量反映农民负担、农村土地征用、城镇房屋拆迁、国有企业改制、涉法涉诉、军队退役人员等方面的突出问题。进入新世纪，特别是党的十八大以来，各地各部门妥善解决了房地产、集资融资、农业农村、扶贫攻坚、劳动社保、环境保护等领域大量群众反映强烈的信访突出问题。在不同历史时期，信访工作在解决问题、保障权益方面都发挥了重要作用。

### （三）保障权益是信访工作机制设计的出发点

群众权益涉及经济社会发展的方方面面，具有历史原因、政策因素、社会心理、干部作风等多方面因素，具有多样性和关联性的特征，保障群众权益需要统筹考虑、综合施策、依法依规。解决群众合理诉求、维护公民合法权益，离不开制度的规范和保障。信访工作制度的机制和举措，都是围绕保障群众合法权益来设计的。这个信访工作制度的设计，确保了群众信访有畅通的诉求渠道、有相关部门依法受理办理、有督促解决问题的责任机制，使群众问题能反映、矛盾能化解、权益有保障。比如，为了不断满足公民多样化信访诉求的需求，就要求不断健全利益表达机制、创新利益协调机制、完善利益保护机制，切实维护和保障信访人的切身利益。

相关法律法规设计的一整套信访诉求受理、办理、督办等工作程序，都是为了更好地解决诉求、维护权益。受理办理环节实行首办负责制，明确时限，要求及时回应诉求、作出答复；如果群众对处理意见不满意，可以申请复查复核，确保上级部门能够对下级部门进行审查和纠错；群众对信访事项的办理过程和处理结果可以进行满意度评价，群众评价不满意的，上级部门会定期抽查、回访，进行督查督办。这一系列机制的设计，既压实了办理责任，又能够层层审核把关纠错，保证了群众每一个诉求都能得到负责任的处理，信访群众能够从每一个信访事项处理中感受到公平正义。

## 三、民主监督

信访工作与中国特色社会主义政治文明建设密切相关。信访制度是党和政府丰富民主形式、拓宽民主渠道、接受民主监督、健全民主制度的重要载体。

### （一）信访是一种民主渠道

中国共产党代表的是人民的利益，我们的政府是人民的政府，应该让老百姓有一个说话的地方，有一个反映诉求的地方。如果老百姓有了意见、有了要求、有了冤屈，诉告无门，连个说话的地方都没有，就根本谈不上人民当家作主，根本谈不上代表人民的利益。习近平同志曾指出："信访渠道也是一个民主渠道，人民群众的信访权利能否得到实现，在一定程度上反映了人民群众能否充分表达自己意愿，积极参政议政，进行民主监督，行使当家作主的权利。"① 1957 年 11 月 19 日《国务院关于加强处理人民来信和接待人民来访工作的指示》中指出："在我们的国家里，人民群众通过向政府机关写信和要求见面接谈，提出各种要求，表达各种愿望，对各项工作提出意见，对一些工作人员提出批评，这是人民的一种

---

① 习近平：《干在实处 走在前列——推进浙江新发展的思考与实践》，中共中央党校出版社 2006 年版，第 384 页。

民主权利，是人民监督政府工作的一种方法。”人民群众通过来信来访，向领导机关和领导人提出意见、建议和要求、愿望以及批评等，这是群众的民主权利，应该得到各级党委和政府的支持。畅通信访渠道，就是尊重人民群众的民主权利。从信访工作实践看，新中国成立以来，大量的群众意见建议通过信访渠道反映，很多纳入党和国家建设、改革、发展的决策部署，充分发挥了人民当家作主的渠道作用。

### （二）信访监督是国家监督体系的重要组成部分

我国在对行使公权力的主体进行监督的体制设计中，除了有党内监督、国家机关监督、民主监督、司法监督、舆论监督之外，还有一个群众监督。群众信访、群众举报和申诉、控告是群众监督的重要内容。信访监督是受宪法保障的，是每一个公民的权利。新中国成立初期，党中央就提出，必须认真地处理群众来信，对勇于揭发工作中的缺点和错误的人给以坚决支持。对压制批评、对批评者施行打击和报复的行为进行坚决的斗争，并应给以适当的处分。[①] 邓小平同志指出，要让群众能经常表达自己的意见；一个革命政党，就怕听不到人民的声音，最可怕的是鸦雀无声。[②] 习近平同志指出，重视群众信访，接受群众监督，经常听取群众的意见、建议和批评，不仅对我们工作中的漏洞和缺陷可以起到补救和改进作用，而且还可以遏制腐败现象，保障人民民主权利在信访这一环节的落实。[③] 这些重要论述，为信访工作发挥民主监督功能提供了坚实的思想和理论基础。人民群众的民主监督权利得到了保障，才能不断推进政治文明的发展，我们党才能不断赢得人民群众的拥护和信赖，党的执政地位才能不断巩固。

---

① 《中共中央关于在中央一级机关中具体执行〈中共中央关于开展反对官僚主义、反对命令主义、反对违法乱纪的指示〉的决定》（1953 年 3 月 28 日），载中共中央文献研究室：《建国以来重要文献选编》（第四册），中央文献出版社 2011 年版，第 102 页。

② 《邓小平文选》第二卷，人民出版社 1994 年版，第 144—145 页。

③ 习近平：《干在实处 走在前列——推进浙江新发展的思考与实践》，中共中央党校出版社 2006 年版，第 384 页。

### （三）群众信访是监督国家机关及其工作人员的重要方式

作为执政党，一些党员干部容易脱离群众，犯官僚主义错误，接受群众监督、听取群众意见建议是克服官僚主义的一条有效途径。信访工作坚持依法治国理念，把社会主义民主与社会主义法治紧密结合起来，保障人民群众在党的领导下通过信访渠道参与管理国家事务、管理经济文化事业、管理社会事务的权利。人民群众的来信来访，是对国家机关及其工作人员进行监督、揭露干部官僚主义作风及其违法乱纪行为的重要方式。群众信访发挥民主监督作用主要体现在：一是信访人通过信访渠道投诉行政机关，反映不科学、不民主、不依法的行政行为和决策失误，实现对公权力的监督；二是信访人通过信访渠道举报违法违纪问题，对党风廉政建设情况进行监督；三是信访人通过信访渠道对干部不作为或乱作为进行监督，促进干部作风的转变。随着社会主义民主政治的不断发展，群众民主意识不断增强，群众信访作为民主监督的有效方式日益显现出重要作用。

## 第二节　信访制度的政治定位

信访制度从设立之初就肩负着发扬人民民主，增强人民群众的政治认同，巩固党的执政基础的政治使命。政治性是信访制度的根本属性，是信访制度的灵魂所在。从国家政治制度的角度讲，信访制度是中国特色社会主义民主政治的有益补充；从执政党和群众的关系角度讲，信访制度是践行党的群众路线、做好群众工作的重要制度载体。

### 一、信访制度是中国特色社会主义民主政治制度的有益补充

### （一）信访制度是具有中国特色的民主政治制度

民主是人类政治文明发展的成果，也是世界各国人民的普遍要求。中

国特色的社会主义民主政治制度是在马克思主义民主理论和中国国情相结合的基础上形成的。人民代表大会制度、中国共产党领导的多党合作和政治协商制度、民族区域自治制度以及城乡基层民主制度等，一起构成了国家民主政治制度体系。

现行的中国民主政治制度体系内涵丰富，形式多样，蕴含了不同的理念和价值，具有不同的功能和作用。选举民主和协商民主是推进中国特色社会主义民主发展的两翼。作为其制度形式的人大、政协都发挥了各自的政治功能。信访制度作为发扬人民民主的制度设计，也是国家民主政治制度体系的有机组成部分。新中国成立之后相关民主政治制度相继设立并逐步完善，诞生于革命战争时期并一直作为我们党密切联系群众、进行社会整合和动员的有效手段的信访工作，便成为一种民主政治制度的有效形式。这种独特的民主政治制度，创建了执政党与群众主动沟通、直接沟通的制度形式，是丰富人民群众行使民主权利的创新实践，可以说是中国共产党的一项政治发明。发展到今天，信访制度仍然是人民与国家机关直接沟通的一种渠道，成为党和政府了解民情、集中民智、维护民利、凝聚民心的重要平台，在中国政治制度结构中具有独特的作用。特别是信访制度以其先天的优势，能够与其他民主政治制度实现相互融合、紧密衔接，更加符合中国文化传统和国情，进一步提升了中国特色社会主义民主政治制度的活力，展示了中国特色社会主义民主政治制度的优势。

### （二）信访制度是实践人民民主理念的制度形式

信访制度是中国重要的民主渠道之一。党和政府通过信访渠道了解社情民意有两种方式：一种是自下而上的，就是接受群众来信，接待群众来访，了解在国家治理和社会生活中什么问题多了，什么问题少了，哪些问题群众最关心，哪些问题群众意见最大，在此基础上明确施政方向和重点工作。另一种方式是自上而下的，即主动联系群众，到群众中去，如领导干部接访下访、定期联系群众机制等。这种制度化的民主政治参与渠道，有效保障了人民充分行使当家作主的权利，党和政府可以有效汇集民意、密切联系群众，持续性地获得人民群众的认同和支持。可以说，信访制度构成了社会主义民主政治正当性的有力保障手段，充分体现出人民当家作主的本质属性。

无论什么性质或形式的民主，其核心思想都要体现人民的意志和利益，否则就不能称其为“民主”。现代民主主要分为直接民主和间接民主两种形式，信访制度是直接民主的一种形式。人民群众通过信访渠道随时可以向党、政府、人民代表提出建议、意见或者诉求。群众基于个人利益需求而信访，虽然表达的是其个人意志，但有时往往反映出普遍的民意和问题，甚至可能成为问题的突破口以及改革或规则制度建构的契机。群众的信访事项无疑真实反映着他们的利益需求，信访问题的妥善解决不仅将大大增强信访人对现行政治制度、执政党的认同和信任，还将产生一种巨大的示范效应，促使全社会形成并巩固这种认同。因此，信访制度的有效运行，事实上赋予了公民一项直接民主权利，真正体现了人民民主。

### （三）信访制度是促进民主治理的有效制度安排

民主不仅是一种制度形式，更是一种治理过程。这个过程主要包括决策前听取人民意见，政策的制定要充分考虑人民群众的需求，政策效果好不好由人民来评判，执政者能够及时回应群众诉求并切实解决问题，真正保障和促进人民的政治经济社会各项权利的全面实现。“通过人民来信来访可以看出，我们党和国家的政策产生了什么样的效果、人民群众有什么反应，工作做得好做得坏都有人在评判。”[①] 信访制度契合了民主政治的公开、透明、参与等原则，贯穿了民主治理的全过程，在政策制定、政策反馈等方面发挥着重要作用。

信访是人民群众参与公共决策的重要方式。公共决策是民主治理的关键环节，决策质量不高，后续的治理绩效就会大打折扣。信访制度为公民参与或影响公共决策提供了制度保障，有利于促进科学民主依法决策。在

---

① 朱镕基：《朱镕基讲话实录》第三卷，人民出版社2011年版，第449页。

政策初创或者公共议题没有进入决策层时，公民就可以通过写信、走访、电话、网络等各种途径表达自己的偏好，对经济社会文化等各个领域的问题提出自己的意见建议，从而促进决策的科学化和民主化。与其他民意表达机制相比，信访这种民意表达方式更有利于在决策过程中倾听不同群体的声音，从而平衡群体之间的利益。社会多元化发展必然带来利益主体多元。信访制度恰恰提供了一种渠道，给群众反映意见和信息提供便利，这对于构建有效的利益平衡机制来维持社会、政治秩序的有序运转是非常必要的。

信访制度是政策评估和纠偏的制度保障。民主的一个重要特征就是执政者对公民的意愿作出及时回应和反馈，检视政策效果并有效改进，进而保障公民的合法权益。一项公共决策出来之后，到底会产生什么样的影响，人民群众会有最直观的感受。如果政策有偏差，导致人民群众切身利益受损，他们可以通过信访渠道迅速反馈给政府。如果政策执行中有问题，人民群众通过信访渠道更直接快捷地反映自己的意愿，使决策者纠正政策偏差或促进依法行政。可以说，通过群众反映的问题对政策执行进行有效监督、对政策效果进行评估，是信访制度的独特优势。

总之，信访制度在整个中国政治制度体系的基本框架中具有重要的地位，是实现人民民主的重要制度形式。信访制度与中国的国情和民主政治制度是相适应的，不是可有可无的制度形式，也不是应一时之需的权宜之计，要坚持和加强。同时，要不断适应新形势新任务的需要，不断创新和完善，以更好地促进和保障人民群众民主权利的实现。

## 二、信访制度是践行党的群众路线的重要制度载体

信访工作是党的群众工作的重要平台，信访制度是群众工作制度化的成功创设，是践行群众观点和群众路线的具体制度形式，必须坚持运用群众观点、群众路线指导信访工作实践。

### （一）信访制度是党的群众路线的实践运用

群众观点是马克思主义的基本观点。马克思主义站在广大劳动人民群众的根本立场上，以实现人类最大多数人的解放和福祉为旨归。马克思、恩格斯认为：“历史活动是群众的事业。”[①] “人们自己创造自己的历史。”[②] 在他们创立世界上第一个无产阶级政党的时候，就指明了党与人民群众之间的基本关系，即党是无产阶级解放事业的推动力量和领导者，党必须以工人群众为依托。列宁说过：“数以千百万计的群众，——哪里有千百万人，哪里才是政治的起点；哪里有千百万人，而不是几千人，哪里才是真正的政治的起点。”[③] 这就强调了党执政的起点在多数群众之中，工作要紧紧依靠群众。毛泽东强调：“人民，只有人民，才是创造世界历史的动力。”[④] 在毛泽东的带领下，中国共产党对“群众”的认识日益深刻和丰富，并最终将群众路线确立为党的“根本政治路线和组织路线”。[⑤] 邓小平指出：“党离不开人民，人民也离不开党，这不是任何力量所能够改变的。”[⑥] 这个思想揭示了党与人民群众唇齿相依、生死与共的关系。江泽民指出：“一切事情，都要顺应人民群众的要求和愿望去做，才能取信于民，我们的工作才能步步主动、节节胜利。”[⑦] 胡锦涛指出：“只有坚持以人为本、执政为民，我们党的执政地位才能牢不可破，我们的事业才能蓬勃发展。”[⑧] 习近平指出：“党要继续经受住执政考验、改革开放考验、市场经济考验、外部环境考验，就必须始终密切联系群众。”[⑨] 这就更加强调了人民群众是我们党的执政根基，是党的事业发展力量，是历史的真正

---

① 《马克思恩格斯全集》第二卷，人民出版社 1957 年版，第 104 页。
② 《马克思恩格斯选集》第一卷，人民出版社 1995 年版，第 603 页。
③ 《列宁全集选集》第三卷，人民出版社 1995 年版，第 446 页。
④ 《毛泽东选集》第三卷，人民出版社 1991 年版，第 1031 页。
⑤ 《刘少奇选集》上卷，人民出版社 1985 年版，第 342 页。
⑥ 《邓小平文选》第二卷，人民出版社 1994 年版，第 266 页。
⑦ 《江泽民文选》第一卷，人民出版社 2006 年版，第 363 页。
⑧ 《胡锦涛文选》第三卷，人民出版社 2016 年版，第 476 页。
⑨ 《习近平谈治国理政》，外文出版社 2014 年版，第 367 页。

英雄。

信访制度是以群众观点为逻辑起点的，是践行党的群众路线的成功制度设计。《中国共产党章程》中，群众路线的科学表述是："党在自己的工作中实行群众路线，一切为了群众，一切依靠群众，从群众中来，到群众中去，把党的正确主张变为群众的自觉行动。"群众工作并不属于某个方面或领域的具体工作范畴，而是在各方面各领域工作中对群众路线的践行，信访制度是践行群众路线的具体制度设计，是做好群众工作最直接的制度载体。"一切为了群众，一切依靠群众"是中国共产党的群众观点，是群众路线的核心内容。信访制度就是为了人民群众而设立的，信访工作的宗旨体现了群众路线的核心，就是为人民群众服务。"从群众中来，到群众中去"是中国共产党的领导方法和工作方法。这一工作方法贯穿了信访工作的始终和方方面面。信访工作既处理大量的群众来信来访，也会通过接访下访深入群众当中，可以说，信访制度最生动鲜活地体现了"从群众中来，到群众中去"的工作路线和方法。"把党的正确主张变为群众的自觉行动"，是党的群众工作的根本任务、检验标准。毛泽东说过："凡属人民群众的正确意见，党必须依据情况，领导群众，加以实现；而对于人民群众中发生的不正确的意见，则必须教育群众，加以改正。"[①] 信访工作正是党向群众宣传、解释、实现"正确的意见"，说服、教育、改正"不正确的意见"的最直接的方式。通过信访工作向群众直接宣传党的方针政策和国家的法律法规，帮助群众解疑释惑，不仅能减少信访问题的产生，更能让群众把党的主张变成自觉行动，在党的带领下，向着共同的目标前进。

信访工作是送上门的群众工作，信访制度是做好群众工作的制度载体。群众有意见建议和诉求，通过信访渠道向党委政府反映，是送上门来的工作对象，为主动做好群众工作提供了方便；是送上门来的信息资源，

① 《毛泽东选集》第四卷，人民出版社 1991 年版，第 1310 页。

为及时反映社情民意提供了条件；是送上门来的民主监督，为转变作风、改进工作提供了依据；是送上门来的工作任务，为做好群众工作强化了责任。做群众工作的方式方法和渠道很多，但都代替不了信访工作用面对面的方式做群众工作。很多地方坚持把来访群众当家人，把群众来信当家书，把群众反映的问题当家事的做法，就是面对面做群众工作的生动诠释。信访制度这种独特的优势，有利于找准群众工作的切入口，抓住群众工作的关键处，通过推动解决涉及群众切身利益的问题，真情感受群众的冷暖疾苦，真正把心贴近群众，进一步赢得群众的支持和拥护。

（二）信访制度承担着密切联系群众的政治使命

群众工作的本质是密切党群关系，而密切联系群众也是信访工作的本质属性。毛泽东强调："我们共产党人区别于其他任何政党的又一个显著的标志，就是和最广大的人民群众取得最密切的联系。"[①] 毛泽东同志"必须重视人民的通信"的批示，第一次明确了"密切联系人民群众"这个信访工作的核心内涵或本质属性。也可以说，密切联系群众就是设立信访制度的初心和使命。深刻认识和把握信访制度的这一本质属性，一方面要把信访工作放在群众工作的全局中来谋划和推动，发挥党密切联系群众这一最大的政治优势，用群众工作来丰富、完善和提升信访工作；另一方面，要把做好信访工作的过程，作为化解矛盾、解决问题的过程，作为做好群众工作、密切党群干群关系的过程，自觉地把群众工作贯穿于信访工作之中。

群众工作是党和政府的一项基础性、经常性工作。信访工作，作为联系群众的桥梁、反映社情民意的窗口、检验政策得失的试金石、疏导群众情绪的减压阀，一头连着的是党和政府，另一头连着的是人民群众，承担着密切联系群众的使命。做好信访工作，为群众排忧解难，传递正能量，不断增强人民群众对党的信任和信心，既有现实意义，也有政治意义。如

---

① 《毛泽东选集》第三卷，人民出版社 1991 年版，第 1094 页。

果做不好信访工作，问题得不到及时妥善解决，群众就会有意见，就难以得到群众的理解和支持；如果信访问题依法按政策解决了，群众满意了，就赢得了民心民意，促进了社会和谐。加强和改进信访工作，畅通诉求表达渠道，搭建及时就地反映诉求的工作平台，依法依规协调和处理群众诉求，带着感情和责任疏导和化解矛盾，在党委和政府与人民群众之间搭建起“上情下达”和“下情上达”的便利途径，就发挥了信访工作的桥梁纽带作用。

群众工作方法贯穿信访工作全过程。群众工作的具体方法是坚持相信群众、深入群众、密切联系群众，坚持解决群众生产生活中的实际困难，坚持教育群众和服务群众相统一，等等。信访工作主要是通过倾听群众呼声、征求意见建议、了解社情民意，做到密切联系群众；通过推动解决问题、为群众排忧解难，做到热心服务群众；通过宣传政策、解疑释惑、疏导情绪，做到教育引导群众；通过排查化解矛盾纠纷，开展信访评估、信访听证，最大限度地增加和谐因素、减少不和谐因素，做到团结依靠群众。这些方法在根本上与群众工作的方法是一致的。加强和改进信访工作，要用群众观点思考信访问题，用群众立场做好信访工作，用群众工作方法服务信访群众；要综合运用政策、法律、经济、行政等手段和教育、协商、调解、疏导等方法做好群众工作；要紧跟时代步伐，运用现代科技提高群众工作的针对性和实效性，把群众团结在党的周围。

### （三）信访制度是巩固党执政地位的一项基础性制度

大量历史事实表明，执政党在多大程度上实现人民的利益，人民就在多大程度上拥护和支持执政党，执政党如果脱离群众、漠视群众利益甚至不能代表人民的利益，就必然丧失执政地位。要长期保持执政地位，就必须始终代表最广大人民群众的根本利益，不断密切与人民群众的血肉联系，不断加强群众工作、巩固党执政的群众基础。信访制度是党和政府主导下的为群众排忧解难的制度安排，信访工作是构建社会主义和谐社会的基础性工作，在体察群众疾苦、维护群众权益、理顺群众情绪等方面发挥着重大作用。

通过信访工作体察群众疾苦，解决好与群众之间的感情问题，是密切党和政府与人民群众联系的基础。信访工作面对广大人民群众，能够感受百姓冷暖，能够掌握群众忧愁，能够了解群众所盼。各级领导干部通过接访下访群众、批阅群众来信，体察群众疾苦，牢固树立公仆意识，不断增强同人民群众的感情；了解群众需求，想群众之所想，急群众之所急，解群众之所忧；在思想上尊重群众，在情感上贴近群众，在行动上服务群众，进一步提高积极帮助群众解决实际问题的主动性和自觉性；带着责任和感情为群众排忧解难，在真心实意为民服务中诠释党的优良作风，维护党和政府的形象。

通过信访工作维护群众权益，解决好最现实的民生问题，是党的执政宗旨的鲜明体现。维护群众权益体现着信访制度的基本价值。认真解决群众信访问题，是信访工作的核心目标和重要任务。一方面，信访工作依法按政策认真解决群众合理诉求，做到“件件有着落、事事有回音”；另一方面，信访工作承担着推动政策调整、完善和落实的功能，在促进党和政府各项决策部署落实，解决群众反映强烈的矛盾问题，满足群众最关心最直接最现实的利益需要方面发挥着重要作用。通过这些工作，把党全心全意为人民服务的宗旨体现在每一个具体诉求的解决上，使群众感受到党和政府重视解决群众切身利益问题，感受到社会公平正义，从而进一步凝聚共识、增加认同，进一步巩固党执政的群众基础。

通过信访工作理顺群众情绪，解决好凝聚民心问题，是发挥党的思想政治工作优势的重要方式。理顺群众情绪是信访工作的特殊功能，也是信访工作作为群众工作重要组成部分的突出表现。群众工作方法与法治工作方法的侧重点不同。法治工作方法的侧重点在于按照法律规则和程序办事，依法按程序处理信访事项，当事人的诉求能否得到满足，主要的判断标准在于是否符合法律规定。群众工作方法的侧重点在于情理法的融合，既要解决群众具体诉求，也要解决群众的思想和情绪问题。信访工作作为群众工作，意味着合理的群众诉求要满足，不合理的也要做好说服教育和情绪疏导工作。对于信访人提出的一些不合理不合法诉求，法律规定是不予支持的，但因为信访工作是群众工作的一部分，除了推动解决信访人反映的具体问题，还需要做深入细致的思想工作，做好信访人心理和情绪疏导。这也有利于让信访群众感受到党和政府工作的温度，赢得群众的理解和支持，进一步密切党群关系。

## 第三节　信访制度的法律定位

信访制度是国家确立的一项制度，依据宪法和法律法规设立和运行，是中国特色社会主义法治体系的有机组成部分。作为一种旨在实现多种权利和功能的法律申诉程序，信访具有重要而独特的权利救济和纠纷解决功能。明确信访制度的法律定位，有助于充分认识信访和法治的关系，进一步明晰信访制度的法律属性。

### 一、信访制度依法设立和运行

信访是在法治之下运行的，无论是公民进行信访活动，还是国家机关履行信访工作职责，都有《宪法》《信访条例》等法律依据。“信访”与“信法”并不矛盾。所谓“信访”与“信法”实际上分别是指信访程序和诉讼程序，由于二者都属于法律程序，信访权和诉权都属于公民的基本权利和当事人的选择权，同样不矛盾。

#### （一）宪法基础

宪法是国家的根本大法，是信访工作的基本依据。1954 年《宪法》第十七条就规定：“一切国家机关必须依靠人民群众，经常保持同群众的密切联系，倾听群众的意见，接受群众的监督。”第九十七条规定：“中华人民共和国公民对于任何违法失职的国家机关工作人员，有向各级国家机关提出书面控告或者口头控告的权利。由于国家机关工作人员侵犯公民权利而受到损失的人，有取得赔偿的权利。”

现行《宪法》第二条第三款规定：“人民依照法律规定，通过各种途径和形式，管理国家事务，管理经济和文化事业，管理社会事务。”第四十一条第一款规定：“中华人民共和国公民对于任何国家机关和国家工作人员，有提出批评和建议的权利；对于任何国家机关和国家工作人员的违法失职行为，有向有关国家机关提出申诉、控告或者检举的权利，但是不得捏造或者歪曲事实进行诬告陷害。”《宪法》还明确规定“对于公民的申诉、控告或者检举，有关国家机关必须查清事实，负责处理。任何人不得压制和打击报复”。这些条款是宪法关于人民管理国家事务、对国家机关及其工作人员进行民主监督、权利受到侵犯获得救济的各项权利的具体规定，为信访制度的建立奠定了宪法基础，明确了信访制度的参与治理、民主监督、权益保障功能。

### （二）法律规范依据

宪法的规定通过立法得以细化，其中最重要的立法是国务院于1995年10月28日颁布的《信访条例》，对行政领域的信访活动进行全面、系统的规定。2005年，国务院对《信访条例》作出重大修订，进一步完善了信访制度。除中央层面立法外，地方也制定了地方层面的信访条例，结合各地特点对信访制度进一步予以细化和扩展。截至2018年年底，有25个省（自治区、直辖市）制定了省级地方信访条例，中央和国家机关各部委也制定了关于信访工作的部门规章或规范性文件。

党内法规也是信访制度的重要法律规范依据。党中央、国务院在不同历史时期针对信访工作发布的意见、作出的规定都是信访制度的重要组成部分。比如，中共中央、国务院《关于进一步加强新时期信访工作的意见》，中共中央办公厅、国务院办公厅《关于依法处理涉法涉诉信访问题的意见》《关于创新群众工作方法解决信访突出问题的意见》《信访工作责任制实施办法》等文件，以及关于领导干部定期接待群众来访、中央和国家机关定期组织干部下访、把矛盾纠纷排查化解工作制度化等文件，都是信访制度运行的制度保障。党的十八大之后，为推进信访工作制度改革和信访法治化建设，国家信访局发布了一系列规范性文件，如 2015 年发布的《关于进一步加强和规范联合接访工作的意见》，2016 年发布的《信访事项简易办理办法》等，进一步完善了信访制度。

### （三）司法文件规范涉诉信访活动

中央政法委与最高人民法院、最高人民检察院针对涉诉信访在不同时期出台了大量文件，是处理涉诉信访的重要依据。2014 年，中央政法委印发配套文件，规定了涉法涉诉信访事项的导入法律程序、执法错误纠正和瑕疵补正、依法终结机制。最高法、最高检在不同时期发布的司法文件是处理涉诉信访事项的制度基础。

目前，信访法律规范体系对信访体制和信访工作机制作出了较为全面的规定，既有《宪法》在国家根本大法层面上保障和确认，又有国务院《信访条例》以及党内法规、各地各部门出台的地方性法规、规章或规范性文件，信访工作在各个环节都能做到有法可依、有章可循，依法规范运行。

## 二、信访工作基本实现了法治化

我国已初步建立了规范信访制度的多层级法律规范体系，信访活动本身由法律规范予以调整和规范，信访活动涉及的主体、信访事项范围、信访体制、信访程序、责任机制等均由法律规范明确予以规定，信访工作基本实现了法治化。

### （一）信访活动涉及的主体法定

信访活动涉及的主体较多，国务院《信访条例》和一些地方性法规的相关规定对信访活动中涉及的各方主体的称谓及其范围有明确的规定。

1. 信访人法定。信访人是信访活动的主体。《信访条例》明确规定，向国家机关反映情况，提出意见建议或者投诉请求的公民、法人或者其他组织，称信访人。

2. 可以向哪些国家机关提出信访事项法定。信访活动中信访人可以向有关国家机关提出信访事项，国家机关的范围由法律作出明确规定，如根据《广东省信访条例》规定，信访人可以向下列国家机关提出信访事项：本省各级人民代表大会、县级以上人民代表大会常务委员会、各级人民政府、县级以上人民政府工作部门、各级人民法院、各级人民检察院。《浙江省信访条例》第二条第四款规定：本条例所称国家机关，是指本省行政区域内的国家权力机关及其常设机关、行政机关、审判机关和检察机关。

3. 信访事项受理办理机关法定。如《广东省信访条例》规定信访事项发生地的有关国家机关应当根据信访事项的性质和各自的职责分工受理和办理信访事项。

（二）信访事项范围法定

《信访条例》明确了向行政机关提出信访事项的范围。《信访条例》第十四条对信访事项作出具体规定，明确了政府信访部门处理的信访事项针对的是行政机关及其工作人员，法律、法规授权的具有管理公共事务职能的组织及其工作人员，提供公共服务的企业、事业单位及其工作人员，社会团体或者其他企业、事业单位中由国家行政机关任命、派出的人员，村民委员会、居民委员会及其成员的职务行为。根据这一规定，民事纠纷和公务人员的个人行为都不属于信访事项范围；信访人应在信访事项范围内提出信访诉求；行政机关对于信访事项范围内的事项应当受理办理；对于法律明确规定不予受理的事项，行政机关不予受理。

（三）信访人权利义务法定

为保障信访人权利，《信访条例》规定了相应的保障措施，如第三条规定各级人民政府、县级以上人民政府工作部门应当畅通信访渠道，为信访人提供便利条件，任何组织和个人不得打击报复信访人；第九条规定的查询信访事项处理进展及结果的权利；第三十条规定的申请回避的权利。信访人在信访过程中也要履行相应的义务，如不得在国家机关办公场所周围、公共场所非法聚集、围堵、冲击国家机关，拦截公务车辆，或者堵塞、阻断交通。信访人的各项权利由法律规范确立，信访工作机构和相关国家机关应当保障其享有的各项权利，信访人在信访活动中应履行其法定义务。

### （四）信访工作机构及其职权法定

信访工作机构是各级党委政府及其他国家机关以及人民团体、企事业单位负责受理群众信访事项，并依法协调推动信访事项处理的部门。信访工作机构的设置及其职责由法律明确予以规定。根据《信访条例》和中央文件的相关规定，县级以上党委和政府应当设立信访工作机构，县级以上政府职能部门及乡镇党委、政府应确定负责信访工作的机构或者人员。县级以上人民政府信访工作机构是本级人民政府负责信访工作的行政机构，承担受理、转送、交办、督办和协调处理信访事项等工作。我国除行政机关外，党委、人大、社会团体、司法机关和其他公权力机关也设有信访工作机构，这些信访工作机构的工作和功能根据主体性质有所不同、各有侧重。

### （五）信访工作程序法定

程序是人们完成一定事务所遵循的方式、步骤、时间和顺序的总和。程序法是法律制度的重要组成部分。在信访工作中，信访事项的提出、受理、办理和督办所遵循的程序均由《信访条例》、地方信访条例和规范性文件规定，这些法律规范关于信访工作程序的规定是国家机关在处理信访事项时应当遵循的法定程序、必须履行的法定义务，如果违反，则要承担相应的法律责任。

### （六）责任法定

法律责任是行为主体违反法定义务或者不履行法定职责所应承担的法律后果。法律责任机制是法律得到有效执行的制度保障。《信访条例》等法律和规范性文件在明确信访人、信访工作机构、信访事项处理机关权利义务的同时，对信访工作机构、信访人、行政机关等不履行法定义务的法律责任作出明确规定。如《信访条例》第四十四条规定，行政机关工作人员违反规定，将信访人检举、揭发材料或者有关情况透露、转给被检举、揭发的人员或者单位的，依法给予行政处分。

## 三、信访制度是综合性法律制度

信访制度作为一种实现多种权利和功能的制度，与诉讼、仲裁、调解、行政复议、行政裁决等其他制度不同，具有很强的复合性或综合性法律属性，并非单纯的纠纷解决制度。

### （一）信访制度性质具有综合性

根据信访制度实际承担的功能，可以将其视为一种综合性法律制度。在工作实践中，权利救济类信访事项所占比例最高，信访人对信访制度的主要期待是解决具体诉求，因此信访制度的权利救济功能往往更被看重，也发挥着重要的作用。从制度属性上看，信访制度首先是一种行政投诉及申诉处理程序，是我国多元化纠纷解决机制的组成部分，但它更是一项具有综合性和复合性功能和法律地位的制度，不宜将其定位为单纯的行政投诉或申诉处理机制。其性质和功能的综合性体现在：信访制度既具有权利救济的功能，又不限于权利救济，而是融救济与监督、参政议政于一体；它为信访人提供救济的同时，发挥了监督国家机关及其工作人员的作用，而且救济功能的实现，往往是由于国家机关汇集了公民参政议政的意见建议、完善了相关政策，或是信访监督发挥作用的结果。

### （二）信访制度调整范围具有综合性

作为党和政府密切联系群众的一项制度，信访制度调整范围十分宽泛。体现在：一是适用范围宽。信访制度不仅适用于全部国家机关，还适用于行使公权力的其他部门和组织，比如，党的组织、政协组织、群团组织以及法律法规授权的管理公共事务的组织或者提供公共服务的企事业单位、居民委员会、村民委员等。二是调整行为范围宽。信访制度调整的行为既包括针对国家立法、政策制定等宏观层面行为提出的建议和意见，也包括针对具体工作人员职务行为的投诉请求。

### （三）信访制度内容具有综合性

信访制度内容丰富，具有很强的综合性，既包括信访组织法律制度，也包括信访行为法律制度。信访相关立法从规范国家机关工作的角度，对信访组织制度作出明确规定，解决了机构的性质和职责权限等问题，包括规定了信访工作机构的设置及其性质、信访工作机构的职责及其分工、明确信访工作人员的配备及其工作职责、国家机关及其负责人的信访工作职责等，从而为信访工作有效开展提供组织保障；还从规范法律关系主体行为的角度，对相关主体的行为规范作了规定，明确了信访人提出信访事项的形式和需要遵守的相关规定以及国家机关受理、办理信访事项等工作，使得信访活动和信访工作均有法可依。

信访制度既规定了处理信访问题的实体法律原则，也规定了受理办理信访事项的程序法律制度。《信访条例》第一条明确规定“保护信访人的合法权益”，旨在解决信访人的实质问题，防止程序空转，使其合法权益真正得到保障和救济。第四条规定，“信访工作应当在各级人民政府领导下，坚持属地管理、分级负责，谁主管、谁负责，依法、及时、就地解决问题与疏导教育相结合的原则”，这些对具体权利义务的实现具有实质影响，构成了处理信访问题的实体法律原则。程序制度构成信访制度的核心内容，信访相关立法对信访工作机构履行《信访条例》规定的六项职能的程序做出具体规定，对国家机关处理信访事项的具体程序做出明确规定，规定了回避制度、期限制度、听证制度、调解制度等一系列程序制度，保证权利得以实现、义务得以履行。

### （四）信访制度运行方式具有综合性

社会矛盾具有多样性、复杂性，相对地社会矛盾的处理也需要多元化。一般的法律调整方式多有刚性的特点，强调运用法律确定法律关系双方的权利义务和法律责任，达到定分止争的效果。信访在化解社会矛盾、维护群众合法权益时具有成本低、处理方式灵活多样等特点，可以综合运用法律、政策、经济、行政等手段和教育、调解、疏导、帮扶救助等办法，注重“情理法”的并用，既强调了法律的刚性，又注重群众工作方法的柔性，有利于发挥相关公权力机关的专业优势和群众工作优势，快速解决纠纷、维护社会稳定。

## 四、信访制度在纠纷解决体系中的地位

我国目前已经建立了信访、诉讼、调解、仲裁、行政复议、行政裁决等多种机制并存的权利救济和纠纷解决体系，信访制度在其中处于补充性地位。这种补充性地位并未降低信访制度重要性，反而因其具有兜底保障和救济的作用，确保了矛盾纠纷可以在制度轨道内得以解决，具有重要的现实意义。

### （一）信访制度在多元化纠纷解决机制中处于“补充性”地位

首先，信访制度最初并非是作为一种独立和专门性纠纷解决程序而建立的，相对于诉讼、仲裁、行政复议等程序而言，信访并未通过国家基本法律确认为一种统一的法律救济程序，也不是以纠纷解决机制和权利救济作为唯一功能，而是适应了社会和当事人的需求，实际承担着特殊的行政救济功能。在这个意义上，信访与其他正式和专门的纠纷解决制度相比较而言，具有非正式或补充性的特点，但这并不意味着其作用的低下。

其次，信访程序可以独立处理解决部分诉求和问题，也可以通过解释、引导、移送或协调等方式，将信访人的诉求引导至更加适宜的法定程序，使其获得救济。在这种情况下，信访也具有开启正式纠纷解决程序的引导和补充作用。

最后，与单纯的行政复议、司法裁判和民事调解不同，信访对诉求案件的受理和处理往往并不是针对单一的法律关系或纠纷作出处理，可能一

并对其中的多种诉求或争议作出一揽子处理或多个具体处理；其处理结果可能涉及多种法律关系，需要行使行政裁量权和特殊救济方式（包括应急处理）；其依据也更为多元。例如，一个信访事项可能涉及具体行政行为的合法性、政策的合理性、违法乱纪行为的追究和民事权益的救济。因此，信访与一般常规纠纷解决程序有所不同，属于一种特殊救济。

（二）信访制度在多元化纠纷解决机制中的作用不可替代

作为纠纷解决体系的一环，信访制度处理的纠纷问题往往具有特殊性或边缘性，很多属于尚未纳入法律调整、因而很难通过正规法律程序、特别是诉讼程序处理的问题，比如历史遗留问题、因政策调整产生的问题、诉求有合理性但缺乏明确法律规定的问题等。这些问题虽然属于法律规定的空白地带，但仍需要国家予以妥善处理，信访制度承接了这一功能，以其特有的灵活性和行政处理的优势，在法律权限和行政裁量权范围内，尽可能妥善合理地对这些矛盾纠纷加以处理解决，并可以对明显滞后过时的规则提出改革建议等。因此，信访制度具有弥补法律制度和规则之不足和缺陷的特殊意义。在这个意义上，信访制度在多元化纠纷解决机制中的作用是不可替代的。

（三）信访制度的处理方式显示出行政申诉处理机制特有的优势和灵活性

法治国家的司法诉讼以国家司法权为依托，以对抗性的程序，适用法律规范确定法律关系双方的权利义务和法律责任，通过作出具有强制力的判决处理纠纷。尽管诉讼是法治社会不可或缺的终局性纠纷解决机制，但却存在诸多局限性，例如高成本、对抗性强、零和结果、不利于维系关系和长远利益、缺乏变通，等等。为适应当代社会纠纷解决需求，各国都在努力发展多元化纠纷解决机制，特别是协商调解等更加平和、便利和适宜的纠纷解决程序。而行政性纠纷解决机制，包括行政申诉制度，相对于诉讼而言，具有直接、专业、高效快速、便利等诸多优势，在当代世界各国得到重视和快速发展。[①] 我国民众历来有向政府投诉、请求解决纠纷的传统，改革开放以来，涉及政策性、群体利益等问题与诉求以及各种利益冲突多发且复杂，很多当事人选择信访解决其诉求问题，显示出社会主体纠纷解决的选择偏好和客观需求。实践中，中国信访制度显现出其他制度不具备的优势，弹性和灵活性强、对抗性低、注重多种方法的综合运用等，也反映出当代世界纠纷解决的一种新趋势。

### （四）需要客观准确地评价信访制度在多元化纠纷解决机制中的地位和作用

由于有关信访理论研究相对滞后，信访的权利救济和纠纷解决功能曾经受到一些质疑。实际上，信访的作用及其纠纷解决能力与其他常规程序存在非常密切的关系。权利救济类信访事项数量和比例居高不下，一方面说明公民对行政救济存在较大的需求，而既有制度存在一定的短板；另一方面，也说明司法程序及其他纠纷解决机制运行一定程度上存在功能障碍，难以满足社会和当事人需求。认识和评价信访的救济功能，既需要对诉讼等法定程序的功能和局限有客观的认识，也需要对我国公民的纠纷解决需求和传统文化有深刻的理解。目前信访制度的救济功能还没有一个更加合理的法律制度能够替代。随着社会的发展、法治的完善和社会主体文化、行为方式的改变，在越来越多的当事人习惯采用法定常规程序解决纠纷、而这些程序也能够正常承载运行的情况下，如果信访诉求及其功能随之相应下降，应属于正常状态。但当代世界之所以有越来越多的国家开始建立新型申诉制度，恰恰说明这种救济具有普遍需求。因此，如何认识、定位和发挥信访制度在纠纷解决中的特有作用，将是一个长期的重要课题，还有很多问题需要进一步研究。随着我国政治体制改革的深入和顶层设计的完善，信访制度及其纠纷解决功能和地位也有可能进一步调整。

---

① 参见范愉：《多元化纠纷解决机制与和谐社会的构建》，经济科学出版社2011年版，第366—368页。

## 五、信访制度与其他纠纷解决程序的关系

信访是多元化纠纷解决机制的重要组成部分，与诉讼、仲裁、行政复议等机制既有区别又有联系，既有分工又有衔接。由于现有框架内主要是行政机关处理信访事项，根据信访制度主体的性质，其纠纷解决程序大致可纳入行政性机制的范畴，与诉讼以及民事调解、商事仲裁、劳动仲裁等分属不同性质、相互独立的纠纷解决机制；与行政申诉、行政调解、行政复议、行政裁决具有相同属性，但属于不同程序。

### （一）信访制度与行政诉讼、行政复议的区别

信访和行政复议都属于行政性纠纷解决机制或行政程序，尤其是信访的复查、复核行为与行政复议十分相似。有的学者认为信访与行政复议制度之间具有最为紧密的亲缘关系，两者在行政救济功能上既存在着分工又表现出一定的重叠性和交互性：两者都是行政系统内部的救济程序和自我纠错方式，都兼具监督和救济的双重功能。[①] 由于信访投诉及其处理结果中往往涉及具体行政行为，信访与行政诉讼也存在某些相似之处。

信访与行政复议、行政诉讼在受理范围、处理主体、处理程序、处理方式等方面存在明显的不同。

1. 受理范围不同。行政复议受理范围仅限于行政机关的具体行政行为；行政诉讼受案范围限于行政机关的行政行为；信访事项的范围要宽泛得多，公民、法人或者其他组织向各级人民政府、县级以上人民政府工作部门反映情况，提出建议、意见或者投诉请求，都属于信访范畴。

2. 处理主体不同。行政复议申请向作出具体行政行为的行政机关的上一级机关或者同级人民政府提出，并由行政复议机关的法制工作机构处理；行政诉讼的裁判主体为属于司法机关的人民法院；信访事项根据“属地管理、分级负责，谁主管、谁负责”的原则，按照职责权限由对该事项

---

① 黄涧秋：《论信访的行政救济功能及其与行政复议的关系》，《民主与法制》2009 年第 8 期。

有管辖权的国家机关处理，并由有权处理机关的信访工作机构具体接收。

3. 处理程序不同。公民申请行政复议有严格的期限规定，必须在法定复议期限内向行政复议机关提出复议申请；行政诉讼程序制度化程度很高，《行政诉讼法》对起诉条件、起诉与受理、证据制度、审理程序、判决方式都有非常明确的规定；《信访条例》关于对信访事项的受理、办理、复查、复核也作了规定，但限定性条件较少。

4. 处理方式不同。行政复议机关收到行政复议申请后一般是直接作出复议决定；行政诉讼程序终结时，由人民法院对行政行为是否合法作出实体裁判；信访事项的处理分为两种方式：县级以上人民政府信访工作机构一般不直接对信访事项作出实体处理，而是通过转送、交办、督办等方式，转由有权处理机关进行处理，作出实体决定；县级以上人民政府及其工作部门收到信访事项后，按照职责权限作出信访答复。

### （二）信访与行政诉讼和行政复议程序的分工与衔接

把握信访与行政诉讼的关系，基本原则是尊重司法权威和审判独立，诉讼与信访严格分离。信访不得干预、干扰司法诉讼的各个阶段和整个过程，不得受理已经、正在诉讼程序中的诉求，不得受理依法应当通过诉讼程序处理的诉求，不得对已经生效的裁判文书进行审查或否定。针对司法裁判的申诉应通过司法申诉程序进行，不属于信访受理范围。信访处理结果不排除司法审查，如果被司法机关纠正或否定，以司法裁判为终局性结果。行政复议作为一种准司法程序，其与信访的关系原则上与行政诉讼和信访的关系相似，仅是在涉及信访和行政复议程序的选择问题时有所不同。

第一，申请信访事项不属于行政复议和行政诉讼的受案范围的，应当纳入信访受理范围。行政复议、行政诉讼有受案范围的限制，有相当一部分行政事务无法纳入行政复议、行政诉讼的范围予以处理。基于信访化解社会矛盾的兜底作用，不属于行政复议、行政诉讼范围的事项应当纳入信访渠道进行处理。国家信访局制定的《信访事项简易办理办法（试行）》

规定的适用简易办理程序的事项就包括了不能进入行政复议、行政诉讼的事项，如提出咨询或者意见建议、表达感谢的；涉及群众日常生产生活、时效性强应当即时处理的；行政机关已有明确结论的等。

第二，申请信访的事项同时属于行政复议和行政诉讼的受案范围，但行政复议期限与行政诉讼起诉期限都已届满的，应当纳入信访渠道受理。行政行为作出后是推定合法生效，如果行政行为确实存在合法性或者合理性的问题，在复议期限与起诉期限届满之后，作出行政行为的行政机关仍可以自行撤销该行政行为。基于信访制度的监督功能，信访本身并不对行政决定作出实体纠错处理，只是监督行政机关启动自行纠错的机制，并进而督促行政机关对信访事项作出答复，因此，行政复议、行政诉讼期限届满仍可由信访工作机构受理之后转送作出行政行为的行政机关予以处理。

第三，信访人已经申请行政复议或者提起行政诉讼，行政复议程序或者行政诉讼程序尚未终结的，信访不予受理。信访人边诉边访一方面同时占用信访与诉讼两种纠纷解决资源，造成救济资源的浪费；另一方面造成纠纷解决的混乱，如果出现两种不同机制作出完全不同的决定的情况，就会使得司法权威受到很大损害。实行访诉分离，要禁止边诉边访，申请信访事项已经进入行政复议或者行政诉讼程序的，对当事人的信访诉求不予受理。

第四，诉求已经经过法院生效裁判处理的，信访不能转送处理，应引导信访人通过司法再审程序提出再审申请。尊重司法裁判的最终效力是法治社会的基本要求。经过司法裁判认定的事实和确定的法律关系，不能通过其他机制予以推翻。我国诉讼法对确有错误的生效裁判规定了再审制度予以纠正，确保实质正义的实现。《行政诉讼法》明确了行政诉讼再审的情形，完善了再审程序。与域外相比较，我国再审程序的启动条件相对要宽松一些，对于确实存在错误的司法裁判，应当由人民法院、人民检察院依照再审规定启动再审程序、监督程序予以纠正，不应在信访渠道采用非诉讼程序否决经过严格诉讼程序作出的司法裁判。

第五，申请信访的事项同时属于行政复议或者行政诉讼受案范围，且尚未超过行政复议期限、行政诉讼期限的，就涉及信访制度与其他纠纷解决程序的选择问题，需要区分不同情况。多元化纠纷解决机制的理念不仅强调司法资源的合理配置，而且强调纠纷解决方式的适宜程序以及当事人的选择权和程序权利。国家需要兼顾纠纷解决程序的合理设置和当事人的权利与需求，尽可能使纠纷合理圆满地得到解决。在实践中，由于很多当事人不愿意提起行政诉讼和行政复议，直接提出信访，或在起诉的同时提出信访，意图用信访压行政诉讼，为了避免信访与其他程序间的无序重复和资源浪费，需要通过法律对信访制度与其他法定救济途径之间的分工与衔接作出明确规定。对此，《信访条例》第十四条第二款明确规定："对依法应当通过诉讼、仲裁、行政复议等法定途径解决的投诉请求，信访人应当依照有关法律、行政法规规定的程序向有关机关提出。"党的十八大以来，推进访诉分离，把涉及民商事、行政、刑事等诉讼权利救济的信访事项从普通信访体制中分离出来，由政法机关依法处理；推进依法分类处理信访诉求，公安部、商务部、民政部等部委都制定了依法分类处理信访诉求的规范性文件和清单，要求行政机关将信访诉求分别导入相应法定途径处理。按照这些相关法律规定，对信访制度与行政复议、行政诉讼程序的选择问题，可以区分几种情况：首先，根据我国既有法律规定由特定司法、行政机关专属管辖的事件和纠纷，例如刑事案件、离婚等，只能由法定机关按照法定程序处理，信访程序不予受理。其次，不属于专属管辖的事件和纠纷，当事人一旦启动了相关司法或行政程序，信访程序不得同时重复受理和处理，以避免干扰相关程序的独立进行。最后，当事人有权选择多种方式处理的，有关国家机关可针对其诉求提出建议、解释和帮助，并告知信访人申请行政复议或者提起行政诉讼的途径与受理机关，以便其选择适宜的机制或程序解决；但如果当事人拒绝选择其他程序或其他程序无法处理时，行政机关和信访工作机构应当受理，不得推诿。

### （三）信访与仲裁等纠纷解决程序

除诉讼和行政复议外，我国还建立了很多专门性纠纷解决机制，其中分别属于民间社会组织或专门性机制。例如，仲裁制度、民间调解、行政调解以及交通事故、医疗纠纷、金融纠纷、消费纠纷、劳动争议等专门性调解，各种机制程序都有不同的功能定位、运作原理、组织机构和相关程序。信访制度与这些机制之间有明显的区别。以仲裁制度为例，仲裁制度是指由仲裁机构作为中立第三方裁断法律争议的活动。根据仲裁解决争议的类型，我国仲裁制度分为民商事仲裁、人事争议仲裁、劳动争议仲裁。信访制度与仲裁制度的区别包括：其一，处理主体不同。仲裁由专门的仲裁委员会裁断争议，如劳动仲裁由劳动争议仲裁委员会裁决用人单位与劳动者之间的劳动合同争议。其二，处理事项不同。民商事仲裁、劳动争议仲裁裁决的争议性质均为平等民事主体之间的民事争议，不属于信访事项范围。人事争议仲裁裁决的争议主要为国家机关与其工作人员之间因为解除人事关系和履行聘用合同产生的争议。人事争议仲裁解决的争议与信访事项有交叉。其三，处理程序不同。民商事仲裁遵循自愿原则，仲裁活动适用专门的仲裁程序规定。其四，处理方式不同。仲裁机构对案件争议作出仲裁裁决，当事人应当执行仲裁裁决。一方当事人不履行民商事仲裁裁决的，另一方当事人可以向人民法院申请强制执行。

《信访条例》在规定信访事项范围时已经明确将民事争议排除在信访的范围之外，因此，民事法律关系双方在合同中约定有仲裁条款的，其争议当然也不属于信访范围。如果一方当事人向信访部门提出信访请求，信访部门不予受理。劳动仲裁虽不需要双方当事人约定仲裁条款，但是劳动合同争议就其性质而言仍属于私人主体之间的争议，因而也不属于信访的范围。人事争议仲裁中争议一方为行政机关、事业单位等，人事争议事项属于信访范围。申请人事仲裁的期限尚未届满时，或者信访人已经申请人事仲裁的，不属于信访受理的范围。如果申请人事仲裁的期限已经届满，公务人员没有申请人事仲裁而提起信访的，信访部门应当受理。争议双方已经达成调解协议或者人事争议仲裁委员会已经对人事争议作出裁决的，不属于信访的受理范围。

为了保证纠纷解决的合理性、专业性和效果，方便当事人，原则上各类纠纷应该首选相应的专门程序解决。也就是说，在正常情况下，这些程序与信访并不发生交集和衔接。但在特殊情况下，当事人因为某些特殊原因很难利用这些专门程序解决问题，而不得不向政府或信访工作机构求助，信访制度在这些纠纷解决中就会发挥重要作用。例如，农民工欠薪问题，当农民工无法得到报酬时，由于没有完备的劳动合同，也没有足够的时间、财力和能力提起仲裁或诉讼，他们往往选择信访作为最直接有效的救济渠道。在这种情况下，如果国家机关过于坚持正常的纠纷解决程序而拒绝受理，可能导致这些农民工求助无门，或者放弃权利或者不得不采用过激的方式，引发更严重的社会问题。因此，信访工作机构在特殊情况下，应承担责任，启动信访救济的渠道，敦促相关主管部门（如劳动监察）依法进行调查处理，也可以根据情况，协调相关调解仲裁机构处理。

此外，信访工作机构和各级政府、行政机关，对于本辖区和本系统均承担着矛盾纠纷的预防、排查、化解的责任。一些涉及地方或本系统重大决策、政策实施、公共安全和社会稳定的矛盾纠纷，无论属于民间民事纠纷还是行政争议，都必须以积极和负责的态度履行职责。因此，信访相对于其他程序，受理范围更加开放，既可能出现提前介入的情况，也可能会兜底处理其他程序、渠道无法处理的问题。针对这种情况，在实践中，国家机关往往采用引进社会力量参与或委托、政府购买等方式，把民间调解、专业性调解等与信访工作结合起来，形成各种机制的协作互补，取得了较好的效果。

从社会需求和发展趋势看，当代行政性纠纷解决机制包括行政申诉制度的建立，很大程度都是由于现代法治国家既有的纠纷解决程序（包括诉讼）存在各种不完善和不适应社会纠纷解决新需求之处，需要用行政性机制加以补充完善。一方面，很多民事纠纷往往与法律自身的问题、社会发展的新需求和新变化、人民群众的特殊需要以及合理性与合法性的冲突等问题有关，很难简单采用司法裁判作出非此即彼的判决，更适合行政主体以直接、专业、高效和灵活的方式积极处理；另一方面，当代世界更推崇以协商、调解等非对抗性的方式，针对具体问题灵活变通，以使得当事人，特别是普通群众能获得公平、快速、便捷的救济。行政申诉和救济程序正好满足了这种时代需求，在当代得到了快速发展。而能否适应社会发展和当事人的需求，更好地发挥信访的纠纷解决功能，是当前信访法治化面临的重要的课题。

# 第四章　信访工作理念

信访工作理念是体现信访工作价值取向、指导信访工作实践的思想、观念和理性认识。信访制度建立以来，信访工作坚持以马克思主义理论和党的路线方针政策为根本遵循，努力回应社会实践的需求和人民群众的期盼，围绕信访制度的功能定位，确立起坚持党的领导、坚持以人民为中心、坚持法治思维和法治方式、坚持预防和化解社会矛盾并重等基本理念，明确了信访工作“为了谁”和“怎么办”等基本原则，并以此为指导，不断健全信访工作体制机制，不断完善信访法治，充分发挥信访工作在党和国家工作大局中的作用。

## 第一节　坚持党的领导

中国共产党是中国特色社会主义事业的领导核心。党的十九大强调，坚持党对一切工作的领导，是新时代坚持和发展中国特色社会主义基本方略之一。习近平总书记从坚持和发展中国特色社会主义的高度，深刻阐明了坚持党的领导是做好信访工作的根本保证。信访工作是党的群众工作的重要平台，党的领导是做好信访工作的最高原则、最大优势。必须坚持和加强党对信访工作的领导，为加强和改进新时代人民信访工作提供坚强保证。①

## 一、坚持党的领导是做好信访工作的根本保证

信访工作作为党的群众工作，具有鲜明的政治属性。信访工作制度的目标任务是由党的性质、宗旨和政治任务决定的。离开党的领导，信访工作就没有根基，没有方向。坚持党的领导，是信访工作科学发展的根本前提，是做好信访工作的根本保证。

### （一）党的性质和宗旨决定了信访工作的本质属性

中国共产党是中国工人阶级的先锋队，同时是中国人民和中华民族的先锋队。中国特色社会主义最本质的特征是中国共产党领导，中国特色社会主义制度的最大优势是中国共产党领导，党是最高政治领导力量，在我国国家治理体系中处于领导核心地位。全心全意为人民服务是党的根本宗旨。“党除了工人阶级和最广大人民群众的利益，没有自己特殊的利益。党在任何时候都把群众利益放在第一位，同群众同甘共苦，保持最密切的联系，坚持权为民所用、情为民所系、利为民所谋，不允许任何党员脱离群众，凌驾于群众之上。”② 党的性质和宗旨不是抽象的，应当体现在治国理政的一切活动之中。就信访工作而言，就是要把人民性作为本质属性，就是要把密切党和政府与人民群众的联系作为根本任务，就是要把维护人民群众合法权益作为核心价值追求，就是要把党全心全意为人民服务的根本宗旨体现在信访工作全过程。

### （二）党的中心工作决定了信访工作的重点

中国共产党作为执政党，总揽全局、协调各方，在中国特色社会主义革命和建设事业中发挥着领导核心作用。不同历史时期，外部环境、

---

① 舒晓琴：《新时代开创人民信访工作新局面的强大思想武器——深入学习贯彻习近平总书记关于加强和改进人民信访工作的重要思想》，《求是》2018 年第 24 期。

② 《中国共产党章程》。

基本国情、社会主要矛盾不尽相同，党的中心工作也有所不同，制定的重大战略和目标任务也具有阶段性特征。党的中心工作推进到哪里，信访工作的重点就要跟进到哪里。比如，党的十一届三中全会重新确立了正确的政治、思想路线，明确提出按照“实事求是、有错必纠”的方针，全面地有步骤地解决冤假错案和建国以来的历史遗留问题。1979 年后，各地各部门的群众来信来访大量增加。按照中央重大决策部署，信访工作把处理和解决冤假错案问题、落实政策作为重点工作。各地各级信访部门在 1982 年至 1985 年三年多时间受理群众来信来访 1200 多万件次，根据群众信访中反映的问题制定了 400 多项具体政策，使 700 多万人的政治、经济等方面的问题得到适当处理。① 跨入新世纪，我国进入全面建设小康社会、加快推进社会主义现代化的新的发展阶段。进入新时代，党和国家的中心工作，决定了信访工作要深入贯彻习近平新时代中国特色社会主义思想，紧紧围绕“五位一体”总体布局和“四个全面”战略布局，按照中央关于信访工作制度改革和信访法治化建设的决策部署，推进阳光信访、责任信访、法治信访，在推进国家治理体系和治理能力现代化中发挥作用。围绕党和国家中心工作确定信访工作重点，自觉站在党和国家大局上想问题、做规划，是做好信访工作的根本前提。

### （三）党集中统一领导的政治优势保证了信访工作的效果

信访工作是党和政府的一项重要工作，做好信访工作是各级各部门的共同责任。充分发挥党的领导的最大优势，运用党的政治领导力、思想引领力、群众组织力、社会号召力，把党委和政府、职能部门和社会各方的资源有机整合起来，凝聚起强大合力，是保证信访工作效果的关键。从信访工作的主体看，信访工作涉及方方面面，既涉及党委和政府及其工作部门，又涉及人大、政协、法院、检察院等机关单位和工会、共青团、妇联

---

① 周占顺：《信访工作改革与发展》，载中共中央办公厅、国务院办公厅信访局编：《改革与发展——第二届全国信访工作理论研讨会论文集》，中国工人出版社 1999 年版，第 60 页。

等人民团体，也涉及各企事业单位、群众自治组织等，这就需要党根据形势和任务，对信访工作做出总体部署，把任务落实到各个方面。从信访工作的内容看，任何一个公民都有提出诉求和意见建议的权利，任何一个领域都有可能出现矛盾纠纷，任何一个部门尤其是与群众利益密切相关的部门都可能产生信访问题，这些问题既有个体问题，又有群体诉求，涵盖了经济建设、政治建设、文化建设、社会建设、生态文明建设和党的建设各个领域，这就需要各级党委统筹全局、协调各方，形成各负其责、齐抓共管的信访工作格局。从信访工作的难点看，有些信访问题年代久远、历史问题和现实问题相互交织，有些信访问题跨地区、跨部门、跨领域，有些信访问题既有政策原因，也有工作原因，这就需要在各级党委的统一领导下，依托党的领导优势和社会主义制度优势，科学配置资源，形成解决问题、化解矛盾的巨大合力，确保信访工作的实际效果。

## 二、坚持党对信访工作统一领导的基本要求

坚持党的统一领导，发挥党集中统一领导的政治优势，是做好信访工作的根本和关键。党对信访工作的领导主要体现在政治领导、思想引领、组织保证等方面。政治领导，主要是充分发挥党的领导核心和政治核心作用，通过制定正确的路线、方针和政策，构建党统一领导的信访工作体制来实现。思想引领，主要是各级党的组织引导党员干部牢固树立政治意识、大局意识、核心意识、看齐意识，切实提高思想和行动自觉，以高度政治责任和强烈使命担当做好信访工作。组织保证，主要是完善信访工作机构设置，坚持党管干部、党管人才原则，着力培养一支对党忠诚可靠、恪守为民之责、善做群众工作的信访干部队伍，保障信访工作各项目标任务的全面落实。坚持党的统一领导，具体包括四个方面内容。

### （一）构建党委统一领导的信访工作体制

建立党委统一领导的信访工作体制，是发挥党集中统一领导的政治优势的具体体现。主要包括三个层面：党委统一领导、职能部门各负其责、

信访部门组织协调。其中，党委统一领导是根本，党中央总揽全局、协调各方，各级党组织加强对本级及下级信访工作的领导；职能部门是责任主体，负责回应群众意见建议、解决群众诉求、化解矛盾纠纷；信访部门是枢纽，起着承上启下、协调左右、督促检查、推动落实的重要作用。以此逐步形成党委领导、政府主导、协调有序、运转顺畅、高效便民的信访工作领导体制。

### （二）制定信访工作方针政策

信访工作方针政策决定了信访工作发展方向，制定信访工作方针政策是党领导信访工作的直接体现。党制定信访工作方针政策的理论基础是坚持以人民为中心、切实维护广大人民群众的合法权益，政策基础是党的中心工作、社会主要矛盾的变化，现实基础是不同阶段的社会矛盾和信访突出问题。

党领导制定信访工作的方针政策，主要体现在党的领导人的重要论述和历次党代会决定等重要文献中。从新中国成立之初党和国家领导人亲自研究确定信访工作基本方针，到信访工作基本规范的初步形成，再到改革开放以来一系列信访工作大政方针的制定，科学回答了信访工作是什么、信访形势怎么看、信访工作怎么干等一系列重大问题，廓清了对信访制度“存与废”、信访工作“法治还是人治”等理论问题的模糊认识，充分反映了我们党对信访工作的规律性认识，体现了党对信访工作的方向引领。党的十八大以来，针对新时代信访工作如何发展的问题，习近平同志深刻指出，信访制度是中国特色社会主义民主政治制度的有益补充，必须坚持、加强、创新、完善。[①] 习近平同志的重要指示深刻指出了信访工作在党和国家工作大局中的重要地位和作用，明确了信访制度要不要保留、如何发展的根本性、方向性问题。党的十八大和十八届三中、四中、五中、

① 舒晓琴：《新时代开创人民信访工作新局面的强大思想武器——深入学习贯彻习近平总书记关于加强和改进人民信访工作的重要思想》，《求是》2018 年第 24 期。

六中全会的报告中分别提出了“完善信访制度”、“改革信访工作制度”、“把信访纳入法治化轨道”、“加强和改进信访和调解工作”、坚持领导干部定期接待群众来访制度等要求。这些大政方针，指明了信访工作的发展方向、目标和重点，有力地引领和推动了信访工作的发展。党通过制定信访工作的方针政策，不断加强对信访工作的顶层设计，对机制构建、法律支撑、队伍保障、资源整合提出明确要求，确保信访工作始终在党的统一领导下，按照党制定的方向和目标不断前行。

### （三）完善信访工作机构设置

信访工作机构是各级党委和政府及其他行使公权力的部门和组织负责受理群众信访事项，并依法协调推动信访事项处理的部门。各级党委和政府及其职能部门都承担信访工作任务，都是信访工作的责任主体，要设立相应的机构或者确定人员从事信访工作。《信访条例》和中央文件对信访工作机构设置等作出了明确规定，这是完善信访工作机构设置的法律和政策依据。信访工作机构设置的总体要求是，县级以上各级党委和政府应当设立信访工作机构；县级以上职能部门要确定负责信访工作的机构或者人员，具体负责信访工作；国有大中型企业和事业单位也要根据实际情况设立信访工作机构，或配备专（兼）职信访工作人员。从现实情况看，大量的社会矛盾发生在基层，因此有必要加强基层信访工作力量。乡镇（街道）、村（居）委会要有相应的机构或人员负责信访工作，县（市、区）党委和政府及有关部门要向社区派出接访员。

各级党委和政府设立的信访工作机构，是在本级党委和政府的统一领导下，负责协调、指导和监督本地区的信访工作的部门，一般与行政层级划分对应。国家信访局负责对全国信访工作的协调、指导和监督。地方各级党委和政府信访工作机构负责协调、指导和监督本区域的信访工作，基本职责主要包括受理、交办、转送信访人提出的信访事项；承办上级和本级党委、政府交由直接调查处理的信访事项；协调处理重要信访事项；督查督办信访事项的处理；研究分析信访情况，开展调查研究，及时向本级党委、政府提出改进工作和完善政策的建议；对本级职能部门和下级信访部门的信访工作进行指导。各级党委和职能部门设立的信访工作机构，是该部门的内设机构，按照信访工作相关法律法规规定和本部门授权履行职责。

各级党委和政府及其职能部门，要根据信访工作形势任务的需要和发展变化，不断加强信访工作机构建设，进一步加大对信访工作的投入，建设好群众来访接待场所，保障信访工作办公经费和处理信访事项的业务经费，确保信访工作机构履行职责。

（四）建设一支对党忠诚可靠、恪守为民之责、善做群众工作的高素质信访干部队伍

按照新时代党的建设总要求，发挥党管干部的政治优势，重视和加强信访干部队伍建设，是党对信访工作的组织领导和思想领导的重要体现。各级党委和政府要高度重视信访部门领导班子和干部队伍建设，树立正确用人导向，贯彻落实信念坚定、为民服务、勤政务实、敢于担当、清正廉洁的“好干部”标准，根据形势任务需要，配齐配强工作力量，优化队伍结构，加强教育培训，不断提高做好新形势下群众工作、解决信访突出问题的能力，努力培养造就一支对党忠诚可靠、恪守为民之责、善做群众工作的高素质信访干部队伍。要重视信访干部的培养使用，健全完善激励机制，在政治上激励、工作上支持、待遇上保障、心理上关怀信访干部，特别是给工作在基层一线的干部更多理解和支持，树立为担当者担当、让有为者有位的正确导向，增强信访干部的荣誉感、归属感、获得感，激发广大信访干部干事创业的生机和活力。

## 三、坚持党委统一领导的信访工作体制

信访工作体制，是关于信访工作组织领导、机构设置、职能定位、权责划分等方面的体系、制度、方法、形式的总称。近年来，信访工作在党的统一领导下，从中央到地方普遍建立了信访工作联席会议制度，形成了

党委统一领导、职能部门各负其责、信访部门组织协调的信访工作体制。这一工作体制具有很强的政治性、稳定性、综合性，对信访工作的方向、路径、着力点等具有决定性作用，是信访工作发挥职能作用的根本保障。

### （一）党委统一领导

党委统一领导主要包括以下几方面内容：一是各级党委切实将信访工作列入重要议事日程，定期听取信访工作汇报，认真研究部署信访工作。二是建立党委主要领导是第一责任人、分管领导负直接责任、其他领导成员“一岗双责”的信访工作责任体系。三是设立“信访工作领导小组”“信访工作联席会议制度”等形式协调处理信访工作中的重大问题，实现党的政治和组织领导。

信访工作联席会议是党委加强对信访工作领导的重要抓手，主要负责对信访工作的统筹协调、整体推进、督促落实。《信访条例》规定县级以上人民政府应当建立统一领导、部门协调，统筹兼顾、标本兼治，各负其责、齐抓共管的信访工作格局，通过联席会议、建立排查调处机制、建立信访督查工作制度等方式，及时化解矛盾和纠纷。《中共中央、国务院关于进一步加强新时期信访工作的意见》提出，要建立健全信访工作综合协调指导机制，各级党委、政府要充分发挥主导作用，加强组织协调，整合社会管理资源，形成做好信访工作的强大合力，形成上下联动、左右协调、运转高效、综合施治的工作机制。党的十八大以来，中央进一步健全完善了信访工作联席会议机制，根据形势任务的需要对联席会议的职责作了进一步调整。《关于创新群众工作方法解决信访突出问题的意见》强调，强化各级信访联席会议综合协调、组织推动、督导落实等职能作用，形成整合资源、解决信访突出问题的工作合力。党的十九大以后，中央又对中央信访工作联席会议机制进行了调整完善，作为党中央、国务院领导下的议事协调机制的作用得到加强。省市县各级信访联席会议机制也得到相应调整和加强。

（二）职能部门各负其责

各级职能部门承担着法律法规和党的路线、方针、政策的组织实施、贯彻落实的职责，也是直接解决群众信访问题的责任主体，在受理、办理信访事项中发挥着重要作用。各级职能部门负有预防信访问题发生、及时处理群众反映的信访问题、报告重大紧急信访事项和信访信息的职责，应当按照“谁主管、谁负责”以及“依法、及时、就地解决问题与疏导教育相结合”的信访工作原则，认真解决群众诉求，确保在第一时间、第一地点解决信访问题，不使其形成积累；必须依法按政策解决，多措并举化解矛盾，把信访问题妥善处理在本部门、解决在本系统，同时要防止引发新的问题。

（三）信访部门组织协调

信访部门的组织协调主要是运用综合指导、协调处理、推动落实等三种方式，推动党委和政府关于信访工作的安排部署得到贯彻落实，推动信访问题得到及时有效解决，推动整体信访工作水平不断提高。“综合指导”，不仅包括对同级党委和政府工作部门以及下一级党委和政府信访工作的业务指导，而且还涉及对同级人大、政协、法院、检察院、军队和人民团体、企事业单位等相关方面信访工作的业务指导。进行综合指导的方式主要是分析研判信访形势，谋划总体工作思路，总结推广典型经验，推动解决在重视程度、工作力度、工作效果等方面的不平衡问题，及时提出政策性意见和建议。“协调处理”，主要是指在下级党委和政府或本级党委和职能部门对某一信访事项是否受理存在争议，难以确定有权处理的责任主体，或是信访事项的办理需要多个地方或部门配合、协商、共同作出处理意见的情况下，由信访部门按照相关规定牵头协调相关责任单位，并明确责任主体，督促相关方面密切配合、认真解决群众的信访诉求。“推动落实”，主要是运用督导检查、会议调度、通报约谈、制定细化措施等方式，确保中央和上级部门信访工作决策部署落地见效。推动落实是一个系统工程，需要调动各方面的力量、综合运用各种方式方法来完成。

为了保障信访部门更好地发挥作用，《信访条例》赋予信访部门“改进工作”“完善政策”“给予处分”等三项建议职责。“改进工作”，是指信访部门在履行职责过程中，发现有关行政机关存在未按规定办理信访事项或者不执行信访处理意见等情形的，应当提出改进工作的建议并可以抄送其上一级机关；“完善政策”，是指信访部门对于信访人反映的有关政策性问题，及时向本级党委政府报告，并提出完善政策、解决问题的建议；“给予处分”，是指信访部门对在信访工作中推诿、敷衍、拖延、弄虚作假造成严重后果的行政机关工作人员，可以向有关行政机关提出给予行政处分的建议。“三项建议”职责，是信访部门履行职责的重要抓手，对于发挥信访部门组织协调作用、确保党对信访工作决策部署得到贯彻落实，具有十分重要的意义。

## 第二节 坚持以人民为中心

坚持以人民为中心，是我们党对执政理念的新概括，是不断总结发展执政理念的重要成果，是对党的性质和宗旨的新认识，是指引、评价、检验党一切执政活动的最高标准，是习近平总书记关于加强和改进人民信访工作的重要思想的核心要义。信访工作坚持以人民为中心的理念，就是要践行党的为民宗旨，尊重人民群众的主体地位，把维护群众权益作为出发点和落脚点，把党的群众路线贯彻到工作的各方面和全过程，全力做好了解民情、集中民智、维护民利、凝聚民心的工作，不断增强人民群众的获得感和幸福感。

### 一、坚持以人民为中心是信访工作的根本要求

党的十八届五中全会首次提出以人民为中心的发展思想，反映了坚持

人民主体地位的内在要求，彰显了人民至上的价值取向，确立了新发展理念必须始终坚持的基本原则。以人民为中心的发展思想，体现在经济社会发展各个环节。坚持以人民为中心，是信访工作的根本要求。

### （一）信访工作坚持以人民为中心，体现了马克思主义群众观

马克思主义认为，人民群众是历史的创造者，是推动社会发展的根本力量，在社会发展的进程中起着决定性的作用。其中，最紧要的因素是最大多数人的利益。实现好、维护好、发展好最广大人民的根本利益，始终是我们党全部奋斗的最高目标，始终是我们党观察和处理问题的根本原则。坚持以人民为中心，是马克思主义群众观的内在要求，是毛泽东思想、邓小平理论、“三个代表”重要思想、科学发展观、习近平新时代中国特色社会主义思想的核心价值追求，是我国社会主义民主政治实践中各项具体制度都必须坚持的理念。信访工作坚持以人民为中心，具体来说就是信访工作的方针要体现人民意志，信访工作的出发点和落脚点要维护人民权益，信访工作的过程要接受人民监督，信访工作的效果要让人民满意。这些都是马克思主义群众观的具体体现。

### （二）信访工作坚持以人民为中心，体现了党保持同人民群众血肉联系的一贯政治立场

一个政党、一个政权，其前途和命运最终取决于人心向背，水能载舟、亦能覆舟，不能代表最广大人民的根本利益，不能赢得人民群众的拥护和支持，迟早都要垮台，这是历史经验反复证明了的。人民立场是我们党的根本政治立场，人民群众是我们党的力量源泉。[①] 我们党的最大政治优势是密切联系群众，党执政后的最大危险是脱离群众，因此，我们党始终重视保持与人民群众的血肉联系。无论是在革命战争年代还是在社会主义建设时期，我们党所进行的一切奋斗，归根到底都是为了最广大

---

① 《关于新形势下党内政治生活的若干准则》（2016 年 10 月 27 日中国共产党第十八届中央委员会第六次全体会议通过）。

人民群众的根本利益。在决胜全面建成小康社会、开启全面建设社会主义现代化国家新征程、实现中华民族伟大复兴的中国梦的新时代，我们党进一步强调坚持以人民为中心的发展思想，不断促进人的全面发展、全体人民共同富裕，这也是我们党执政地位之所以愈加巩固的根本原因。不同的历史时期人民的具体内涵是不同的，在现阶段人民的范围更加广泛，包括全体社会主义劳动者、社会主义事业的建设者、拥护社会主义的爱国者、拥护祖国统一和致力于中华民族伟大复兴的爱国者。信访工作作为党和政府密切联系群众的桥梁和纽带，发挥着重要作用。信访工作坚持以人民为中心，坚持走群众路线，从群众中来、到群众中去，通过行之有效的工作，最大范围地联系群众，最大限度地服务群众，把群众团结在党的周围，赢得人民群众对党的拥护和支持，巩固党执政的群众基础，这体现了党密切联系群众的一贯政治立场。

（三）信访工作坚持以人民为中心，体现了党带领人民创造美好生活的目标追求

在革命、建设和改革的各个历史时期，我们党为实现人民幸福、迈向共同富裕而不懈奋斗。特别是党的十八大以来，我们党以巨大的政治勇气、强烈的责任担当，出台一系列重大方针政策，实施一大批惠民举措，人民获得感显著增强。党的十九大把坚持以人民为中心列入新时代坚持和发展中国特色社会主义的基本方略，进一步明确了要把人民对美好生活的向往作为奋斗目标。践行以人民为中心的发展思想，要求把实现人民幸福作为发展目的和归宿，做到发展为了人民、发展依靠人民、发展成果由人民共享。2017 年 7 月，习近平同志深刻指出：各级党委、政府和领导干部要坚持把信访工作作为了解民情、集中民智、维护民利、凝聚民心的一项重要工作，千方百计为群众排忧解难。习近平同志的重要指示深刻阐释了信访工作必须坚持以人民为中心，通过信访渠道了解群众的所思所忧、所盼所求，通过信访渠道真实反映发展不平衡、不充分的问题，及时解决人民群众在民主、法治、公平、正义、安全、环境等方面的诉求，使人民群众共

享国家经济、社会、文化、生态等方面的发展成果，在共建共享发展中有更多获得感，增强发展动力、增强人民团结，在党的带领下朝着创造美好生活的目标稳步前进。

## 二、信访工作坚持以人民为中心的基本内涵

坚持以人民为中心，是贯穿信访工作的一条生命线，要求牢记全心全意为人民服务的根本宗旨，坚持一切为了人民、紧紧依靠人民，把信访工作深深扎根于人民群众之中，自觉把群众观点、群众路线贯彻信访工作全过程。

### （一）尊重群众、服务群众，把人民放在心中最高位置

习近平同志曾深刻指出："信访工作的首义，在于时刻把自己看成人民的一员，把心贴近人民。"① 信访工作坚持以人民为中心，首先要树立尊重群众、服务群众的意识，牢记共产党人的初心，牢记信访工作是为人民服务的工作，尊重信访人的尊严，带着感情和责任做好工作，认真对待、切实保护信访人的权利，将保障信访人权利作为工作机制设计的出发点。做信访工作要有对群众感情的温度，发扬"四家"精神，把群众当家人、把群众来信当家书、把群众诉求当家事、把群众工作当家业，让老百姓感到温暖，带着希望来、带着满意回，带着疑惑来、带着明白回，带着怨气来、带着平和回。做信访工作要有为群众服务的力度，牢固树立全心全意为人民服务的宗旨意识，为信访人提出信访事项提供各种便利条件，积极回应关切，努力在第一时间、第一地点解决好群众的合理诉求。做信访工作要有向群众学习的态度，深入基层、深入群众，问政于民、问计于民、问需于民，尊重人民群众首创精神，自觉拜人民为师，广泛动员人民群众自觉投身到党和政府的事业中来。

---

① 习近平：《摆脱贫困》，福建人民出版社 1992 年版，第 60 页。

### （二）了解民情、集中民智，把群众意愿转化为执政资源

习近平同志指出："我们的工作和决策必须以人民利益为重，以人民期盼为念。"① 信访工作是党和政府倾听群众呼声、了解群众意愿环节最少、距离最近的一种方式。信访工作坚持以人民为中心，要了解民情，建立畅通高效的群众诉求表达机制，倾听人民呼声，及时准确了解、把握人民群众的意愿，真实反映社情民意。在此基础上，要集中民智，汇集群众的真知灼见，把群众的智慧和力量转化为宝贵的执政资源。要注重从群众信访事项中发掘苗头性、倾向性问题，更好掌握社会动态，为科学民主决策提供参考。

### （三）维护民利，着力解决好人民最关心最直接最现实的利益问题

我们党的全部任务和责任，就是为实现人民群众的根本利益而奋斗。"检验我们一切工作的成效，最终都要看人民是否真正得到了实惠，人民生活是否真正得到了改善，人民权益是否真正得到了保障。"② 依法、及时、就地解决好群众合理诉求，维护好群众权益，是信访工作的核心要求。信访工作坚持以人民为中心，要坚持一切以群众利益为重，进一步站稳群众立场、强化群众意识，以解决好人民最关心最直接最现实利益问题的实际行动践行好党的宗旨。在信访工作中，要设身处地为群众考虑，只要诉求有合理性，就应当千方百计地予以解决，使群众相信党委和政府能够公正对待自己的权益，应该得到的能够得到，受到损失的会得到补偿。信访工作坚持以人民为中心，还要坚持从人民利益出发看问题、想对策，谋划工作举措，通过信访工作促进科学决策，完善政策，把握和处理好涉及群众切身利益的重大问题，切实维护群众各项合法权益，维护社会公平正义，使群众成为发展的最大受益者。

---

① 《中共中央举行纪念朱德同志诞辰130周年座谈会 习近平发表重要讲话》，《人民日报》，2016年11月30日，第一版。

② 《习近平谈治国理政》，外文出版社2014年版，第28页。

### （四）凝聚民心，把人民满意作为检验工作的标准

民心是最大的政治。“政之所兴在顺民心，政之所废在逆民心。”[①] 必须把“人民拥护不拥护、赞成不赞成、高兴不高兴、答应不答应作为衡量一切工作得失的根本标准”[②]。信访问题大多是关乎群众切身利益的民生问题，政策制定得好不好、问题解决得好不好，群众最有发言权。为了解决民生问题，党中央、国务院出台了一系列惠民政策，这些政策的落实情况如何，还存在哪些需要完善的地方，等等，需要有相应的工作机制及时跟踪了解和反馈，并协调指导推动落实。信访工作就是这样一个有效的检验政策效果、推动政策落实完善的渠道。通过信访工作，可以了解各项政策制定得合不合理、各项工作执行得到不到位、群众满意不满意，针对群众提出的政策不完善、不落实情况进行分析，及时完善政策、改进工作，达到让人民群众满意的效果。同时，信访工作本身也要把人民满意作为检验标准，靠信访部门和职能部门的热情、依法、负责、奉献，靠提高信访工作的质量和效率，实现解决问题到位、人文关怀到位，从而凝聚民心，赢得群众的信任和支持。

## 三、坚持以人民为中心健全完善信访工作机制

近年来，信访工作坚持以人民为中心的理念，贯彻党的群众路线，健全完善了倾听人民呼声、保障人民权益、接受人民监督的一系列工作机制。

### （一）畅通信访渠道、保障人民群众信访权利的机制

1. 联合接访机制。为了减少群众信访成本，方便群众及时就地反映问题、提出诉求，全国市、县两级很多地方实行联合接访，由与群众切身利益密切相关的职能部门派出人员集中办公，实行“一站式接待、一条龙

---

① 《管子·牧民》

② 中央文献研究室：《十八大以来重要文献选编》（下），中央文献出版社2018年版，第352页。

办理、一揽子解决”，减少了群众在各个部门之间的奔波，提高了效率。《关于创新群众工作方法解决信访突出问题的意见》对这个做法进行了强调，这一机制在全国市、县两级已全部推开。

2. 网上受理信访制度。党的十八届三中全会通过的《中共中央关于全面深化改革若干重大问题的决定》，要求实行网上受理信访制度。国家信访局依托互联网建立了国家信访信息系统，将来信、来访、来电和网上投诉等信访事项都通过网上流转，基本实现了中央、省、市、县、乡五级互联互通，构建了集投诉、办理、查询、跟踪、督办、监督、评价于一体的全国网上信访综合应用工作平台。信访群众可以在网上信访信息系统查询信访事项的办理过程和处理结果，实现了信访事项办理的公开透明，切实保障了群众的知情权。按照“互联网＋信访”模式，全国信访系统普遍设立了网站，开通了手机 APP 和微信公众号信访，实现了让“数据多跑路、群众少跑腿”，群众足不出户就可以方便快捷地反映诉求。

此外，一些地方坚持推行绿色邮政，对写给当地党委和政府的人民来信，一律免费邮寄。很多地方整合各类热线电话资源，统一接入“12345”便民服务热线，对群众诉求“先行回应、限时办理、及时回访”。为方便群众就地就近反映问题，很多地方搭建了视频接访平台。这些做法优化了传统的诉求表达渠道，保障了人民群众更为方便、快捷地进行信访活动。

（二）深入基层了解民情的机制

1. 领导干部接访机制。为了密切联系群众，深入了解民情，各地探索建立了领导干部接访机制。《关于创新群众工作方法解决信访突出问题的意见》明确了接访下访的重点，规范和丰富了领导干部接访的方式方法。要求省级领导干部每半年至少一天、市厅级领导干部每季度至少一天、县级领导干部每月至少一天、乡镇领导干部每周至少一天到信访接待场所，按照属地管理、分级负责的原则接待群众来访。在坚持定点接访的同时，更多采取重点约访、专题接访、带案下访、下基层接访、领导包案等方式，把行政资源集中用于解决重大疑难复杂问题上。

2. 机关干部下访机制。机关干部下访的主要任务是紧紧围绕党和国家的中心工作，检查地方解决信访突出问题的情况，指导推动地方及时化解矛盾；了解地方贯彻中央决策部署的情况，督导地方抓好落实；深入开展调查研究，提出制定和完善相关政策的意见和建议；转变工作作风，提高做好群众工作和处理复杂问题的能力和水平。干部下访采用统一组织和分散组织两种方式，运用的方法主要包括：①督促检查，即全面了解地方贯彻落实中央决策部署的情况，查找存在的突出问题，提出改进工作的意见和建议；②带案督办，即选择一定数量的重点疑难复杂信访案件，协调推动及时解决，以此推动地方的信访工作；③座谈走访，即通过召开不同层面的座谈会、走访基层干部和群众，听取反映，了解情况，宣传政策，指导工作；④驻点指导，即组织下访干部到信访问题突出的地方驻点，推动问题的妥善解决；⑤调查研究，即带着问题深入基层，查原因、找答案，提出改进工作和完善政策措施的意见和建议，总结推广成功经验。

推进领导干部接访下访，“不仅有利于检查指导基层工作，还有利于促进基层工作的开展与落实；不仅有利于为群众解决实际问题，还有利于培养干部执政为民的思想作风；不仅有利于及时处理群众反映的突出问题，还有利于密切党群干群关系；不仅有利于向群众宣传党的路线方针政策，还有利于培养干部把握全局、推进改革发展的能力”，是一项一举多得的有益创举。[①]

（三）汇集吸收人民群众智慧的机制

“群众的实践是最丰富最生动的实践，群众中蕴藏着巨大的智慧和力量。”[②] 通过信访渠道，可以广泛征集、深入分析人民群众提出的建议意见，完善有关法律、法规、规章和政策，改进工作。各地普遍建立了人民建议征集制度，设立了专门的人民建议征集机构，有的地方开通线上线下

---

① 习近平：《之江新语》，浙江人民出版社2007年版，第77页。

② 习近平：《之江新语》，浙江人民出版社2007年版，第61页。

多种征集渠道，运用报纸、网络、微博、微信等扩大群众的参与度，还建立了特约建议人制度，聘请相关领域的专家学者提供专业性建议。很多地方和部门制定出台了优秀人民建议奖励办法，对国民经济和社会发展或者对改进国家机关工作以及保护社会公共利益有贡献的意见建议给予奖励，有效调动了群众民主参与的积极性。按照“谁主管、谁承办、谁负责”的原则，建立健全人民建议办理机制、论证转化机制、法制保障机制、表彰奖励机制，逐步将人民建议征集工作纳入法治化轨道，切实把群众的智慧和力量向执政资源转化。

（四）健全切实维护群众合法权益机制

维护群众合法权益，是信访工作的核心要求，也是落实以人民为中心理念的根本体现。为了及时就地解决群众反映的问题，近年来出台了一系列规范性文件，建立起相关工作机制。中办、国办出台《信访工作责任制实施办法》，健全完善了信访工作责任制，压实了各地各部门的责任，严肃处理信访工作中的失职失责行为。国家信访局出台《依法分类处理信访诉求工作规则》，建立了依法分类处理信访诉求的工作机制，确保群众诉求按照法律规定和程序得到处理；出台《国家信访局关于进一步加强初信初访办理工作的办法》，明确了首办责任制；出台《信访事项简易办理办法（试行）》，建立了信访事项简易办理工作机制，要求关系群众生产生活的急事急办，缩短办理时间；建立了积案化解工作机制，梳理解决一大批长期以来久拖不决的问题，运用解决特殊疑难信访问题专项资金，以困难帮扶、生活救助、经济补偿等方式解决了一批疑难复杂信访问题；建立统筹实地督查制度，联合相关部门组成督查组开展实地督查，实地解决信访突出问题；改进信访工作考核，建立健全以及时受理率、按期办结率和群众满意率为核心的考核体系，推动责任落实。这些机制的建立和完善解决了一大批群众最关心最直接最现实的利益问题，切实维护了群众的合法权益。

（五）群众评价、监督信访工作的机制

人民群众满意不满意，是检验信访工作成效的第一标准。《关于创新群众工作方法解决信访突出问题的意见》要求“逐步推行信访事项办理群众满意度评价，把办理工作置于群众监督之下，提高信访工作公信力”。国家信访局建立“信访事项办理群众满意度评价体系”，对初次受理的来信、来访和网上投诉事项，群众可以通过登录网上信访信息系统对信访事项办理情况作出是否满意的评价。上级行政机关可以对下级行政机关办理群众投诉事项的情况进行跟踪，对群众评价不满意的事项，可以进行抽查、回访和督办，从而倒逼有关行政机关落实责任，认真解决群众的诉求，提高信访事项办理的质量和效率。

## 第三节　坚持法治思维和法治方式

在信访工作中坚持法治思维和法治方式，是习近平总书记关于加强和改进人民信访工作的重要思想的重要内容，是全面依法治国新理念新思想新战略在信访工作中的具体落实和体现，是尊重和体现人民群众主体地位、依法保障人民群众合法权益的要求，是充分发挥信访制度的各种功能和优势，促进国家治理体系和治理能力现代化的必由之路。

### 一、法治是信访工作的基本思维方式和工作方式

党的十九大报告将“坚持全面依法治国”作为新时代坚持和发展中国特色社会主义的基本方略之一，提出“全面依法治国是中国特色社会主义的本质要求和重要保障”。法治思维是基于法治的固有特性和对法治的信念来认识事物、判断是非、解决问题的思维方式。法治方式是运用法治思维处理和解决问题的行为方式。坚持法治思维和法治方式，是全面推进

依法治国的内在要求，实质是把对法治的尊崇、对法律的敬畏转化成思维方式和行为方式，做到在法治之下、而不是法治之外、更不是法治之上想问题、作决策、办事情；① 其关键是守规则、重程序，做到法定职责必须为、法无授权不可为，尊重和保护人民权益，自觉接受监督。具体到信访工作领域，党的十八届四中全会通过的《中共中央关于全面推进依法治国若干重大问题的决定》提出，“把信访纳入法治化轨道，保障合理合法诉求依照法律规定和程序就能得到合理合法的结果”，将信访法治化确定为全面依法治国的重要内容，明确了运用法治思维和法治方式开展信访工作、解决群众诉求的基本要求。

### （一）坚持法治思维和法治方式是信访制度的本质特点所决定的

信访制度从其本质来说，属于党的主张和国家意志的范畴，根本目的是落实和体现人民主体地位，充分尊重和保障人权，实现公平正义、维护社会和谐，这与法治的根本目的是一致的。法治的模式并非一成不变，“走什么样的法治道路、建设什么样的法治体系，是由一个国家的基本国情决定的”②。作为一项法律制度，信访制度是与中国国情相结合的产物，具有权利救济和纠纷解决的功能，与诉讼、仲裁、行政复议等程序相辅相成、相互补充，是多元化纠纷解决机制的重要环节，是中国特色社会主义法治体系的重要组成部分，并将随着中国法治进程的推进而不断发展完善。信访制度应当把权利意识、程序意识、规则意识、公平意识等作为核心理念，国家机关应当严格按照法律设定的职责依法履职，人民群众的信访权利应当得到依法保障、信访活动依法进行，信访工作的各个环节都应当依法开展，从而更好地保障群众合法权益、实现公平正义。

### （二）坚持法治思维和法治方式是推动信访制度不断发展完善的基本经验

纵观历史，信访法治化经历了从无到有、从简单粗放到体系化精细化

① 《习近平谈治国理政》第二卷，外文出版社2017年版，第127页。
② 《习近平谈治国理政》第二卷，外文出版社2017年版，第117页。

发展的历程，这是中国特色社会主义法治体系不断发展的要求，是依法治国进程深入推进的结果。尤其是改革开放40年来，信访制度建设的一条宝贵经验就是坚持以法治为引领，不断完善体制机制，坚持用法治思维和法治方式开展工作。1995年国务院颁布《信访条例》，第一次以行政法规的方式对信访工作作出专门规范，2005年又根据形势任务进行了修订；2007年中共中央、国务院印发《关于进一步加强新时期信访工作的意见》，是改革开放以来第一次以党中央、国务院的名义对信访工作进行全面安排部署的纲领性文件。2013年以来，中央全面推进信访工作制度改革和信访法治化建设，出台了《关于依法处理涉法涉诉信访问题的意见》《关于创新群众工作方法解决信访突出问题的意见》《信访工作责任制实施办法》等文件，并对进一步加强信访法治化建设作了安排部署。改革与法治如鸟之两翼、车之双轮，法治对信访工作制度改革起到了规范、引领和保障作用，用法治思维谋划改革思路、用法治手段破解改革难题，推动了信访工作体制机制不断完善，确保了信访工作依法规范运行。历史经验证明，坚持法治思维和法治方式，是完善信访制度的重要手段和有力保障。

### （三）坚持法治思维和法治方式是信访制度维护群众合法权益的必然要求

《中共中央关于全面推进依法治国若干重大问题的决定》指出，法治建设“以保障人民根本权益为出发点和落脚点，保证人民享有广泛的权利和自由、承担应尽的义务，维护社会公平正义，促进共同富裕”。信访制度是维护群众合法权益的制度，必须坚持法治思维和法治方式。法律具有强制性、确定性、普遍性等特点，能够有效地确定法律关系双方的权利义务，发挥好法律对人们行为的指引、评价、预测等功能，是解决群众信访诉求、化解矛盾纠纷的底线和关键。如果违背法治的基本要求，漠视法律规则的适用，忽视法律在维护群众合法权益、解决矛盾纠纷中的权威地位，就会产生“大闹大解决、小闹小解决”“花钱买平安”等问题，这不仅无助于问题的解决，反而会激化矛盾甚至引发新的矛盾，出现“信访不信法”“信上不信下”的现象，也将造成一些对信访与法治关系的误解。解决信访诉求、维护群众合法权益，既要做到公平、公正地处理问题，也要做到同样的事情同样对待，这离不开法治原则和法律规范的有效适用。实践中，解决群众信访诉求有多种手段，但都离不开法治思维和法治方式的运用，对于有法律规定的，应当依照法律规定处理，保证合理合法诉求可以依照法律规定得到合理合法的结果，尊重和体现法律的权威性；没有法律规定的，也应当体现法治精神和法治原则，并综合运用教育疏导、帮扶救助等手段，实现情理法并用。同时要依法保障信访人进行信访活动的权利，也要依法追究以信访为名扰乱公共秩序、妨害公共安全和社会管理、侵犯他人合法权益的行为。只有将法治思维和法治方式运用到信访工作的全过程，充分强化法律在解决信访诉求中的权威地位，才能更加有效地维护群众合法权益。

### （四）坚持法治思维和法治方式是信访制度有效运行的保障

任何制度的有效运转，都离不开相关主体清晰的职责划分和依法充分履职。行政权限是指行政主体行使行政职权时所不能逾越的法定范围和界限，是行政主体与其他法律主体、行政主体与行政主体之间分工关系的反映。[①] 国家机关的职责都是有限制、有边界的，超越职责权限，或者怠于履行法定职责，都不符合法治的要求。合理划分工作范围和职责权限，也是信访工作有效开展的基础。如果工作边界不清、职责定位不准，就会出现信访工作外延过大等问题，就会混淆信访部门与有权处理信访问题的部门的关系，将信访部门作为解决问题的责任主体，职能部门没有充分发挥作用，影响解决信访问题的实际效果，最终影响信访制度的有效运行。明晰信访工作职责边界，既要合理划分信访部门和职能部门的权限，依法履行法定职责，做到不缺位；也要杜绝信访程序的滥用，避免以信访干预、

---

① 胡建淼：《行政法学（第四版）》，法律出版社2015年版，第530页。

干扰诉讼或行政复议、行政裁决等法定程序及其处理结果，做到不越位。因此，按照法治原则，明确相关主体在信访工作中的职责边界，促进依法充分履职，是信访制度有效运行的保障。

## 二、信访法治化的目标

信访法治化，就是将法治理念和依法治国要求贯彻到信访制度运行中，运用法治思维和法治方式做好信访工作，使信访工作依法运行，契合法治的要求。信访法治化的目标主要包括以下几个方面。

### （一）信访法律规范体系完备

“在法治体系的整个链条中，严密的法治体系是建设社会主义法治国家的前提和基础。”[①] 法律规范体系以原则和规制概括和体现了一项制度的核心内容，意味着形成了独特的调整范围和调整方式，具备了独特的功能，是这项制度成熟、完善的标志。形成完备的信访法律规范体系，是信访法治化建设的基础性工作，是衡量信访法治化建设的重要标准，也是信访法治化的首要目标。

完备的法律规范体系，首先需要解决有法可依的问题，形成以宪法为统领，以法律为主干，以党内法规、行政法规、地方性法规等为重要组成部分的有机整体，对公民的信访活动以及所有公权力机关的信访工作都进行有效规范，信访工作各个环节都有明确的法律规定和法律遵循。其次需要注重法律规范体系的系统性，提高立法的科学性、针对性、有效性，注重法律规范体系的内部统一性，注意相关法律法规之间的衔接协调。最后还要符合法治精神，着力保障人民群众合法权益，促进社会公平正义，注重法律效果和社会效果相统一，实现良法善治。

在信访工作领域，目前初步形成了以党内法规为纲领，以《信访条例》为主体，以地方性法规、规章和规范性文件为配套的信访法律规范

---

① 信春鹰：《中国特色社会主义法律体系及其重大意义》，《法学研究》2014 年第 6 期。

体系，在切实保障人民群众信访权利、规范信访工作方面发挥了重要作用。但是，《信访条例》作为行政法规仅规范了行政机关，各级党委、人大、政协、人民法院和人民检察院不能直接适用，但上述公权力机关也承担着信访工作职能，从而导致了信访工作的“小立法”不能适应“大信访”工作格局的需要，还需要进一步健全完善信访法律规范体系。

### （二）国家机关信访工作职责法定、权责一致

职责法定、权责一致是现代行政法的基本原则。国家机关的设立和权力的取得必须有法律依据，必须在法律规定的范围内行使职权。国家机关在接受授权的同时，也接受了义务和责任。在信访工作领域实现职责法定、权责一致，就是要依法明确各级国家机关的信访工作职责，厘清职责边界，严格依照法律规定履行信访工作职责，实现法定职责必须为、法无授权不可为。同时，依法配备与信访工作职责相应的工作权限，解决工作手段少、处理矛盾方式单一的问题，确保实现信访工作运转的高效、顺畅。

实现职责法定、权责一致，应注意区分两种关系。一是信访工作职责与国家机关主管领域的工作职责的关系。按照《宪法》和法律规定，所有国家机关都应当做好信访工作。从性质上而言，信访工作职责与国家机关具体的主管领域密切相关，是国家机关职责的延伸，但在处理原则、处理方式和工作要求上与主管领域的工作职责相比具有相对独立性。二是受理机关转送交办的职责与有权处理机关解决问题的职责的关系。工作实践中，有的信访问题是直接向具有主管职责的国家机关提出的，也有相当一部分是向上级部门尤其是党委和政府信访工作机构提出的，出现了诉求受理机关和实质解决问题主体不一致的情况，信访工作职责没有明确指向对该问题有主管职责的国家机关。如果部分职能部门责任意识不强、不认真履行主体责任，信访人的诉求就往往得不到及时有效的处理。在这个过程中，党委和政府信访工作机构负有转送交办等职责，对该问题有主管职责

的国家机关负有依法解决实体问题的职责，要注意区分这两种不同职责，尤其要强调职能部门依照法律规定，落实解决问题的主体责任。

（三）信访工作依法规范运行

信访工作依法规范运行，解决的是法律有效实施的问题。信访工作依法规范运行，包含两个层面：一是信访工作涉及的各个方面，信访问题受理、办理到督查督办的各个环节，均按照法律规定的程序、时限规范运行。这是国务院《信访条例》和地方性信访法规、规章等直接调整规范信访工作的专门立法得到有效实施的结果。二是信访程序与诉讼、仲裁、行政复议等程序界限清楚、衔接配合，在化解纠纷中共同发挥作用。

长期以来，在信访工作程序运转方面，存在一些不够依法规范的问题。比如没有按照法定时限的要求进行告知、回复等，对信访事项具有主管权限的单位主体办理信访事项的质量不高等。这些需要通过规范信访工作程序加以改革完善。

在信访诉求受理范围方面，存在两个问题：一是信访渠道入口过宽，与诉讼、仲裁、行政复议等其他法定途径的边界不够清晰，大量应该通过其他途径解决的问题涌入信访渠道，相互干扰、造成资源浪费和无效受理。二是一些可以进入信访程序的诉求没有得到有效解决。由于诉讼、仲裁、行政复议等法定渠道的受理都有明确的限制，有严格的包括主体、时效、证据等方面的要求，致使很多当事人的诉求无法进入这些程序，不得不进入信访。这些诉求不属于法律限制或禁止信访部门和主管行政部门处理的范围，且多属于地方政府和主管行政机关的职责范围，行政主体本应积极处理或与相关程序进行协调处理，但一些信访工作机构和职能部门没有积极履行职责，导致问题久拖不决。因此，信访法治化的一个重要目标，就是通过法律将行政主体和信访部门在诉求受理方面的责任明晰化，推动依法履行职责，保障群众合理合法诉求依照法律规定和程序就能得到合理合法的结果。

上述目标的实现，能够体现信访法治化建设的成果：一是人民群众的合法权利依法得到保护，通过信访制度保证民众的信访权利和诉求得到回应和合理合法的处理。二是逐步引导社会公众正确运用信访程序，依法理性提出诉求。这是信访法治化对信访人在行为方式上的要求，依法理性表达诉求与不断畅通信访渠道是相辅相成的两个方面，是分别对进行信访活动的公民和国家机关提出的要求，就是通过信访渠道表达诉求，必须在法治轨道上、法制框架内、法定渠道中进行。[①] 三是使依法信访的理念得到社会普遍认同。社会各界对信访工作的看法更加客观理性，依法信访、规范信访的观念深入人心。这是信访法治化的成效在社会层面的直接反映。

## 三、信访法治化的举措

### （一）实行信访与诉讼分离

信访制度从创立初期就是与司法诉讼程序严格区分的，针对有关司法诉讼的投诉，包括对生效判决及其执行的申诉，刑事、民事、行政诉讼法以及人民法院、人民检察院组织法中都有明确的规定，当事人可以申请再审等法律监督程序进行司法救济。但是，由于人民法院和人民检察院法律监督程序往往也采用与信访形式相近的方式，而且同时也设有对司法人员行为投诉的信访渠道，因此，案件的申诉往往与对司法人员个人及司法腐败方面的投诉相交叉，在法治不够完善、制度不够健全的情况下，加上传统治理和社会心理等因素的影响，一度出现诉讼与信访高度混同的情况，部分当事人、律师甚至公职人员利用信访干预司法诉讼，造成涉诉信访居高不下。因此，党的十八大以后，信访法治化首先从信访与诉讼分离着手。

信访与诉讼分离，是指在信访工作入口处厘清信访与诉讼的界限，把涉及民商事、行政、刑事等诉讼权利救济的信访事项从普通信访体制中分离出来，由政法机关依法处理。实行信访与诉讼分离，主要是为了解决诉

① 舒晓琴：《把信访纳入法治化轨道》，《人民日报》，2015 年 2 月 2 日，第七版。

讼与信访交织的问题，厘清信访与诉讼之间的界限，进一步树立司法权威。

党的十八届三中全会明确要求，把涉法涉诉信访纳入法治轨道解决，建立涉法涉诉信访依法终结制度。《关于依法处理涉法涉诉信访问题的意见》改变了当时实际工作中经常性集中交办、过分依靠行政推动、通过信访启动法律程序的工作方式，把解决涉法涉诉信访问题纳入法治轨道，由政法机关依法按程序处理。各级政法机关是依法处理涉法涉诉信访问题的责任主体。为了在政法机关内部做好信访与诉讼分离工作，2014 年以来，中央政法委下发相关文件，对建立涉法涉诉信访事项导入法律程序工作机制等作出明确规定，最高人民法院、最高人民检察院、公安部、司法部先后对各自工作领域内涉法涉诉信访事项如何导入专门法律程序处理作出规定。实行访诉分离以来，越来越多信访群众选择司法渠道反映和解决涉法涉诉问题。

需要指出，信访与诉讼分离的主要目的是避免信访和其他行政因素对司法程序的干扰，信访不得受理司法机关专属管辖和已经或正在通过司法诉讼程序处理的案件，但这并不意味着应该全面拒绝受理可以由其他程序处理的所有诉求。信访作为合法救济渠道之一，在当事人拥有选择权，行政机关又有权处理的情况下，如果当事人优先选择信访部门进行投诉、优先选择信访处理程序时，信访部门可以引导或协助其启动其他程序，也可以视具体情况（如情势、当事人能力条件、诉求情况、直接处理的必要性等），要求主管行政机关解决或者直接协调处理。

### （二）实行依法分类处理信访诉求

依法分类处理，是指在信访与诉讼分离的基础上，对信访人提出的投诉请求，能够通过信访途径以外的法定途径解决的，导入这些途径依法按程序处理；不能通过这些途径解决、符合《信访条例》规定的受理条件的，作为信访事项，按照《信访条例》的规定处理。

2015 年 12 月，中共中央、国务院印发《法治政府建设实施纲要

(2015—2020年)》，提出了“推进通过法定途径分类处理信访投诉请求，引导群众在法治框架内解决矛盾纠纷”的要求。根据中央决策部署，国家信访局会同国务院法制办牵头38个中央部委梳理出台了本领域的分类处理清单。国家信访局于2017年7月印发了《依法分类处理信访诉求工作规则》，进一步明确了分类处理的具体工作机制。大部分省份出台了分类处理工作规程，山东、河北、浙江等地已经将分类处理的成果纳入了相关地方性法规。

实行依法分类处理信访诉求的主要目的，一是在行政体系内厘清信访与其他法定途径的界限，合理划分解决主体和方式，避免所有诉求不分情况和性质一律按照信访程序处理的情况。二是推动行政机关按照“法定职责必须为，法无授权不可为”的要求依法履职，避免以信访答复代替行政处理，以信访程序代替履职的情况，从而更为符合依法行政的要求。实行依法分类处理以来，改变了过去投诉请求一概做出信访答复的做法，受理甄别更精细，法律效力更明确，充分发挥了行政程序在处理信访诉求中的主渠道作用。

实行信访与诉讼分离、依法分类处理信访诉求都是解决信访受理范围不清问题的重要改革举措，两者侧重点各有不同。信访与诉讼分离是在信访渠道入口处明确区分信访与司法程序，属于已经、正在和依法应当通过诉讼途径解决的问题，信访渠道不受理，杜绝依靠行政和信访启动和干扰司法程序，充分保障司法权威。依法分类处理信访诉求解决的是进入信访渠道后适用不同程序受理办理的问题，即哪些事项应当适用信访程序处理，哪些事项应当适用行政程序处理，其实质是把进入信访渠道的、本应当适用行政程序处理的事项再重新归流到行政程序，实现依法按程序解决信访诉求的目的。

### （三）完善信访法律规范体系

为细化落实《信访条例》规定，提高可操作性，党的十八大以来，国家信访局有针对性地制定了《信访条例》配套措施10余件，完善丰富了信访法律规范体系的内容。在规范信访工作程序方面，出台了《信访事项网上办理工作规程（试行）》《信访事项简易办理办法（试行）》等，进一步推进信访事项受理办理工作的制度化规范化。在压实信访工作责任方面，出台了《国家信访局关于进一步加强初信初访办理工作的办法》《国家信访局关于进一步规范信访事项受理办理程序　引导来访人依法逐级走访的办法》《关于进一步加强和规范信访事项实地督查工作的意见》等，进一步落实了依法、及时、就地解决问题的信访工作原则。在整合信访工作资源方面，出台了《关于进一步加强和规范联合接访工作的意见》，方便群众反映诉求，及时就地解决问题。在提高信访工作公信力方面，出台了《信访事项办理群众满意度评价工作办法》，还建立了统筹督查信访案件公开曝光等制度，主动接受群众对信访事项处理过程和办理结果的评价。

与此同时，信访立法的进程也在逐步推进，2018 年，十三届全国人大常委会立法规划将信访立法列入研究论证的项目。制定一部关于信访工作的专门法律有利于对信访制度进行顶层设计和整体建构，形成与其他法律及程序的合理分工与协调，解决信访长期存在的一些制度、规范和程序上的滞后、不健全等问题，使信访制度更好地作为法治体系中的重要组成部分发挥其独特的作用。

### （四）推进律师等专业人士参与信访工作

专业人士参与信访工作，有助于提高信访矛盾化解和信访事项办理的专业化水平尤其是法治化水平，律师参与信访工作是这方面的一项有益探索，并经过中央文件提升确认为一项制度。律师参与信访工作主要包括两个层面：一是律师参与涉法涉诉信访工作，这是推进涉法涉诉信访工作制度改革的配套举措。2015 年，中央政法委出台了《关于建立律师参与化解和代理涉法涉诉信访案件制度的意见（试行）》，律师参与涉法涉诉信访案件的具体任务是，对原案件处理正确的，帮助信访人准确理解政法机关依法作出的法律处理意见，劝导其服判息诉；对原案件处理可能存在错误或瑕疵的，向政法机关提出建议，促使问题进入法律程序解决；对信访人生活困难，符合相关救助规定的，协助申请人开展救助申请工作。二是律师参与普通信访事项处理。2016 年，国家信访局和司法部联合下发《关于深入开展律师参与信访工作的意见》，明确律师在信访工作中主要参与来访接待、处理疑难复杂信访事项、服务信访工作决策、参与信访督查等。律师在参与接待群众来访、处理疑难复杂信访事项中提出的法律意见，是信访部门分流、处理信访事项的重要依据；在参与信访督查、服务信访工作决策中提出的法律建议，是相关部门决策的重要参考。全国各省、区、市和大部分市县都开展了律师参与信访工作。这项工作的开展，有利于发挥律师专业优势，引导信访群众通过法定程序表达诉求、依靠法律手段解决纠纷，在提高相关部门运用法治思维和法治方式解决问题、化解矛盾的能力方面发挥了重要作用。

## 第四节　坚持预防和化解社会矛盾并重

“矛盾”在辩证法上指客观事物和人类思维内部各个对立面之间的互相依存而又互相排斥的关系，是一切事物变化发展的根本原因。[①] 从这个概念出发，社会矛盾是人类社会中的个人和群体在维护各自利益的过程中所出现的对立关系，是社会发展到一定阶段的必然产物，是推动社会发展的动力。当前，我国社会矛盾主要是利益矛盾，属于人民内部矛盾。党的十九大明确提出，“加强预防和化解社会矛盾机制建设，正确处理人民内部矛盾”[②]。这就要求在信访工作中，准确把握社会矛盾的新情况新动向、信访问题的新特点新规律，坚持预防和化解并重，不断增强工作的前瞻

① 中国社会科学院语言研究所词典编辑室：《现代汉语词典》，商务印书馆 2016 年第 7 版，第 882 页。
② 《党的十九大报告辅导读本》，人民出版社 2017 年版，第 48 页。

性、系统性、针对性，更好地维护人民群众合法权益、维护社会公平正义、维护社会和谐稳定。

## 一、坚持预防和化解并重是信访工作的一贯要求

信访问题是社会矛盾的综合反映，大量社会矛盾往往以信访形式表现出来。在当前社会矛盾多发的情况下，信访问题是回避不了的，信访工作必须坚持不懈地抓下去。积极回应人民群众通过信访渠道提出的各类诉求，有效解决人民群众最关心最直接最现实的利益问题，最大限度地预防和减少侵害群众合法权益问题的发生，既是信访工作的主要任务，更是党和政府用实际行动践行党的为民宗旨的具体体现。

### （一）坚持预防和化解并重是社会矛盾产生发展规律决定的

任何矛盾都有其产生、发展和演化的规律，从最初的萌芽到发生，由小到大、由弱到强，不断发展变化，直至激化，出现部分质变或完全质变。同时，旧的矛盾解决了，新的矛盾还会产生，再解决、再产生，是一个周而复始的过程。社会矛盾也不例外，其产生发展也有一个过程。对于社会矛盾的预防和化解而言，准确把握其产生发展过程，及早从源头上入手，就可以有效控制冲突事态的激化、蔓延，甚至可以预防和减少社会矛盾的发生，从而减轻对社会稳定的冲击，降低社会危害。习近平同志深刻指出，“问题是事物矛盾的表现形式，我们强调增强问题意识，坚持问题导向，就是承认矛盾的普遍性、客观性，就是要善于把认识和化解矛盾作为打开工作局面的突破口”[①]。任何社会发展到一定阶段，都会出现社会矛盾和社会问题比较集中、比较尖锐的情况，这既给现有制度造成压力，也成为推动社会自我调整的动力。虽然社会矛盾并不必然成为信访问题，但信访问题可以反映出特定历史条件下社会矛盾

---

① 《习近平在中共中央政治局第二十次集体学习时强调 坚持运用辩证唯物主义世界观方法论 提高解决我国改革发展基本问题本领》，《人民日报》，2015 年 1 月 25 日，第一版。

的数量规模、重点领域和演变趋势。实践证明，信访问题产生、解决，再产生、再解决的过程，就是政策不断完善、体制机制不断健全、矛盾不断得到化解的过程，社会就是在这样的矛盾变化中发展进步的。因此，做好信访工作，需要准确把握当前社会矛盾焦点，科学预判社会矛盾形势和走向，充分认识信访问题的客观性，加强对信访形势分析研究，既要见微知著、超前预防，也要依法按政策解决问题，更好地服务改革发展稳定大局。

### （二）坚持预防和化解并重是落实社会治理新理念新要求的应有之义

党的十八届三中全会通过的《中共中央关于全面深化改革若干重大问题的决定》，对创新社会治理体制和改进社会治理方式明确提出“四个治理”要求，即坚持系统治理、依法治理、综合治理和源头治理。坚持系统治理，就是从政府包揽向政府负责、社会共同治理转变。坚持依法治理，就是从管控规制向加强法治保障转变。坚持综合治理，就是从单一手段向多种手段综合运用转变。坚持源头治理，就是从根本上解决矛盾、防微杜渐。[①] 这既是改进社会治理的方向和路径，更是解决信访问题、预防化解矛盾的重要原则和方法。当前，我国改革进入深水区，经济发展进入新常态，经济下行压力加大，各种矛盾叠加，风险隐患增多，其中许多矛盾和问题呈现出新旧矛盾相互交织、内外因素相互影响、网上网下相互传导等新特点。[②] 在这一经济社会的大背景下，信访问题的多样性、多发性、复杂性、关联性也进一步增强，群众信访活动在个体为主反映诉求的基础上，串联、抱团、聚集反映问题的情况不断增多，涉及的利益群体越来越多；信访诉求在经济利益诉求为主的基础上，又增加了环境权、健康权、教育权等其他权利诉求；表达方式除了正常写信、走访、网上信访，还出现了少数人通过网络散播甚至进行不实炒作。信访问题呈现历史问题与现

---

① 魏礼群：《习近平社会治理思想研究》，《中国高校社会科学》2018 年第 4 期。

② 《党的十九大报告辅导读本》，人民出版社 2017 年版，第 134—135 页。

实问题相互交织、经济利益诉求与政治权益诉求相互交织、合理诉求与不合法的表达方式相互交织、多数人的合理诉求与极少数人的无理取闹相互交织等情况，解决难度越来越大。因此，做好信访工作，必须按照“四个治理”的要求，强化党委和政府的责任担当，组织动员社会各方力量，综合运用各种方法和手段，依法按政策解决好各类信访问题；同时要主动作为，及时从群众的信访诉求中发现社会治理中存在的问题，并认真加以分析研究，有针对性地改进工作、完善政策，以此最大限度地减少不和谐因素，最大限度地集聚促进经济社会发展的正能量。

### （三）坚持预防和化解并重是提高信访工作质量和效率的必然要求

信访工作的质量和效率很大程度上体现为解决信访问题、预防化解矛盾的实际效果。从信访工作实践看，当前信访问题产生发展的原因主要有以下四个方面：一是政策因素。有的属于政策落实不到位，或政策本身可操作性不强，有的属于政策没有及时跟进调整或出台，有的属于政策不连续、不平衡，导致群众切身利益受到损害。二是工作因素。有的地方没有牢固树立科学发展理念和正确政绩观，甚至“一边抓发展、一边制造矛盾”；有的地方不出事不重视，出了事就束手无策，致使小事拖大、大事拖炸；有的地方工作人员工作方法简单，激化了矛盾。三是信访人自身因素。有的信访人对政策规定理解有偏差，坚持过高的、政策规定以外的甚至无理的要求；有的信访人法治意识淡薄，动辄缠访闹访，甚至采取极端行为向党委和政府施压。四是社会心理因素。随着社会日益开放，人们思想活动的独立性、选择性、多变性和差异性明显增强，由于社会心理失衡，引发社会矛盾的“触点”增多、“燃点”降低，一些非直接利益人员参与其中，借机发泄不满，有的甚至引起群体性事件。在这种情况下，信访工作的内涵和外延已经扩大，成为事前预防、事中解决、事后修复的系统工程，必须采取综合措施，对症下药、标本兼治。一方面，加强源头预防，在政策制定、决策出台的过程中广泛听取民意，坚持依法决策、依法行政、依法办事，有效减少信访问题的发生；另一方面，及时回应群众诉求，疏导化解矛盾，避免矛盾激化升级，不断提高信访工作的质量和效率。

## 二、坚持预防和化解社会矛盾并重的基本要求

党的十九大报告把加强预防和化解社会矛盾机制建设纳入打造共建共治共享的社会治理格局并作出部署。信访工作全面贯彻落实党的决策部署，就需要按照加强和创新社会治理的要求，不断提升预防和化解社会矛盾的实效。

### （一）在价值取向上，坚持“三个有利于”

一是有利于维护群众合法权益。这是信访工作的出发点和落脚点，也是贯彻落实以人民为中心发展思想的具体体现。在预防和化解社会矛盾的过程中，只有坚持维护群众合法权益，才能真正把群众的合理诉求解决好、把群众的生活困难帮扶救助好、把群众的情绪疏导好、把群众的意愿反映好。二是有利于维护社会公平正义。公平正义是社会主义法治的重要追求。习近平同志强调：“全面依法治国，必须紧紧围绕保障和促进社会公平正义来进行。”① 在预防和化解社会矛盾的过程中，只有以公平正义为标尺，辨是非、明事理，妥善协调各方面利益关系，才能实现政治效果、法律效果和社会效果的有机统一。三是有利于维护社会和谐稳定。没有和谐稳定的社会秩序，不仅经济社会发展无从谈起，就是基本的社会生存都可能产生困难。因此，习近平同志明确指出：“发展是硬道理，稳定也是硬道理，抓发展、抓稳定两手都要硬。”② 在当前社会矛盾多发的形势下，坚持维护社会和谐稳定，就要求采取更加积极主动的态度，有效应对和处理各种潜在的和现实的矛盾。因此，信访工作不仅要采用更加柔和的手段、更加综合的方式来化解群众提出的信访问题，还要积极主动开展

① 《习近平谈治国理政》第二卷，外文出版社2017年版，第129页。
② 《习近平谈治国理政》第二卷，外文出版社2017年版，第384页。

工作，走出机关、走进群众，到矛盾多的领域和地方接访、下访、回访，深入调查研究，寻求解决办法，努力从源头上预防和减少社会矛盾的发生、激化和上行。

（二）在工作目标上，坚持“控增减存”

最大限度增加和谐因素、减少不和谐因素，既要求有了矛盾能够及时妥善化解、减少矛盾“存量”，也要求预防矛盾的发生、减少社会矛盾“增量”。具体工作中，主要体现在社会矛盾事前预防、事中解决、事后修复三个阶段。很多矛盾化解机制只在事中解决上起作用，也就是在矛盾纠纷产生并暴露出来之后，才采取措施予以解决。而从信访工作的职能看，不仅可以事中解决，也能够在事前预防、事后修复中发挥重要作用，成为覆盖事前、事中、事后的综合性矛盾化解机制。事前预防，就是通过梳理群众信访活动中反映出来的问题，汇集分析信访信息，及时发现苗头性、倾向性问题，并有针对性地提出改进工作、完善政策的意见建议，着力消除矛盾产生的条件，做到防患于未然。事中解决，就是通过严格落实责任、强化督促检查，推动有权处理信访问题的地方和部门认真履行职责，千方百计解决群众合理诉求，化解已经形成的矛盾。事后修复，就是通过教育疏导、关心帮扶，化解信访群众的心结、帮助其解决生产生活困难、保障基本生活，最大限度地巩固化解矛盾的成果，着力改善受矛盾影响和破坏的社会关系。

（三）在工作体制上，坚持“多元共治”

信访问题成因复杂多样，往往涉及多个部门，特别是在互联网时代，信访问题的综合性、跨界性、关联性不断增强。做好信访工作、解决信访问题，单靠一个部门、一个单位不行，单靠一种方式或手段也不行，必须按照“完善党委领导、政府负责、社会协同、公众参与、法治保障的社会治理体制”要求，统筹运用各方资源，广泛吸纳社会力量，不断增强信访工作的联动性、协同性，形成共同预防化解社会矛盾的工作格局。一方面，主体要多元。2015 年 10 月，中央深改领导小组审议通过了《关于完善矛盾纠纷多元化解机制的意见》，要求“充分发挥各部门职能作用，引导社会各方面力量积极参与矛盾纠纷化解”①。因此，做好信访工作，既要充分发挥党委领导、政府主导的作用，又要鼓励支持社会力量积极参与，形成解决信访问题的合力。另一方面，方式要多元。党的十八届四中全会审议通过的《中共中央关于全面推进依法治国若干重大问题的决定》中明确提出，“健全社会矛盾纠纷预防化解机制，完善调解、仲裁、行政裁决、行政复议、诉讼等有机衔接、相互协调的多元化纠纷解决机制”。作为矛盾纠纷多元化解体系的重要组成部分，信访工作既要加强与其他法定纠纷解决途径的衔接配合，也要在具体实践中落实好多元化解的要求，不断创新思路方法，深入开展领导干部接访下访，加强和规范联合接访，大力推行访调对接，把法治宣传、道德教化、关心关爱、帮扶救助贯穿工作全过程，既解决好群众的实际问题，也解决好群众的思想问题，努力取得最好效果。

## 三、坚持预防和化解社会矛盾并重的举措

信访工作坚持预防和化解社会矛盾并重，必须落实到具体的工作机制中，落实到管用有效的工作举措上，围绕人民群众反映强烈的信访突出问题，注重源头预防，突出及时就地，坚持多元化解，夯实基层基础。

### （一）注重源头预防

习近平同志强调：“各地各部门要加强风险研判，加强源头治理，努力将矛盾纠纷化解在基层、化解在萌芽状态，避免小问题拖成大问题，避免一般性问题演变成信访突出问题。”② 这就要求各地各部门充分认识和准确把握信访问题产生和发展的规律，做到抓早、抓小、抓初、抓苗头，

---

① 《习近平主持召开中央全面深化改革领导小组第十七次会议强调 鼓励基层改革创新大胆探索 推动改革落地生根造福群众》，《人民日报》，2015 年 10 月 14 日，第一版。

② 《习近平就信访工作作出重要指示强调 下大气力把信访突出问题处理好 把群众合理合法的利益诉求解决好》，《人民日报》，2016 年 4 月 22 日，第一版。

最大限度地从源头上预防和减少信访问题的发生。这也是做好信访工作的治本之策。

1. 健全社会稳定风险评估机制。社会稳定风险评估是指与人民群众利益密切相关的重大决策、重要政策、重大改革措施、重大工程建设项目、与社会公共秩序相关的重大活动等重大事项在制定出台、组织实施或审批审核前，对可能影响社会稳定的因素开展系统的调查，科学的预测、分析和评估，制定风险应对策略和预案，以有效规避、预防、控制重大事项实施过程中可能产生的社会稳定风险，更好地确保重大事项顺利实施。党的十八大报告明确提出，“要建立健全重大决策社会稳定风险评估机制”。《关于创新群众工作方法解决信访突出问题的意见》要求：“健全重大决策社会稳定风险评估机制，把社会稳定风险评估作为重大决策出台的前置程序和刚性门槛，对决策可能引发的各种风险进行科学预测、综合研判，确定风险等级并制定相应的化解处置预案。在评估中要充分听取信访、维稳、综治等部门的意见。”信访部门参与社会稳定风险评估，应当做好以下三个方面的工作：一是及时了解社情民意，有针对性地解释、疏导和解决群众普遍关心和反映的突出问题，更好地在评估过程中倾听民意、化解民忧、保障民生；二是准确分析稳定风险，通过信访渠道判断评估报告内容是否真实、风险点是否找全找准、防控措施是否有效、评估结果是否科学合理，更好地推动“事后维稳”向“事前预防”转变；三是在重大决策实施之前、之中、之后，对可能引发的突出矛盾进行动态排查摸底，及时推动有关部门予以解决和化解，提前制定突发事件应急处置预案，更好地促进发展和稳定的协同推进。

2. 健全矛盾纠纷排查化解机制。矛盾纠纷排查化解机制是立足于超前防范，把矛盾和问题化解在始发阶段的工作机制。《关于创新群众工作方法解决信访突出问题的意见》要求：“加大社会矛盾纠纷排查化解工作力度。把矛盾纠纷排查化解工作的重心从事后处理转移到事前预防上来，做到发现得早、化解得了、控制得住、处理得好。”做好矛盾纠纷排查化解工作，必须坚持做到“四个相结合”。一是经常排查和重点时期集中排查相结合，随时了解、发现、掌握各种矛盾纠纷和苗头隐患。二是全面排查和重点排查相结合，在全方位、多渠道排查的同时，突出矛盾易发多发的重点地区、重点领域，以及可能产生突出矛盾纠纷的重点群体、重点人员。三是属地为主、条块结合，各地党委和政府负责组织排查本行政区域内的矛盾纠纷和苗头隐患，各职能部门负责组织排查本系统的矛盾纠纷和苗头隐患，各企事业单位、村（居）民委员会负责组织排查本单位本区域的矛盾纠纷和苗头隐患，形成全覆盖、无疏漏的大排查网络，确保排查不留死角死面。四是排查与化解相结合，对排查出的矛盾纠纷，逐案逐人逐项登记建档并严格落实化解责任，明确主要负责人、责任单位和责任人员，限期妥善解决，切实把问题解决在基层，把矛盾化解在萌芽状态。

3. 完善信息汇集分析机制。通过对群众信访反映的问题进行汇集、梳理和分析，能够科学研判信访形势，及时发现突出问题，有针对性地改进工作、完善政策。《中共中央、国务院关于进一步加强新时期信访工作的意见》要求，健全和完善多层次、全方位的信息报送网络，确保信息传递渠道畅通；及时、准确、全面、有效地报送信访信息，综合开发利用信息资源，进一步提高分析研判水平，增强工作的预见性和针对性，牢牢把握工作主动权。各地各部门应当健全完善信访信息报送网络，构建纵向到底、横向到边，上下联通、反应灵敏，全方位、多层次的信访信息报送网络，保证上情下达、下情上报，实现信访信息互联互通；应当及时、准确、全面、有效地报送信访信息，对涉及可能引发大规模集体上访和群体性事件的苗头性、倾向性问题等信息，进行核实并按规定及时报告，确保本级党委和政府以及上级党委和政府信访部门及时掌握；应当运用大数据等技术，加强对信访信息的深度挖掘，全面把握一个地方或一个领域矛盾纠纷的现状和走势，对群众信访中反映的带有全局性、普遍性、苗头性的问题进行综合分析，对突出矛盾和问题进行重点分析，对信访情况按问题分类进行专题分析，对带有典型性的案件进行个案分析，为制定决策、完善政策、源头预防和矛盾化解提供有价值的参考。对有关部门报送的信息和矛盾纠纷排查出的信息，特别是可能引发大规模集体上访和群体性事件的苗头和动向，及时研判，采取有效措施加以应对，牢牢把握工作主动权。

（二）突出及时就地

信访问题往往有一个发生发展的过程，大多信访问题在产生之初，诉求比较简单或有一定合理成分，这个时候是解决问题的最佳时机，成本小，效果好。党的十八届三中全会明确提出“健全及时就地解决群众合理诉求机制”。这就要求各地各部门采取有效措施，切实把信访问题解决在基层和属地、把矛盾化解在初始和萌芽状态。

1. 健全责任体系。从实际情况看，很多信访问题，是由于决策不当、违法行政或违反群众纪律、损害群众利益、伤害群众感情造成的。一些地方和部门对群众合理合法诉求消极应付、推诿扯皮的现象仍时有发生。为有效解决这些问题，进一步明确和压实信访工作责任，中办、国办印发《信访工作责任制实施办法》。这是中央层面关于信访工作责任制的第一部专门党内法规，是信访工作领域落实全面从严治党要求的具体体现，也是严肃信访工作纪律、实行“责任信访”的一项重大举措。办法的核心内容，就是坚持“属地管理、分级负责，谁主管、谁负责”的原则，严格落实信访工作责任，确保信访问题属于哪个行政层级管辖，就在哪个层级解决；属于哪个职能部门范围，就由哪个部门解决，真正以责任落实推动工作落实。按照《办法》建立健全责任体系，加大督导力度，用好考核结果，严格责任追究，对于督促各级各部门依法规范履行职责，切实把信访问题处理好，把群众合理合法利益诉求解决好，具有十分重要的作用。

2. 加强和改进初信初访办理。初信初访办理，是信访工作的“第一站”。为了在第一时间、第一地点解决信访问题，防止问题积累、矛盾升级、信访上行，《国家信访局关于进一步加强初信初访办理工作的办法》，对初次信访事项的登记受理、分类处理、回复答复等，提出了规范性要求，并明确实行首办负责制。为了简化工作程序，缩短办理时限，及时解决关系群众生产生活的事项，《信访事项简易办理办法（试行）》要求，对事实清楚、责任明确、易于办理的信访事项，相关部门在受理之日起10日内作出处理意见，可以当即答复的，应当当即出具处理意见。这些规定保证了信访问题得到更加高效快捷的解决。

3. 积极引导群众依法逐级走访。依法逐级走访，是指信访群众采取走访形式提出信访诉求的，应当按照《信访条例》规定，到有权处理的本级或上一级机关提出。引导信访群众依法逐级走访的目的，就是严格落实“属地管理、分级负责”的原则，压实基层和属地的责任，切实降低群众信访成本、减少矛盾上行。《国家信访局关于进一步规范信访事项受理办理程序引导来访人依法逐级走访的办法》，对有权处理机关的信访工作行为进行了规范，提高及时就地解决问题的质量；对群众的信访行为进行了规范，引导群众就地就近反映和解决问题。实行依法逐级走访，不能舍本逐末，规范有权处理机关信访工作行为是根本，通过依法就地解决问题，带动信访行为的规范。对本级党委和政府工作部门以及下级机关不按规定受理办理信访事项的问题，应当加强督办、及时纠正，确保做到“件件有着落、事事有回音”。对未依法逐级走访的事项，上级部门不予受理，但不受理不等于不接待来访群众，而是需要通过接谈解疑释惑、化解心结，讲清解决问题的路径、应该遵守的秩序。

4. 全力化解信访积案。信访积案一般时间跨度长、处理难度大、案情复杂、久拖未决，如果不能有效化解，不仅会积累矛盾，还可能衍生出许多新矛盾新问题，对发展和稳定造成压力。因此，做好信访积案化解工作，既是切实减少信访问题存量的有力举措，也是有效防控风险隐患的必然要求，必须继续加大力度，集中资源、集中力量全力解决和化解。化解信访积案应当从三个方面入手做好工作：一是摸清底数，全面了解交办转送后超期未办结、办结后群众继续信访和对处理结果评价不满意的信访事项，并把所涉及信访人的基本信息、诉求、信访情况、处理情况搞清楚，做到全覆盖、无遗漏；二是落实责任，对所有信访积案明确责任领导、责任单位、责任人，特别是对“三跨三分离”信访积案，明确主办和协办责任；三是因案施策，在全面了解信访诉求、找准积案症结的基础上，坚持一案一策、综合施策，制定一揽子解决方案，全力推动积案化解。

（三）坚持多元化解

以开放性架构吸纳社会力量，在更广范围统筹资源，构建共治共享格局，是推进国家治理体系和治理能力现代化的内在要求。按照中央关于完善矛盾纠纷多元化解机制的相关部署，各地区各部门统筹推进多元化解机制建设，形成了多元参与、多措并举解决信访问题的工作局面。

1. 组织动员社会力量参与

社会力量作为中立的第三方，公信度较高，专业性较强，在分析解决问题方面更具客观性、在防止矛盾激化方面更具缓冲性，参与信访问题化解具有独特优势。

近年来，各地区各部门在吸收社会力量参与信访工作、解决和化解信访问题方面进行了大量富有成效的探索和实践。有的地方邀请“两代表一委员”、法律工作者、心理咨询师、社会工作师、一些专业协会和行业协会，以及老干部、老党员、老模范、老教师、老军人等第三方参与化解信访矛盾纠纷，取得良好效果；有的地方以购买法律服务形式，聘请律师以第三方身份参与征地拆迁、旧城改造等工作，参与信访积案、难案的处理，提供法律咨询、谈判指导、纠纷调处等服务，有效预防和解决了信访问题。

因此，对社会力量参与信访工作，既要大力支持，特别是运用好市场、公益、慈善等途径，不断健全拓宽社会力量参与信访工作的制度化渠道，努力把各行各业的从业人员组织起来，把大街小巷中各类群体发动起来，让信访工作触角延伸到各个角落；又要有效引导，使其在解决信访问题、化解矛盾纠纷、维护群众利益、促进社会和谐等方面最大限度地释放正能量。特别要说明的是，社会力量参与信访工作，必须在党委和政府领导下有序进行。一些所谓的“维权组织”“维权人士”等，打着为信访群众争取利益的旗号，组织、煽动、教唆、串联、幕后操纵他人制造社会影响，给政府施压，借机敛财、牟取不正当利益，这就不是参与信访工作，而是违法犯罪行为，必须依法处理。

2. 坚持多措并举解决和化解信访问题

习近平同志指出：“对人民内部矛盾，要善于运用法治、民主、协商的办法进行处理。”① 信访工作中，综合运用法律、政策、经济、行政等手段和协商调解、公开听证、心理疏导等办法，是化解疑难复杂信访问题的有效举措。

对诉求合法合理的，依法按政策解决好；对诉求无理的，向信访群众说透法理、说明事理、说通情理，努力做到以法为据、以理服人、以情感人，实现定分止争；对生活困难的，运用好司法救助、信访救助等制度，解决好法度之外、情理之中的问题。特别是对涉众型利益诉求，运用好民主协商、公开听证的方法，增强信访群众对解决方案的认可度；对历史遗留的利益诉求，做好信访群众的思想工作，引导信访群众确立与当前经济社会发展水平相适应的理性预期；对心态失衡、行为失常的特殊信访人员，加强心理疏导、人文关怀，让阳光照进他们的心田，防止发生极端行为。在个案处理中，针对不同情况，在坚持法律底线的同时，注重运用道德、习俗、伦理的力量调节社会关系，运用好各类调解平台，充分发挥相关行业性、专业性调解组织的作用，推动矛盾化解。

### （四）夯实基层基础

习近平同志深刻指出，“基层是群众信访的源头，又是解决信访反映问题的关键”。“在信访工作中，基层干部应该把好第一道岗。”② 从工作

---

① 中共中央宣传部：《习近平新时代中国特色社会主义思想三十讲》，学习出版社2018年版，第237页。

② 习近平：《之江新语》，浙江人民出版社2007年版，第78页。

实践看，信访问题大多发生在基层，而且大多能够在基层得到解决。因此，基层的信访工作特别是县一级的信访工作在整体信访工作中具有基础性地位。夯实基层基础，需要采取务实管用的措施办法，不断加大资源保障力度，做到重心下移、力量下沉、保障下倾。

现在，县级信访工作做得好的地方，往往都具有以下特点：一是在组织领导层面，普遍建立县级党委常委会和政府办公会定期研究信访工作的制度，县级领导特别是主要领导坚持接访下访，健全科学、合理、管用的信访工作考核激励评价体系和督查制度。二是在体制机制层面，普遍加强信访工作联席会议机制建设，充分发挥综合协调、组织推动、督导落实的职能作用，推动部门和基层共同形成做好工作的合力；加强基层信访工作平台建设，整合信访、司法、综治、维稳等工作力量，推行网格化管理，及时受理、协调解决群众合法诉求，形成层层有人抓、事事有人管的信访工作网络。三是在方式方法层面，坚持好、运用好、发展好“枫桥经验”，普遍注重发挥基层党组织、党员干部、群众工作积极分子的作用，通过干部下访、民情日记、结对帮扶等形式，实现党员干部联系服务群众常态化、制度化，及时发现、解决群众生产生活中的实际困难；注重发挥城乡社区群众自治组织的作用，深入推进以村（居）民会议、民主听证为主要形式的民主决策实践，以自我管理、自我服务为主要内容的民主治理实践，促进民事民议、民事民办、民事民管，努力做到“小事不出村、大事不出镇、矛盾不上交”。

# 第五章　信访工作的运行

信访工作运行是指各级各部门在信访工作理念指导下，开展信访工作、处理信访事项的全过程。它包括信访工作原则、责任体系，以及信访事项受理、办理、督查等具体工作制度，是开展信访工作、处理信访事项的基本程序和规范要求。本章所指的信访工作，主要是指《信访条例》规定的行政部门的信访工作。

## 第一节　信访工作原则

信访工作原则是基于信访工作独有的价值内涵、工作性质和任务要求确立的，对工作实践具有普遍指导性和适用性的法则或标准。它是在长期的信访工作实践中总结和提炼出来，涵盖信访工作各个环节、对信访工作具有指导意义、在信访工作中必须遵循的基本规则。《信访条例》规定："信访工作应当在各级人民政府领导下，坚持属地管理、分级负责，谁主管、谁负责，依法、及时、就地解决问题与疏导教育相结合的原则。"这一规定明确了信访工作的原则。

### 一、属地管理、分级负责，谁主管、谁负责

"属地管理、分级负责，谁主管、谁负责"原则，主要是为了明确划

分信访问题的处理责任，即哪一类信访问题该由哪级党委和政府或哪个部门处理。

### （一）“属地管理、分级负责”强调的是地方党委和政府在处理信访问题中的主导作用

强调“属地管理、分级负责”是为了适应中央、地方合理分权的行政管理体制，便于信访问题尽快、就地得到解决。因此，除垂直管理系统外，信访问题的处理要首先划分层级，由信访问题属地党委和政府负责。

在信访工作实践中，对“属地管理”有两种不同的理解。一种是以信访人户口所在地为划分标准，另一种是以信访问题发生地为划分标准。原来认定信访问题属地，大多以信访人户口所在地为准，但随着经济发展，人口在不同地域间流动已成常例，从有利于解决问题考虑，现在大多把信访问题的发生地认定为信访问题属地。

### （二）“谁主管、谁负责”强调的是同级党委和政府各职能部门按照信访问题的性质在各自职责范围内处理信访问题

“谁主管、谁负责”是指同一级党委和政府各工作部门间在处理信访问题中的责任划分，应以该部门的法定职责为准。同级党委和政府各职能部门之间是分工合作的关系，并在各自的职责范围内对其他职能部门的相关业务有指导和监督的责任。处理信访问题，各工作部门应按照信访问题的性质，属于哪个部门职责范围的，就由哪个部门处理，不得推诿、敷衍、拖延。

“谁主管、谁负责”着重强调了“主管”责任。如垂直管理系统，包括中央业务主管部门垂直管理的部门、省级党委和政府业务主管部门垂直管理的部门，上下级之间是领导关系，对人、财、物均有直接管理职能，可直接纠正下级不当的处理意见。这些部门的信访问题应以部门处理为主，由该部门决定是由本级负责纠正还是交由下级部门处理。而非垂直管理的部门，上下级对应部门之间的关系是业务指导关系，这些部门一般只

负责出台、解释政策，对下级政府的某项工作进行业务指导，而不直接管理下级政府相对应的部门。这些部门在信访问题处理过程中，更多的是起政策咨询的作用，不应要求其直接办理下级政府职责范围内的信访事项，但可以要求其在职责范围内听取意见、提供咨询及对下级政府提出改进建议等。

### （三）“属地管理、分级负责，谁主管、谁负责”强调的是明确职责，区分情况，“条”“块”结合

“条”和“块”是行政管理体制的一种形象比喻。“条”即是部门和系统，如税务系统、自然资源部门、农业农村部门等。“块”即是指地方党委和政府。计划经济时代，行政管理是以“条”为主。改革开放以来，中央向地方下放了许多权力，改变了长期以来权力过于集中的格局，行政管理变为以“块”为主。也就是说，地方党委和政府在管理方面有了更多的自主权，除垂直管理部门上下级之间仍保留着领导关系外，其余上级党委和政府及其职能部门与下级党委和政府及其职能部门之间的关系则是业务指导与被指导关系。

“属地管理、分级负责，谁主管、谁负责”原则适应新的行政管理体制的需要，强调根据信访问题的性质，明确各级党委和政府及其职能部门在处理信访问题中的责任，区分不同情况，分别做出处理。

1. 非垂直管理系统信访问题的处理，以属地管理为主，先“块”后“条”。非垂直管理系统信访问题，应由信访问题发生地的党委和政府负责协调处理。信访问题发生后，首先依据信访问题的性质，按照“属地管理、分级负责”原则确定信访问题管辖和处理的层级。由于各级党委和政府与其职能部门之间的关系是领导与被领导关系，确定了信访问题该由哪级党委和政府处理后，再由这级党委和政府按照“谁主管、谁负责”的原则，依照各职能部门的职责权限，确定和协调相关职能部门在处理信访问题方面的分工、合作。也就是说，非垂直管理系统信访问题的处理，要先划定“块”，再确定“条”。

2. 垂直管理系统信访问题的处理，以“条”为主。对于垂直管理部门，信访问题的处理以“条”为主，由该垂直部门负责处理。信访问题发生后，首先按照信访问题的性质确定其主管部门，由主管部门根据情况直接处理或交由直属部门处理。

3. 上级非垂直管理部门在信访问题处理过程中，负有咨询、指导、监督等职责。上级非垂直管理部门虽然不能对下级党委和政府及其职能部门的信访问题作出直接处理意见，或直接纠正其错误做法，但在信访问题处理过程中，应积极主动做好相关工作。主要包括对信访人反映的问题提供政策咨询，不符合法律、政策规定的，要明确给予答复；对符合法律、政策规定要求合理的，要及时与地方党委和政府及其职能部门沟通情况，监督和指导其正确执行法律、政策；对信访人要求合理但政策、法规空白或不完善的，要认真研究完善政策，同时做好信访人的说服、解释工作。

## 二、依法、及时、就地解决问题与疏导教育相结合

“依法、及时、就地解决问题与疏导教育相结合”原则，强调信访工作既是处理群众反映问题的过程，又是疏导群众情绪、开展思想政治工作、对群众进行宣传教育的过程。

之所以要坚持解决问题与疏导教育相结合，是由信访工作的性质决定的。信访工作是党和政府体察社情民意、听取群众呼声的重要渠道，是帮助群众解决实际问题、对群众进行教育引导的重要途径。信访问题错综复杂，内容涉及政治、经济、社会生活的方方面面，既有涉及群体利益的冲突和矛盾，也有关系公民个人生活的具体要求。群众信访提出的要求不一，其中多数是有实际困难和合理要求的，但也有一些是要求无理或过高，一些是没有什么实际诉求而只是存在认识和心理问题的。因此，做好信访工作，不仅仅是对信访问题简单地做出一个处理意见，还必须把开展工作的过程，变成密切联系群众的过程，变成疏导群众情绪的过程，变成为群众排忧解难的过程。

### （一）依法、及时、就地解决信访问题

“依法”是指要依照法律、法规、政策和有关规定，解决信访问题；“及时”“就地”是指要提高信访问题处理的效率和水平，尽快、就近解决群众信访反映的问题，防止信访问题久拖不决，累积和激化矛盾。“依法、及时、就地解决信访问题”是依法行政、便民、利民的要求，也是不断提高信访工作效率和水平的要求。

解决信访问题，首先要强调“依法”。各级党委和政府及其工作部门解决信访问题的过程，也是对群众进行法治教育的过程，对群众是否依法信访具有示范作用。因此，必须坚持运用法治思维和法治方式开展信访工作，在法治的轨道上、法律的框架内行使职权、化解矛盾。对通过信访程序处理的信访诉求，既要严格依法按政策做好问题解决、矛盾化解工作，又要防止为了息事宁人而突破法律法规、政策规定，无原则地迁就、满足信访人的无理要求，造成“大闹大解决、小闹小解决、不闹不解决”的错误导向。此外，“依法”不能简单限定于依照确定的法律规则，公序良俗、地方习惯、行业标准和政府与当事人的约定等都属于广义的、可以依照的“法”的范畴，可以作为参考依据，同时需要根据历史和情势因素作出合理判断和处理。缺少法律依据，但诉求合理的，需要在法律权限内酌情处理；需要通过其他方式进行补偿的，应符合法律精神和程序。

### （二）做好说服、解释和思想政治工作，疏导群众情绪

在处理信访问题过程中，要注意分析和掌握群众的思想动向，针对他们关心的热点、难点问题，用摆事实、讲道理的方法，解疑释惑、理顺情绪。要针对信访人的具体情况，有针对性地进行思想政治工作，解开他们的思想疙瘩，消除他们的思想疑虑，防止矛盾激化。对于咨询政策规定的，要尽可能将有关政策规定讲清楚；对于情况不明要求解释的，要尽快将情况了解清楚做出回答和解释；对于提出的问题有道理但按现行政策规定暂时无法解决的，要耐心地做好说服解释工作；对于要求过高无法解决

的，要说明情况、讲清道理，使群众从内心认同和接受国家机关对其信访事项的处理。

（三）对群众进行法制宣传、教育，引导其知法守法、依法信访

要将法制宣传、教育贯穿于信访问题的处理过程。在处理信访问题过程中，通过为群众提供法律咨询等方式，向群众宣传法律、法规和政策。要就群众反映的问题是否合法做出明确答复，并讲清法律、法规和政策的规定。要向信访人讲清哪类问题依法应该到哪里去反映、通过哪种法定途径处理，对不属于本机关受理、办理的，应当告知其向有关机关提出；对依法应当通过诉讼、仲裁、行政复议等法定程序解决的，应当告知其解决途径和主张权利的期限。对信访过程中可能出现过激行为的信访人，要劝阻、批评，讲清行为的后果，同时做好教育、疏导，防止发生极端事件。

## 第二节　信访工作责任制

权责对等、权责一致，是权力运行的基本规律。信访问题的发生和解决，很大程度上因权力行使而来，又因责任落实而去。如果缺乏严密的责任体系，制造信访问题可以不担责，办理信访问题可以不负责，造成严重后果可以不追责问责，那么再好的制度也是“纸老虎”“稻草人”，对规章制度的“习惯性漠视”“随意性变通”等问题就会大行其道。因此，只有建立科学严密的信访工作责任体系，才能依法规范各级党政机关履行信访工作职责，从源头上预防和减少信访问题发生，及时就地解决信访问题。

### 一、信访工作责任概述

在任何工作中，责任都是必不可少的硬性约束，如果不确立合理的责

任主体，就会造成责任模糊、责任界限不清，出现懈怠、随意、效率低下等问题，最终影响工作效果。责任通常可以分为两个方面：一是指分内应做的事；二是指因没有履行好职责而应承担的不利后果或强制性义务。因此，信访工作责任也包括两个层面的含义：①相关法律法规和制度所明确的各级党委和政府及其工作部门、工作人员等责任主体的职责；②责任主体不履行职责、履行职责不到位或者违反信访工作法律法规和纪律所应承担的不利后果或强制性义务。概括起来就是“明责”和“追责”。

（一）明责就是明确划分责任，以责任到位推动工作到位

这既是信访工作实践的重要经验，也是落实信访工作责任的必要前提。只有责任明晰、任务确实，才能提高责任主体做好信访工作的积极性和主动性；只有建立起责任明晰、权责一致的信访工作责任体系，才能形成重责任、抓落实的良好氛围，进而有效促进信访工作决策部署的贯彻落实，提高解决信访问题的效率和质量。

（二）追责就是追究失责行为，以追责到位推动责任落实到位

通过检验信访工作责任主体的履职情况，对履行职责不到位或者有违反信访工作法律法规和工作纪律行为的，给予法定的处罚，以督促其尽职履责、改正错误，不断改进和完善工作。建立健全信访工作责任追究机制，是信访工作责任体系的重要组成部分，也是确保中央关于信访工作的决策部署和信访工作法规制度得到落实的有力保障，倒逼各级党员干部特别是领导干部更好地履行自身职责。

党的十八大以来，随着信访工作制度改革的深入推进，中央高度重视压实工作责任、推动信访工作，在《关于创新群众工作方法解决信访突出问题的意见》中，明确提出“严格落实信访工作责任”“加大问责力度，对损害群众利益、造成信访突出问题的，对群众反映的问题推诿扯皮、不认真解决造成不良影响的，严肃追究责任”的要求。在《信访工作责任制实施办法》中，进一步明确和压实了各级党政机关及其领导干部、工作人员信访工作责任，构建了有权必有责、权责相一致，有责要担当、失责

必追究的信访工作责任体系，并在工作实践中得到了很好的落实，推动了各级党政机关将信访工作摆上重要议事日程，促使责任主体认真履行信访工作职责，提高了维护人民群众合法权益的工作水平。

## 二、信访工作责任主体和责任内容

各级党政机关及其领导干部、工作人员是做好信访工作的主要责任主体。这些责任主体，按照其在国家政治结构中的地位和作用，分别在信访工作中承担相应的责任。具体来讲，按照责任主体来划分，信访工作责任可以分为以下五个方面。

### （一）领导责任

领导责任分为党政机关领导班子责任、领导班子成员责任和领导干部责任。

1. 党政机关领导班子责任。各级党政机关应当把信访工作作为党和政府的一项重要工作、党的群众工作的重要组成部分，列入议事日程，定期研究部署，认真组织推动，加大信访工作的组织保障力度。同时，还应当提高科学民主决策水平，避免因决策失误或决策不当引发社会矛盾，从源头上预防和减少问题发生。

2. 领导班子成员责任。党政机关领导班子主要负责人对本地区、本部门、本系统信访工作负总责，承担第一责任；其他成员根据工作分工，落实党政同责、一岗双责，对职权范围内的信访工作负主要领导责任，承担分管责任。

3. 领导干部责任。各级领导干部应当阅批来信、定期接访，加大对疑难复杂信访问题的协调处理力度，推动信访问题得到及时妥善处理。特别是随着大数据时代的到来，网络的作用日益凸显，各级领导干部还要注重走好网上群众路线，做好网上信访工作，多渠道了解社情民意，倾听群众呼声，密切党群干群关系。

### （二）部门责任

党政机关工作部门承担组织实施、贯彻落实党和国家法律法规政策的职责，是预防和解决信访问题的责任主体。

1. 预防信访问题发生。预防信访问题并非压制当事人诉求或信访行为，而是通过一系列科学有效的方法，从源头进行预防，减少诱发冲突出现的因素；通过预警及早发现问题和冲突的萌芽，进行积极有效的控制化解；在纠纷发生之后及时就地解决，避免冲突升级激化。具体责任包括：科学、民主、依法制定政策，避免出现损害群众利益的情形；严格按照法定权限办事，不得超越或者滥用职权；积极履行法定职责，防止不作为、乱作为；严格依法按政策办事，防止适用法律、法规和政策错误或者违反法定程序；依法认真执行党委和政府或上级部门作出的支持信访请求意见，不能因工作不到位激化矛盾或引发新的矛盾；对党的方针政策和法律法规等规范性文件做好宣传解读和普法工作，等等。

2. 及时处理群众反映的信访问题。对属于本部门职责范围的信访诉求，应当根据诉求的具体情况分别采用以下相应程序处理：属于申请查处违法行为、履行保护人身权或者财产权等合法权益法定职责的，应当依法履行或者答复；属于《信访条例》以外的其他法律、法规或者规章调整范围，能够适用其他法律、法规、规章或者合法有效的规范性文件设定程序处理的，应当适用相应规定和程序处理；不属于以上情形的，适用《信访条例》规定的程序处理。需要说明的是，对前述信访人提出的诉求，同时可以通过诉讼解决的，有关职能部门在受理前可以告知诉讼权利及法定时效，引导其向人民法院提起诉讼，但不得以信访人享有诉讼权利为由免除履行自身法定职责的义务。同时，实行垂直管理的部门，在做好本部门职责范围内信访事项处理工作的同时，还要督促本系统下级部门和单位依法、及时、就地解决信访问题。

3. 报告重大紧急信访事项和信访信息。公民、法人或者其他组织发现可能造成社会影响的重大、紧急信访事项和信访信息时，可以就近向有关机关报告。有关部门接到报告后，应当立即报告本级党委和政府以及上级主管部门；必要时，通报有关主管部门，等等。

（三）属地责任

地方各级党委和政府对本地区经济、社会、文化等各项事务履行管理职责，有责任把本地区发生的问题解决好。因此，对于地方党委和政府来讲，除了党政机关一般信访工作责任外，还要在预防和处理本地区信访问题中承担主体责任，应当加强矛盾纠纷排查化解和信访风险防控预警，针对具体问题明确责任归属，协调督促有关责任部门和单位依法、及时、就地解决，并加强对信访群众的疏导教育。

（四）信访部门责任

信访部门一般指县级及以上党委和政府信访工作机构。作为本级党委和政府负责信访工作的工作部门，信访部门应当在党委和政府的统一领导下，协调、指导和监督本地区的信访工作，依照法定程序受理、交办、转送和督办信访事项，协调处理重要信访问题，研究、分析信访情况，开展工作调查研究，及时提出改进工作、完善政策和给予处分的建议。

1. 受理、交办、转送信访事项。信访部门对群众来信、来访、来电、传真和网上投诉提出的信访事项，可根据信访事项的内容及性质决定是否受理；对受理的信访事项中需反馈办理结果的，可直接交有权处理的机关办理，并要求其在规定的办理期限内反馈结果，提交办结报告；对受理的其他信访事项，可转送给依照法定职责有权处理的机关。这是信访部门最直接、最基本的工作职责。

2. 承办上级或本级党委和政府交由处理的信访事项。信访部门受上级或本级党委和政府委托，代表上级或本级党委和政府直接办理信访事项，对上级或本级党委和政府负责。信访事项的处理意见以上级或本级党委和政府名义作出，并不是以信访部门的名义作出。这是信访事项办理中的一种特殊情况，主要是针对一些难以确定管辖、上级或本级党委和政府认为有必要直接交由信访部门处理的少数信访事项，也是信访部门进行直接调查处理的一种情形。

3. 协调处理重要信访事项。在本级职能部门对某一信访事项是否受理存在争议，无法确定有权处理的机关，或是信访事项的办理需要多个地方或部门配合、协商作出处理的情况下，由信访部门协调各有关地方和部门加强配合、密切协作，共同处理。对一些重大、疑难、复杂的信访事项，信访部门作为组织者、牵头人或主持人，通过召开协调会、举行听证、实地督办等方式协调推动处理。

4. 督促检查信访事项的处理。信访部门在受理和向有权处理机关转送、交办信访事项后，还要对信访事项的处理进行督办。督促检查信访事项的处理，是信访部门促进问题解决的重要职责。同时，《信访条例》等法规赋予信访部门“改进工作、完善政策、给予处分”的“三项建议”职责，为信访部门履行督办职责提供了制度保障。

5. 研究、分析信访情况，开展调查研究，及时向本级党委和政府提出完善政策和改进工作的建议。对来信来访情况及时进行综合分析研判，深入基层开展调查研究，并提出有情况、有分析、有建议的对策意见以及改进工作、完善政策的建议是信访部门的重要职责，是信访部门发挥参谋助手作用的重要体现，是信访工作促进党委和政府及各职能部门民主决策、科学决策、依法决策的重要方面。认真履行好这一工作职责，充分发挥信访信息资源优势，加大分析研判力度，为领导机关科学民主决策提供有价值的参考和建议，对于充分体现信访工作效能、树立信访部门权威具有重要作用。

6. 对本级职能部门和下级信访部门的信访工作进行协调、指导和监督。这项职责可以通过制定规章、下发文件、开展调研、督导检查等方式进行。这也要求各级信访部门领导干部和工作人员努力提高政策水平、业务水平和协调能力，不断增强协调指导工作的针对性和有效性。

### （五）工作人员责任

各级党政机关工作人员在处理信访事项过程中，应当遵守群众纪律，秉公办事、清正廉洁、保守秘密、热情周到。这是党政机关工作人员基本行为准则在信访工作中的具体体现。

## 三、信访工作责任追究

信访工作相关法规文件都对建立信访工作责任追究制提出了明确要求，强调严格实行信访工作责任追究，对因官僚主义、形式主义、违法行政、侵害群众合法权益引发信访问题，或对群众反映的信访问题推诿扯皮、敷衍塞责、不认真解决并造成严重后果的，要对有关领导和责任人予以党纪政纪处分，触犯法律的，还要依法追究法律责任，并在一定范围内予以通报，从而健全了信访工作责任追究机制。目前，信访工作责任追究制主要由《信访工作责任制实施办法》和《信访条例》的相关规定构成。

### （一）《信访工作责任制实施办法》的有关规定

《信访工作责任制实施办法》用专门章节对信访工作责任追究的情形、主体、方式作出明确规定，形成了失责必问、问责必严的鲜明导向。

1. 应当进行责任追究的情形。针对当前信访工作中失职失责行为的突出表现，《信访工作责任制实施办法》提出了 6 种应当追责的情形：一是因决策失误、工作失职，损害群众利益，导致信访问题产生，造成严重后果的；二是未按照规定受理、交办、转送和督办信访事项，或者不执行信访事项处理意见，严重损害信访群众合法权益的；三是违反群众纪律，对应当解决的群众合理合法诉求消极应付、推诿扯皮，或者对待信访群众态度恶劣、简单粗暴，损害党群干群关系，造成严重后果的；四是对发生的集体访或者信访负面舆情处置不力，导致事态扩大，造成不良影响的；五是对信访部门提出的改进工作、完善政策和给予处分等建议重视不够、落实不力，导致问题长期得不到解决的；六是其他应当追究责任的失职失责情形。

为将责任具体落实到人，《信访工作责任制实施办法》进一步细化了集体责任、个人责任的追责要求。对涉及的集体责任，领导班子主要负责人和直接主管的负责人承担主要领导责任，参与决策和工作的班子其他成员承担重要领导责任，对错误决策或者行为提出明确反对意见而没有被采纳的，不承担领导责任；对涉及的个人责任，具体负责的工作人员承担直接责任，领导班子主要负责人和直接主管的负责人承担领导责任。

2. 责任追究的主体和方式。《信访工作责任制实施办法》明确，对信访工作失职失责行为，由有管理权限的党政机关开展责任追究。追责原则有两种：一是根据问题性质和程度，确定追责方式；二是逐级递进，对已采用相关追责方式进行追责，但未取得效果的，将采取更为严肃的追责方式。

追责方式有4种：一是通报追责。主要是针对情节较轻的失职失责行为，由有管理权限的党政机关进行通报。对此类问题，各级信访部门应当充分履行给予处分的建议职责，向有关党政机关提出对相关责任人进行通报、限期整改的建议。二是诫勉追责。主要针对情节较为严重、性质较为恶劣，造成的危害严重以及影响重大的失职失责行为，或受到通报后仍未按期完成整改目标的问题。诫勉一般由有管理权限的党政机关采取谈话或书面的形式进行，并督促限期整改。对受到诫勉追责的相关责任人，取消所在地区、部门和单位本年度评选综合性荣誉称号资格。三是组织调整或组织处理追责。主要针对情节严重、性质恶劣，造成的危害特别严重以及影响特别重大的失职失责行为，或受到诫勉后仍未按期完成整改目标的问题。对此类问题，由有管理权限的党政机关对相关责任人采取停职检查、调整职务、责令辞职、降职、免职等组织调整或组织处理措施。四是纪律处分追责。主要是对应当给予党纪政纪处分的责任人，依纪依法追究责任，以此督促各级党政机关领导干部、工作人员在开展信访工作、处理信访事项中时刻以严的纪律要求约束自己、以严的纪律标尺衡量工作，切实承担起自身职责。

《信访工作责任制实施办法》同时规定，追责方式可以单独使用，也可以合并使用。这主要是考虑到，在实践中，有时候要进行组织处理，也要给予纪律处分，这时就要将两种方式合并使用。对在其他法律法规中已经明确处理办法和程序的，以及涉及行政问责、涉嫌违法犯罪的问题，不再作重复规定。

（二）《信访条例》的有关规定

《信访条例》对信访事项的受理、办理、督办等各工作环节以及信访事项的引发，都明确规定了相应的责任。概括起来，主要提出了9种应当追责的情形：一是因行政机关超越或者滥用职权、应当作为而不作为、适用法律法规错误或者违反法定程序侵害信访人合法权益的、拒不执行有权处理的行政机关作出的支持信访请求意见，而引发信访事项且造成严重后果的；二是信访工作机构未按规定登记、转送、交办、督办信访事项的；三是有权处理的行政机关未按规定登记、受理信访事项和书面告知信访人是否受理的；四是有权处理的行政机关办理信访事项推诿、敷衍、拖延或者未在法定期限内办结信访事项的；五是有权处理的行政机关对事实清楚，符合法律、法规、规章或者其他有关规定的投诉请求未予支持的；六是行政机关工作人员将信访人的检举、揭发材料及有关情况透露或者转给被检举、揭发的人员或者单位的；七是行政机关工作人员在受理、办理信访事项过程中，作风粗暴，激化矛盾并造成严重后果的；八是行政机关及其工作人员未及时报送重大、紧急信访事项和信访信息的；九是打击报复信访人的。

《信访条例》明确规定，对信访工作中的失职、渎职行为，各级人民政府要严格依照有关法律、行政法规和条例的规定，追究有关责任人员的责任，并在一定范围内予以通报。其中，追究责任的方式以上级行政机关责令改正、依法给予行政处分为主，对构成犯罪的，依法追究刑事责任。

（三）《信访工作责任制实施办法》和《信访条例》的关系

1. 共通之处。《信访工作责任制实施办法》和《信访条例》都是在我国经济社会发展进入关键时期，信访问题凸显、信访工作水平需要进一步提升的背景下出台的。两部法规有很多相似共通之处：一是都充分体现了党中央、国务院对信访工作的高度重视，把信访工作纳入各级党政机关议事日程，保障信访工作的顺利开展；二是都充分体现了党中央与时俱进的理论品质，积极适应新形势新任务的要求，及时对进一步落实信访工作责任、及时就地解决信访问题作出安排部署，提出新的更高要求；三是都充分体现了党中央立党为公、执政为民的执政理念，彰显了以人民为中心的发展思想，把压实信访工作责任、及时就地解决信访问题、维护群众合法权益作为推动党和国家事业发展的一项重要举措；四是都发挥了严肃信访工作纪律、规范信访工作行为、预防和纠正信访工作失职失责行为的重要作用。

2. 区别。应当看到，两部法规之间存在明显区别，主要表现在：一是制定主体不同。《信访工作责任制实施办法》是党中央制定并公布的关于落实信访工作责任制的党内法规；而《信访条例》则是由国务院制定并公布的行政法规。按照全面从严治党的要求，纪在法前、纪严于法。二是规范范围不同。《信访工作责任制实施办法》规范的是包括党的机关、人大机关、行政机关、政协机关、审判机关、检察机关在内的各级党政机关及其派出机构、直属事业单位以及工会、共青团、妇联等人民团体，国有和国有控股企业参照执行；而《信访条例》规范的是各级行政机关的行为和信访人的行为，社会团体、企业事业单位的信访工作参照执行。三是内容侧重点不同。《信访工作责任制实施办法》侧重于明确和落实信访工作责任主体的责任，构建权责一致、追责到位的信访工作责任体系；而《信访条例》则侧重对各级人民政府、县级以上人民政府工作部门的工作行为特别是信访工作行为，以及信访人的信访行为进行法律规范，其立法目的是畅通信访渠道、规范工作行为、维护信访秩序。

总的来看，《信访工作责任制实施办法》和《信访条例》相辅相成、互为依托，都为做好当前和今后一个时期的信访工作提供了根本依据和强有力的支撑。

## 四、信访工作考核

信访工作考核，是为了实现信访工作目标，运用特定的标准和指标，采取科学的方法，对各级各部门及其工作人员完成信访工作任务的实绩和效果做出客观评估的过程，简单地说，就是对信访工作成果的检验和测评。信访工作作为各级党政机关的一项重要工作，其绩效既包括对中央和地方关于信访工作决策部署贯彻落实情况的检测，也包括对具体工作人员做信访工作的成绩、能力、态度、作风等方面的测评；既包括对解决信访问题实际效果的检验，也包括健全完善体制机制、推动信访工作科学发展实际效果的评价。这种考核是综合性的、整体的考核，而不仅仅是一时一事、一个方面一个环节的考核。同时，信访工作考核包括对所有负有信访工作责任的党政机关及其工作人员的考核，而不能简单地认为只是针对信访工作机构及其工作人员。

### （一）建立健全信访工作考核评价机制的必要性

近年来，各地各部门紧密结合实际，制定出台了本地区本部门的信访工作考核办法。从总体上看，效果是好的，推动了信访事项及时就地妥善解决，切实维护了群众的合法权益。但由于一些地方和部门不能正确看待当前和今后一个时期社会矛盾凸显、信访问题多发的客观现实，在实行信访工作考核过程中，有的唯“数字论”，简单以信访数量作为考核标准，甚至提出不切实际的目标要求，进行过度考核；有的简单笼统地制定考核方法，不易把握、不好操作，使考核流于形式，起不到应有的作用；有的甚至对信访工作不管不问、不加考核，等等，一定程度上影响了信访工作的健康发展。因此，建立健全信访工作考核评价机制，制定科学合理的考核评价标准和指标体系，将信访工作情况作为对各级领导班子和领导干部综合考评的重要参考，是推动各级党政机关进一步加强对信访工作的组织领导、从源头上预防和减少信访问题的发生、确保信访问题及时就地解决的重要举措。

1. 有利于加强对信访工作的领导。通过建立健全考核评价机制，可以促使地方和部门真正把信访工作摆上各级领导班子的重要议事日程，经常研究解决信访工作中的重大问题，切实采取有力措施推动党和国家关于信访工作方针、政策的贯彻落实；可以规范各级领导干部的决策行为，从源头上预防和减少信访问题的发生；可以激发地方和部门做好信访工作的积极性和创造性，确保信访问题及时就地解决。

2. 有利于推动信访工作制度改革各项措施落实落地。通过考核促工作落实，既是领导工作的重要内容，又是重要的领导方法。对信访工作进行考核评价，其中一个重要的内容就是检查信访工作制度改革各项措施落实情况，以及年度重点工作完成情况。通过考核，增强各级各部门推进信访工作制度改革的责任感、落实各项改革措施的自觉性，纠正在改革措施推进工作中的不认真、不到位等问题，促进信访工作制度改革整体推进、落地见效。

3. 有利于加大解决问题的力度。通过建立健全以依法、及时、就地解决信访问题为导向的考核评价机制，能够压实解决问题的责任，使信访问题件件有着落，不出现推诿拖延的问题；能够推动各级各部门上下联动、齐抓共管，形成合力攻坚的工作格局；能够促使各级各部门认真履行职责，综合施策、千方百计解决问题，不使其在本地区、本部门形成积累。

（二）信访工作考核的总体要求

信访工作考核必须与信访工作的定位和所承担的职责任务相适应，把重点放在检验信访工作整体水平和效能上。因此，应当建立健全以解决群众合理诉求为核心，以促进信访工作科学发展为目标，以提高各级各部门化解矛盾的能力和水平为重点的信访工作考核体系。

《关于创新群众工作方法解决信访突出问题的意见》中明确提出，改进和完善考核方式，综合考虑各地区经济社会发展情况、人口数量、地域特点、信访总量、诉求构成、解决问题的质量和效率等因素，合理设置考核项目和指标，不简单以信访数量多少为标准进行考评，推动各地区把工作重点放在预防和解决问题上。为深入贯彻中央关于信访工作制度改革精神，国家信访局改革完善了考核制度：一是实事求是、简便易行。紧密结合信访工作实际设置考核项目和指标，不简单以信访数量多少为标准，注重预防和解决信访问题的实际效果，增强考核的科学性和可操作性。二是下考一级、压实责任。国家信访局对各省（自治区、直辖市）信访工作进行考核，各省（自治区、直辖市）结合实际制定具体考核意见或办法，一级抓一级、层层抓落实。三是突出重点、综合考量。紧紧围绕信访工作中的重点难点问题，使考核具有针对性；全面衡量信访工作的整体情况，使考核具有全面性。四是公开透明、客观公正。科学规范考核程序和实际操作办法，充分利用国家信访信息系统统计考核数据，避免人为因素干扰，增强工作透明度，提高考核的客观性和公信度。根据上述要求，各地层层制定科学合理的信访工作考核办法，树立正确的工作导向，确保信访工作健康有序开展。根据考核的总体要求，各地普遍建立了以及时受理率、按期办结率和群众满意率为核心的考核体系。

### （三）信访工作考核结果的运用

充分运用考核结果，对于更好地发挥考核作用，有效形成信访工作激励和约束机制至关重要。考核结果的运用方式主要包括：对考核成绩排名靠前的和晋位突出的地方和部门予以通报表扬；对因工作不到位发生失职失责行为，严重侵犯信访人合法权益或造成不良社会影响的，以及考核成绩连续排名靠后的地方和部门，进行重点约谈或重点管理；同时，根据《信访条例》《信访工作责任制实施办法》的相关规定，将考核结果纳入干部考察和公务员考核。

# 第三节　信访受理制度

信访受理，是指信访部门或者有权处理机关对收到的信访事项进行初步审查，判断是否属于受理范围并依法进行妥善处理的程序。信访受理程序是信访程序的第一个环节，始于信访人相关信访事项的提出，决定着信访事项能否进入信访办理程序。

## 一、信访事项的提出

信访事项的提出，是指信访人向有关部门反映情况，提出建议、意见或者投诉请求的行为。它决定着信访事项受理程序的启动。

### （一）信访事项提出的对象

信访事项提出的对象，是指信访人所提出的意见、建议、投诉、检举和诉求指向的具体组织或人员。也就是说，信访人认为哪些组织、人员作出的哪些职务行为侵犯其合法权益或者不符合公共利益的要求，依法向有关部门反映情况，提出建议、意见和投诉请求。被投诉的组织、人员即为信访事项提出的对象。实践中，往往把信访事项提出的对象，与信访事项受理和处理的具体部门相混淆。两者存在明显不同，信访事项受理和处理的部门是各级党委和政府及其职能部门和信访工作机构，多数情况下，其是信访事项提出对象的上级主管部门或本级党委和政府，但在有些情况下，两者也可能是同一组织或部门。

根据《信访条例》第十四条“信访人对下列组织、人员的职务行为反映情况，提出建议、意见，或者不服下列组织、人员的职务行为，可以向有关行政机关提出信访事项”的规定，确定信访事项提出的对象，需要界定两个要素。

1. 界定“组织、人员”。根据《信访条例》规定，一般有5种情形：①行政机关及其工作人员。②法律、法规授权的具有管理公共事务职能的组织及其工作人员。③提供公共服务的企业、事业单位及其工作人员。④社会团体或者其他企业、事业单位中由国家行政机关任命、派出的人员。⑤村民委员会、居民委员会及其成员。从广义上讲，组织、人员还包括各级党委、人大、政协、法院、检察院、军队和人民团体等组织及其工作人员。

2. 界定“职务行为”。职务行为，是指履行本机关或者单位职责、法定或者约定义务的行为，或者代表本机关或者单位，以机关、单位名义履行职责所作出的行为，而非以个人名义作出的行为。一般应当具备以下要素：①执行职务的时间和地点。通常来讲，党委和政府及相关组织的工作人员在法定工作时间与工作地点实施的行为大多属于职务行为。②实施行为的名义或身份。党委和政府及相关组织的工作人员实施行为时，如以工作人员身份并以所属机关的名义出现，则该行为应视为职务行为。③与所拥有职权和所执行职权的内在联系。只要该行为的实施与工作人员职务、所属机关承担的职责及其利益有不可分割的关系，就可以认定为执行职务的行为；相反，工作人员实施该行为完全是为了个人利益，与公益无关，则不属于执行职务行为。

### （二）信访事项提出的形式

信访事项的提出一般有书信、走访、电子邮件、传真和电话等基本形式。

书信形式，是指信访人以信函的方式提出信访事项。根据是否署名，可分为签署真实姓名或单位名称的书信，不署名、署假名或署名不完整的书信；根据署名个数，可分为只签署一个姓名或单位的书信，签署多个姓名或单位的书信。走访形式，是指信访人本人或委托他人到有关机关设立或指定的接待场所面谈，提出信访事项。根据走访人数，即同一时间到同一国家机关反映同一信访事项的实际人数，可分为个体走访和集体走访；

根据走访反映信访事项的性质和管辖层级，可分为到依法有权处理的本级或上一级机关的走访，跨越本级和上一级机关的走访。电子邮件形式，是指信访人以电子文档的形式通过互联网向有关机关指定的电子信箱提出信访事项。电话形式，是指信访人以电话的方式口头提出信访事项。传真形式，是信访人将所提出的信访事项以传真的形式向有关机关公布的传真电话发送。

《信访条例》第十七条规定，“信访人提出信访事项，一般应当采用书信、电子邮件、传真等书面形式”。随着信息技术的发展，信访人提出信访事项的形式逐渐增多。近年来，网上信访成为广大群众提出信访事项的重要方式。网上信访是通过国家机关设立的互联网投诉平台或指定的互联网投诉页面、手机客户端、微信公众号，提出信访事项的一种方式。包括网上信访在内的、通过国家机关指定载体提出信访事项的形式，都属于《信访条例》规定的法定形式。同时，《信访条例》倡导采用书面形式提出信访事项，目前书面形式一般包括书信、电子邮件、传真、网上信访等。

（三）信访事项提出的法定要件

1. 提出信访事项的基本要求。①真实性。根据《信访条例》第十九条规定，信访人提出信访事项，应当客观真实，对其所提供材料内容的真实性负责，不得捏造、歪曲事实，不得诬告、陷害他人。对此，《信访条例》第四十八条明确，信访人捏造歪曲事实、诬告陷害他人，构成犯罪的，依法追究刑事责任；尚不构成犯罪的，由公安机关依法给予治安管理处罚。②禁止性要求。根据《信访条例》第二十条规定，信访人在信访过程中应当遵守法律、法规，不得损害国家、社会、集体的利益和其他公民的合法权利，自觉维护社会公共秩序和信访秩序，不得有下列行为：在国家机关办公场所周围、公众场所非法聚集，围堵、冲击国家机关，拦截公务车辆，或者堵塞、阻断交通的；携带危险物品、管制器具的；侮辱、殴打、威胁国家机关工作人员，或者非法限制他人人身自由的；在信访接待场所滞留、滋事，或者将生活不能自理的人弃留在信访接待场所的；煽动、串联、胁迫、以财物诱使、幕后操纵他人信访或者以信访为名借机敛财的；扰乱公共秩序、妨害国家和公共安全的其他行为。

2. 对以走访形式提出信访事项的基本要求。①对走访层级的规定。《信访条例》第十六条规定“信访人采用走访形式提出信访事项，应当向依法有权处理的本级或者上一级机关提出”。②对走访场所的规定。《信访条例》第十八条第一款规定“信访人采用走访形式提出信访事项的，应当到有关机关设立或者指定的接待场所提出”。③对走访人数的规定。《信访条例》第十八条第二款规定“多人采用走访形式提出共同的信访事项的，应当推选代表，代表人数不得超过5人”。

## 二、信访事项的受理范围

信访事项的受理范围是厘清信访途径与其他矛盾纠纷化解途径界限的重要依据。提出的信访事项只有属于《信访条例》等法律法规规定的受理范围，信访部门或者有权处理机关才依法负有受理并妥善处理的义务。

### （一）信访事项的受理条件

提出信访事项，需同时满足下列三个条件，才能确定属于受理范围。

1. 内容上，需符合《信访条例》第十四条规定，即针对行政机关及其工作人员等5类组织、人员的职务行为提出信访事项。

2. 形式上，需采取法律法规规定的形式提出。信访是公民、法人或者其他组织的权利，行政机关应当依法积极履行职责，保障公民、法人或者其他组织的信访权利，公民、法人或者其他组织提出信访事项，也应当以符合法律法规规定的形式提出。信访人不按照法定形式要件提出信访事项，既不利于保护其信访权利，也会给行政机关处理造成不必要的负担，在这种情况下，行政机关可以根据具体情况作出相应处理。

3. 管辖上，需属于收到信访事项机关的法定职责范围。法定职责是指行政机关依据法律、法规或者规章等规定，具有针对相对人申请进行处理、解决相对人诉求的职责。“法无授权不可为”是法治国家通行的法律原则，行政机关的权力必须在法律规定的实体及程序范围内行使，这是对依法执政与依法行政的重申和强调，实质上就是要“把权力关进笼子”；越权或无权作出的处理，本身不具有法律效力，无法解决信访人的诉求和问题。

### （二）不予受理的情形

《信访条例》作为行政法规，对信访部门和其他行政机关不予受理的情形作出了明确规定。具体有以下 4 种情形。

1. 依法应当通过诉讼、仲裁、行政复议等法定途径解决的投诉请求

《信访条例》第十四条第二款规定，对依法应当通过诉讼、仲裁、行政复议等法定途径解决的投诉请求，信访人应当依照有关法律、行政法规规定的程序向有关机关提出。根据《刑事诉讼法》《民事诉讼法》《行政诉讼法》等法律法规规定，包括：

（1）已经、正在通过人民法院法定程序处理的事项。这是指人民法院对争议事项已经作出了具有法律效力的判决、裁定、决定等裁判文书的事项，或者已经立案，正处在诉讼程序中的事项。主要有：对人民法院生效判决、裁定、调解书及决定不服的；要求执行生效裁判的；对司法鉴定意见有异议，依法应当通过法庭质证或者向法庭申请补充鉴定、重新鉴定解决的；人民法院已经立案受理诉讼案件，或者采取了诉前财产保全、先予执行等措施的。

（2）应当通过人民法院法定程序处理的事项。这是指按照法律规定，只能通过人民法院审判程序进行权利救济的事项。主要有：根据《刑事诉讼法》规定告诉才处理的刑事案件，包括侮辱诽谤案、暴力干涉婚姻自由案、虐待案、普通侵占案等；当事人对仲裁裁决不服或者要求执行仲裁裁决的；经人民调解委员会调解达成调解协议后，当事人之间就调解协议的履行或者调解协议的内容发生争议的；人民法院依法确认调解协议有效，一方当事人拒绝履行或者未全部履行，对方当事人向人民法院申请强制执

行的；不服行政机关作出的行政复议决定的；对政法机关办理的国家赔偿案件不服的。

（3）已经、正在通过人民检察院法定程序处理的事项。这是指符合人民检察院刑事立案、法律监督等法律程序受理条件，人民检察院已经通过相应法定程序作出有法律效力的结论或者仍在法定程序中、尚未作出结论的事项。主要情形有：不服检察机关处理决定的，包括对自行侦查的案件采取拘传、取保候审和监视居住等强制措施的决定，批准逮捕犯罪嫌疑人、被告人的决定，按照管辖范围，对报案、控告、举报和自首材料进行审查，作出立案决定、审查起诉决定等；反映检察机关违法办案的；公安机关办理的刑事案件，人民检察院已提起公诉或作出不起诉决定，信访人对案件事实、证据提出异议的。

（4）应当通过人民检察院法定程序处理的事项。这是指按照法律规定，只能通过人民检察院刑事立案、法律监督等法定程序实现权利救济的争议事项。主要有：要求追究应由人民检察院管辖的犯罪行为刑事责任的，包括国家机关工作人员利用职权实施非法拘禁、刑讯逼供、暴力取证、虐待被监管人、非法搜查等侵犯公民人身权利、民主权利的违法行为；反映检察机关处理群众举报线索久拖不决或未查处、未答复的；针对《刑事诉讼法》规定的公安机关违法侦查活动或违法采取的刑事强制措施，信访人向公安机关申诉、控告后，对处理决定仍不服或未在规定时间内得到答复的；检察机关为赔偿义务机关，请求检察机关进行国家赔偿的；对人民检察院所属鉴定机构及其鉴定人在执业中的违纪违法行为进行举报和投诉的；要求检察机关实行侦查活动监督，刑事审判活动监督，刑事判决、裁定监督，死刑复核法律监督，羁押和办案期限监督，强制医疗执行监督的控告或者申诉；不服公安机关刑事处理决定以及对侦查活动违法行为的申诉或控告处理决定，要求检察机关进行法律监督；不服人民法院生效法律文书，反映审判人员审判程序中有违法行为，以及执行活动中的违法情形，要求检察机关进行法律监督；反映检察人员违法违纪的。

除上述几种情形外，对于一些虽然可以通过诉讼、仲裁、行政复议等法定途径解决，或者已经通过人民法院的法定程序处理的信访事项，信访人坚持向行政机关投诉、要求其处理的，在以下几种情况下，行政机关不能拒绝受理：

（1）信访人提出的可以通过诉讼或其他程序解决，也可以通过行政程序解决的问题，选择何种途径，当事人具有选择权，行政机关在受理前可以告知诉讼权利及法定时效，引导其向人民法院提起诉讼或建议其采用其他程序，但当事人如果坚持要求信访处理，行政机关不得免除履行自身法定职责的义务、拒绝受理，只要属于其法定职责范围，就要依法履行职责。比如，信访人因邻居建筑物影响其采光，认为不符合日照采光要求，属于违规高层建筑，要求有关机关查处。行政机关在受理前可以引导信访人向人民法院提起民事诉讼，但如果查处违规建筑属于该机关的法定职责，就不能以此为由不予受理、不履行相应职责。

（2）信访人认为行政机关的行政行为侵犯其合法权益向人民法院提起行政诉讼，法院以不属于行政诉讼受案范围为由裁定不予立案，信访人上诉后仍维持原不予受理裁定的。

（3）行政诉讼中，法院因具体行政行为超过诉讼时效为由而判决驳回诉讼请求的。

（4）民事诉讼中，所争议的事项属于行政机关法定职责范围，法院因超过诉讼时效判决驳回诉讼请求的。

（5）其他纠纷解决程序属于选择性程序，或虽属必经程序，但当事人因缺乏相关证据、法定要件等难以立案受理的。如农民工缺少劳动合同，无法启动劳动仲裁；或由于事态紧急不具备采用其他程序处理之条件，需要尽快处理的，等等。此外，虽然经过诉讼程序，但裁判文书仅涉及信访事项的个别形式问题或法律关系，如当事人不适格、诉讼事由不当等，并未作出整体性实体处理，信访事项涉及的纠纷悬而未决的，或涉及行政、民事乃至刑事等复杂法律关系或历史问题、政策问题，不适宜采用单一的诉讼方式处理的，行政机关不得推诿、拒绝受理。

2. 各级人民代表大会以及县级以上各级人民代表大会常务委员会、人民法院、人民检察院职权范围内的

《信访条例》第十五条规定，信访人对各级人民代表大会以及县级以上各级人民代表大会常务委员会、人民法院、人民检察院职权范围内的信访事项，应当分别向有关的人民代表大会及其常务委员会、人民法院、人民检察院提出。根据《全国人民代表大会组织法》《地方各级人民代表大会和地方各级人民政府组织法》《人民法院组织法》《人民检察院组织法》等法律法规规定，这类事项包括：对本级或者下级人民代表大会及其常务委员会职权范围内工作的建议意见；对人民法院、人民检察院工作的建议意见；对本级人民代表大会人大代表、人民代表大会常务委员会组成人员、常务委员会机关工作人员职务行为的建议意见；对本级人民代表大会人大代表、人民代表大会常务委员会组成人员、常务委员会机关工作人员违法违纪、失职渎职行为的控告检举；对本级或者下级人民法院、人民检察院及其工作人员职务行为的建议意见和投诉请求；对本级或者下级人民法院、人民检察院及其工作人员违法违纪、失职渎职行为的控告检举；依法属于本级人民代表大会、人民代表大会常务委员会，本级人民法院、人民检察院职权范围内的其他请求。

3. 不属于本机关及所属下级机关职责范围的

根据《地方各级人民代表大会和地方各级人民政府组织法》及相关法律规定，相对人对具有管辖职权的机关的处理不满意，可以向上级机关投诉、举报、反映，要求上级机关监督、督促具有相应管辖职权的机关依法履行职责，上级机关有权进行相应处理。因此，对于不属于本机关职责范围，但属于所属下级机关职责范围的事项，不能不予受理，只有不属于本机关及所属下级机关职责范围的事项，才能不予受理。需要指出的是，有一种特殊情况，根据《信访条例》第十六条规定，采用走访形式，跨越依法有权处理的本级和上一级机关提出信访事项，即使属于上级机关职

责范围，上级机关也不予受理。

4. 正在受理办理程序中的

这是信访工作适用“一事不再理”基本法律原则的体现，对维护信访工作权威、防止重复多处信访、滥用信访资源具有重要的意义。

（1）正在受理程序中的。具体包括：①根据《信访条例》第二十一条第一款规定，县级以上人民政府信访工作机构收到信访事项，予以登记后，正在区分情况作出处理中的。②根据《信访条例》第二十一条第二款规定，有关行政机关收到转送、交办的信访事项，正在决定是否受理中的。③根据《信访条例》第二十二条规定，有关行政机关对直接向本机关提出的信访事项，正在决定是否受理中的。

（2）正在办理程序中的。根据《信访条例》第五章“信访事项的办理和督办”规定的调整范围，办理程序是广义的概念，涵盖了有权处理机关的办理程序、复查机关的复查程序、复核机关的复核程序等。具体包括：

①有权处理机关已经受理正在办理时限内的。根据《信访条例》等法律法规和规范性文件规定，办理期限一般分 3 类：一是适用信访程序处理的事项，应当自受理之日起 60 日内办结；情况复杂的，经本行政机关负责人批准，可以适当延长办理期限，但延长期限不得超过 30 日；二是属于《信访条例》以外的其他法律、法规或者规章调整范围，能够适用其他法律、法规、规章或者合法有效的规范性文件设定程序处理的事项，按照相关法律、法规、规章计算办理时限；三是属于申请行政机关查处违法行为、履行保护人身权或者财产权等合法权益法定职责，但有关法律、法规、规章和规范性文件中没有具体程序和期限规定的事项，行政机关应当在接到申请之日起两个月内履行或者答复。对于在上述 3 类办理期限内再次提出的信访事项，不予受理。

②已有处理（复查）意见，且正在复查（复核）期限内。对于实践

中经常出现的信访人对信访事项处理（复查）意见不服，未提出复查（复核）请求而到上级机关再次信访的问题，《信访条例》并没有明确规定。根据相关规范性文件的规定，信访人对信访事项处理（复查）意见不服，未提出复查（复核）请求而到上级机关再次信访的，各级信访部门和其他行政机关不予受理，并引导信访人向复查（复核）机关提出申请。

需要明晰的是，适用信访程序以外的其他法定途径已经做出行政处理，对处理决定不服，再次信访的，应区分不同情况处理。对适用信访程序以外的其他法定途径办理的诉求，有权处理机关应当依据相应的规定及程序做出行政处理，并告知信访人救济途径和期限，送达信访人。根据法律、法规、规章或者合法有效的规范性文件，对行政处理不服的救济途径一般为行政复议、行政诉讼，但也存在申诉等其他救济途径。一是如果救济途径为行政复议、行政诉讼的，在行政复议、行政诉讼的救济期限内再次提出信访事项，应作为依法应当通过诉讼、仲裁、行政复议等法定途径解决的投诉请求而不予受理。二是如果救济途径为申诉等其他途径，且已经请求救济，在其他救济途径的办理期限内再次提出信访事项，应作为正在办理程序中而不予受理。三是如果救济途径为申诉等其他途径，但未请求救济，直接提出信访事项，应予受理，并按照相关法律、法规、规章或者合法有效的规范性文件进行处理。

关于各级人民代表大会以及县级以上各级人民代表大会常务委员会不予受理的情形，与行政机关不予受理的4种情形基本一致，但囿于人大职权，对人大代表反映或转递的群众涉法涉诉事项，需转交同级政法机关办理。关于各级人民法院、人民检察院、公安机关、司法行政机关等政法机关不予受理的情形，主要是不属于本系统职权范围、超越本机关及所属下级机关法定职责、正在受理办理程序中等3种情形。

### （三）不再受理的情形

对信访部门和其他行政机关而言，对以下3种情形应不再受理。

1. 2005 年 5 月 1 日前已经办结，没有提出新的事实或理由的。国务院法制办公室、国家信访局《对〈信访条例〉第三十四条、第三十五条中“上一级行政机关”的含义及〈信访条例〉适用问题的解释》明确，信访人在 2005 年 5 月 1 日前提出的信访事项尚未办理完毕的，参照新修订的《信访条例》的规定办理；已经办结，信访人提出新的事实或者理由重新信访的，按照新修订的《信访条例》的规定办理。不能提出新的事实或者理由的，不再重新受理。

2. 已有复核意见且没有提出新的事实或理由的。《信访条例》第三十五条第三款规定，信访人对复核意见不服，仍然以同一事实和理由提出投诉请求的，各级人民政府信访工作机构和其他行政机关不再受理。

3. 已有处理意见，但在法定期限内未依法申请救济的。如果权利人长期不行使权利，就会导致法律关系处于不确定的状态，不利于法律关系和社会秩序的稳定。如果信访人无正当理由超出法定期限未依法提出救济申请，就应当认为信访人放弃了依法救济的权利。一般而言，信访人提出信访诉求并收到处理意见后，相应的救济途径是申请复查、复核。《信访条例》第三十四条规定，信访人对行政机关作出的信访事项处理意见不服的，可以自收到书面答复之日起 30 日内请求原办理行政机关的上一级行政机关复查；第三十五条规定，信访人对复查意见不服，可以自收到书面答复之日起 30 日内向复查机关的上一级行政机关请求复核。如果信访人无正当理由超出法定期限未申请复查、复核，而再次提出信访事项的，不再受理。

## 三、信访事项的受理程序

根据信访事项受理机关的不同，信访事项的受理程序分为县级以上人民政府信访工作机构即信访部门的程序性受理、有权处理机关的实体性受理。

（一）信访部门的程序性受理

1. 登记

信访部门收到信访事项后应当予以登记，登记应客观真实、准确规范，包括信访人基本情况、反映事项概况、受理办理过程等相关要素。登记是信访工作的基础工作，是信访工作程序中必不可少的环节。

2. 甄别

在法定期限内，依据有关法律法规，对收到的信访事项进行甄别，决定是否受理。

（1）甄别是否属于受理范围，是否存在不予（不再）受理的情形，从而作出是否受理的决定。

（2）按照分类处理要求，甄别适用信访程序或者其他法定途径处理，可以在转送有权处理机关时提出建议。依法分类处理是贯穿信访事项从受理到办理、复查、复核全过程的一项基本原则。从受理环节看，具体可分为3种类型：①适用信访程序以外的其他法定程序。对属于《信访条例》以外的其他法律、法规或者规章的调整范围，能够适用其他法律、法规、规章或者合法有效的规范性文件设定程序处理的，应当适用相应规定和程序处理。衡量是否属于其他法定程序，有3条标准：投诉请求属于现行法律、法规、规章的调整范围；投诉请求能够适用法律、法规、规章和合法有效的规范性文件设定的程序处理；经过该途径处理的结果具有法律效力。②依法履职。对属于申请行政机关查处违法行为、履行保护人身权或者财产权等合法权益的法定职责的，应当依法履行或者答复。③信访程序。对不属于以上两类情形的，适用《信访条例》规定的程序处理。

（3）按照简易办理的要求，甄别是否适用简易办理，可以在转送有权处理机关时提出建议。适用简易办理的事项包括：①事实清楚、责任明确、争议不大、易于解决的；②提出咨询或意见建议、表达感谢，可以即时反馈的；③涉及群众日常生产生活、时效性强，应当即时处理的；④行政机关已有明确承诺或结论的；⑤其他可以简易办理的。不能适用简易办理的事项包括：①上级信访部门、行政机关交办的；②可能对信访人诉求不予支持的；③已经进入或依法可以通过法定行政程序处理的；④涉及多个责任主体或集体联名投诉的重大、复杂、疑难等不宜简易办理的。

根据《信访条例》第二十一条规定，信访部门甄别的期限为收到信访事项之日起 15 日内。对于以信件形式提出的信访事项，收到日期以邮件到达之日邮戳和有关部门接收登记邮件日期为准。对于以走访形式提出的，应以信访人到专门设立的接待场所提出信访事项之日为准。

3. 告知

经过甄别，对属于不予受理、不再受理情形的信访事项，应当告知信访人，使信访人明确得知。

4. 受理

对公民、法人或者其他组织提出的信访事项，信访部门进行甄别后，认为属于受理范围的，应根据具体情况，在 15 日内做出不同的处理。具体有以下 3 种处理方式：

（1）转送。这是指信访部门对于决定受理的信访事项，根据有关部门和单位的职责权限和级别管辖，将信访事项转到有权对实体内容进行调查、核实并作出处理决定的部门。转送可以分为 3 种类型：

①本级转送，即根据《信访条例》第二十一条第一款第二项规定，信访部门对依照法定职责属于本级党委和政府其他国家机关处理决定的信访事项，应当转送有权处理的相关部门。其中，属于公安机关、司法行政机关管辖，可以通过法律程序处理的事项，由于公安机关、司法行政机关兼具政法机关与行政机关双重属性，信访部门仍需转同级公安机关或司法行政机关依法处理，由公安机关或司法行政机关甄别是否导入法律程序。

属于公安机关管辖，可以通过法律程序处理的事项，主要包括：对公安机关正在办理的刑事案件，就办案程序提出复议、复核的；反映公安机关违法侦查活动或违法采取刑事强制措施，提出申诉、控告的；对公安机关行政处罚、行政许可、行政强制措施等具体行政行为不服，要求行政复议的；对公安机关火灾、交通事故认定及委托鉴定等不服，要求复核或重新鉴定的；对公安机关及民警违法行使职权、造成损害，要求取得国家赔偿的；对公安机关正在办理的行政、刑事、行政复议、国家赔偿案件，要求了解案件办理情况和结果的；对公安机关所属鉴定机构及其鉴定人在执业中的违纪违法行为进行举报和投诉的；当事人和辩护人、诉讼代理人、利害关系人认为公安机关及其工作人员有《刑事诉讼法》第一百一十七条规定的行为，提出申诉或控告的；要求追究刑事责任，不服公安机关不予立案侦查决定的；控告公安民警违纪的。

属于司法行政机关管辖，可以通过法律程序处理的事项，主要包括：对司法行政机关作出的行政处罚、行政许可、行政强制措施等具体行政行为不服，申请行政复议的；对司法行政机关及民警违法行使职权、造成损害，要求取得国家赔偿的；对司法行政机关作出的赔偿决定不服或者在规定期限内未作出赔偿决定，申请复议的。

②下级转送，即根据《信访条例》第二十一条第一款第三项规定，信访事项涉及下级党委和政府及其职能部门或者其工作人员的，按照“属地管理、分级负责，谁主管、谁负责”的原则，转送有权处理的相关部门和单位，并抄送下一级信访部门。为了实现上下级信访部门之间信访事项转送和办理情况的互通，县级以上信访部门应定期向下一级信访部门通报转送情况，下级信访部门应定期向上一级信访部门报告转送信访事项的办理情况。

③信息转送。对于在来信来访或网上投诉反映问题过程中，有扬言自杀、聚众闹事、冲击国家机关、危害他人生命和财产安全等滋事言行，或其他带有闹事苗头和极端行为倾向、可能影响正常生产生活和社会秩序，需要紧急处理的情形，应坚持“属地管理、分级负责，谁主管、谁负责，依法、及时、就地解决问题与疏导教育相结合”“急事急办、特事特办”“首接首办”的原则作出迅速处理。对来信的，应在第一时间将原信电传至信访人所在地信访部门或直接责任单位，提出工作要求，或转送有关地

方和部门的负责同志，以引起重视，妥善处理。对来访的，应在第一时间进行批评、教育和劝阻，做好思想疏导工作，视情况可通知相关地方和部门将其接回。对扬言性质恶劣的，可视情况通报公安部门处理。

（2）交办。这是指各级信访部门对于转送的信访事项中有比较重要的情况、需要反馈办理结果的，要求有权处理机关在指定办理期限内反馈结果并提交办结报告。接受交办信访事项的相关部门和单位，应当在接受交办的信访事项之日起 15 日内决定是否受理并书面告知信访人，并按要求通报信访部门。

（3）报请。这是指各级信访部门认为情况重大、紧急的信访事项，应当及时提出建议并报请本级党委和政府决定。这类情形主要包括：已经或可能引发群体性聚集或集中投诉行为；已经或即将对公民、法人或其他组织的权益产生较为广泛的影响；已经或可能对公共秩序造成较大危害；信访事项疑难复杂；其他需要本级党委和政府作出决定的情况。对于情况重大、紧急的信访事项，信访部门除了及时、准确、全面地向本级党委和政府报告外，还应该提出有利于问题解决的措施、方案和建议，供领导决策参阅，充分发挥好参谋助手的作用。

对信访部门的程序性受理，《信访条例》第四十一条规定了失职行为的行政处分，明确信访部门对收到的信访事项应当登记、转送、交办而未按规定登记、转送、交办，或者应当履行督办职责而未履行的，由其上级机关责令改正；造成严重后果的，对直接负责的主管人员和其他直接责任人员依法给予行政处分。

### （二）有权处理机关的实体性受理

有权处理机关受理既要严格落实好依法分类处理规则，也要严格遵照相关法律的授权来处理。

1. 登记

基本要求与信访部门相同，需对信访人基本情况、反映事项概况、受理办理过程等相关要素进行记录。

2. 甄别

在法定期限内，依据有关法律法规，对收到的信访事项进行甄别，决定是否受理。

（1）甄别是否本机关受理。①属于本机关职责范围的，应当受理；②属于所属下级机关职责范围的，应当自收到该事项之日起15日内转送、交办至有权处理机关；③不属于本机关及所属下级机关职责范围的，不予受理，如果是上级或者本级信访部门、上级机关转送、交办的，应当自收到该事项之日起5个工作日内向转送、交办机关提出异议，并详细说明理由，经转送、交办机关核实同意后，交还相关材料。对不予（再）受理的信访事项，不得转送其他机关及信访部门。

（2）甄别分类处理的程序。对属于本机关职责范围的事项，由本机关负责信访工作的机构与本机关对该诉求负有办理责任的部门进行会商，确定该事项是适用《信访条例》规定程序处理，还是适用信访程序以外的其他法定程序处理。如果负责信访工作的机构与本机关责任部门经会商无法就分类处理信访诉求达成一致意见，由负责信访工作的机构会同本机关法制工作机构提出处理意见后报请本机关负责人决定。

（3）甄别是否适用简易办理。基本要求与信访部门甄别是否适用简易办理相同。

3. 告知

经过甄别，将是否受理的决定告知信访人。有权处理机关的告知有以下要求：一是必须以书面形式告知，可以采用短信、信息网络或者提供自行查询方式等形式。但适用简易办理的，除信访人要求出具纸质受理告知书外，可以当面口头告知。二是必须告知适用何种程序处理。如果适用信访程序以外的其他法定途径处理的，有权处理机关应告知信访人拟适用的其他法定途径及依据、查询或者联系方式以及其他需要告知的内容。对需要当事人申请才能启动其他法定途径的，如行政许可、行政复议、鉴定等，还应当告知信访人申请需要提供的相关材料。法律、法规或者规章对受理的时间和告知的形式、内容另有规定的，从其规定。三是告知书需加盖机关印章或者业务办理专用印章。

有权处理机关告知是否受理的期限分 3 类：①对于转送、交办的事项，或者不能够当场答复是否受理的事项，应当在收到之日起 15 日内决定是否受理，并告知信访人。②对适用简易办理的事项，应当在收到之日起 3 个工作日内决定是否受理，并告知信访人。③对于能够当场答复是否受理的事项，应当当场答复。

4. 受理

有权处理机关认为该事项属于其受理范围，决定进行实质处理。决定受理后，有权处理机关负责信访工作的机构应当依照职责或者会商意见，将信访事项移送本机关对该诉求负有办理责任的部门，导入相应程序处理。

对属于本机关受理范围，可以导入相应程序处理，但欠缺形式要件的，有权处理机关可以根据情况要求信访人补充。信访人拒绝提供的，不予受理。

对涉及两个或者两个以上机关的信访事项，由所涉及的机关协商受理；受理有争议的，由其共同的上一级机关决定受理机关。应当对信访事项作出处理的机关分立、合并、撤销的，由继续行使其职权的机关受理；职责不清的，由本级党委和政府或者其指定的机关受理。对涉及多个机关或者涉及多个法定程序的重大、疑难、复杂诉求，也可由信访部门组织有关机关协商合议，提出解决问题的方案和工作分工。各方无法达成一致意见时，由信访部门会同本级人民政府法制工作机构提出方案、分工后，报请本级党委和政府决定。

对有权处理机关的实体性受理，《信访条例》第四十二条同样规定了不作为的行政处分，明确负有受理信访事项职责的机关在受理过程中，对收到的信访事项不按规定登记、对属于其法定职权范围的信访事项不予受理、未在规定期限内书面告知信访人是否受理等情形的，由其上级机关责令改正；造成严重后果的，对直接负责的主管人员和其他直接责任人员依法给予行政处分。

## 第四节　信访办理制度

信访事项的办理，狭义是指有权处理机关依据职权，对已经受理的信访事项进行研究论证或者调查核实后，依法作出决定予以处理的行为。广义上的办理，还包括信访事项的复查、复核。为了全面掌握信访事项办理的完整程序，本节将按照广义办理的概念，对办理、复查、复核分别作出介绍。

### 一、办理程序

#### （一）办理机关

办理机关是指有权处理机关，是对信访事项有直接管辖权的机关。

对于跨地区、跨部门、跨行业和人事分离、人户分离、人事户分离的“三跨三分离”事项，按照《信访条例》及有关规定，信访事项的事发地或有权处理机关是解决和化解的责任主体，承担主办责任；信访人的户籍地、常住地（不包括信访人滞留地）及其他相关单位负责信访人的困难帮扶、教育疏导等工作，承担协办责任。承担主办责任的单位应当按照《信访条例》规定作出处理意见，相应地由该单位的上一级机关进行复查。

在特殊情形下，信访部门也可成为有权处理机关：①信访投诉对象是本级信访部门工作人员；②上级或本级党委和政府交由处理的信访事项；③其他职能部门请求信访部门牵头、协助共同办理的信访事项；④依照现行职能分工，没有明确办理责任主体的信访事项；⑤其他特殊的信访事项。除第一种情形外，信访部门作为有权处理机关办理信访事项，主要是通过协调处理等方式进行，不能直接作出办理意见，而只能提出办理建议，报请上级或本级党委和政府决定后，以上级或本级党委和政府的名义作出信访处理意见。

### （二）办理环节

在信访工作实践中，按照性质划分，信访事项一般分为申诉求决、建议意见、控告检举 3 类，各有不同的办理要求。其中，申诉求决类事项的办理可以作为办理工作的一般情形，具体包括以下环节。

1. 开展调查

调查要遵循主动调查、全面调查、信访当事人参与 3 项原则。调查的时限必须以不影响在法定或指定的期限内作出办理决定为基本要求。

调查主要有 4 种方式：一是听取信访人陈述，这是一种为信访人提供主张其权利、陈述其理由和提供证据事实的程序规定；二是要求信访当事人（包括信访投诉对象、相关利益方等）说明情况，既可以要求其口头说明，也可以要求其书面说明，还可以要求信访人和被投诉的有关组织、人员共同到场说明情况，确保双方当事人都有陈述、申辩的机会和权利；三是向第三人、证人和相关方进行调查，以证实信访人所提供情况的真实性、合法性，扩大信息来源，准确查明事实；四是针对重大、复杂、疑难的信访事项举行听证，听证应当公开举行，通过质询、辩论、评议、合议等方式，查明事实、分清责任。

2. 作出处理意见

办理机关开展完调查活动后，以调查认定的事实为基础，依据有关法律、法规、规章及其他有关规定作出处理意见。

（1）适用信访程序以外的其他法定途径办理的，有权处理机关应当依据相应的规定及程序，在规定期限内作出行政处理。①期限上，按照其他法定途径的规定期限办理。对申请行政机关查处违法行为、履行保护人身权或者财产权等合法权益法定职责，但有关规范性法律文件中没有具体程序和期限规定的，应当在接到之日起两个月内履行或者答复。这与《行政诉讼法》第四十七条“公民、法人或者其他组织申请行政机关履行保护其人身权、财产权等合法权益的法定职责，行政机关在接到申请之日起两个月内不履行的，公民、法人或者其他组织可以向人民法院提起诉讼”的规定实现了有效衔接。②形式上，加盖机关印章或者业务办理专用印章，告知信访人行政复议、行政诉讼等救济途径和期限。

（2）适用信访程序办理的，有权处理机关可以运用解释说明、教育、协商、调解、听证等方法，及时妥善处理。①一般办理。按照《信访条例》规定的时限、程序作出信访处理意见。期限上，根据《信访条例》规定，信访事项应当自受理之日起60 日内办结；情况复杂的，经本部门负责人批准，可以适当延长办理期限，但延长期限不得超过30 日，并告知信访人延期理由。形式上，加盖信访业务专用章，告知信访人申请复查、复核的途径和期限。②简易办理。期限上，有权处理的行政机关应当在受理之日起10 个工作日内作出处理意见。可以当即答复的，应当当即出具处理意见。形式上，除信访人要求出具纸质处理意见书外，可以通过信息网络、手机短信等快捷方式答复信访人。发现不宜简易办理或简易办理未妥善解决的，应当经本机关负责人批准，按《信访条例》规定的一般程序继续办理。属上级信访部门或者行政机关提出简易办理建议的，应当向提出建议的单位反馈情况并说明理由。按《信访条例》规定的一般程序继续办理的信访事项，办理时限从按照简易办理程序受理之日起计算。

无论是适用信访程序以外的其他法定途径作出处理意见，还是适用信访程序作出处理意见，有3 点是共同的：①作出处理意见的标准。对请求事实清楚，符合法律、法规、规章或者其他有关规定的，予以支持；对请求事由合理但缺乏法律依据的，应当对信访人做好说明和解释工作；对请求缺乏事实根据或者不符合法律、法规、规章或者其他有关规定的，不予支持。②作出处理意见的形式要求，都必须是书面答复。③都可以通过与信访人协商和解或对产生争议的双方当事人进行调解的方式处理。有权处理机关在不违反法律、法规强制性规定并在其权限及自由裁量权范围内，可以与信访人协商，达成和解协议，也可以作为中立第三方对争议双方当事人进行调解，达成调解协议书。

3. 处理意见的送达

适用信访程序作出的信访处理意见，需制作送达回证，包括送达文书及件数、送达方式、送达地址、送达时间、信访人签字及意见、代收人签字及代收理由、送达人签字、备注等内容，最后由承办单位盖章。有关送达要求参照《民事诉讼法》相关规定。适用信访程序以外的其他法定途径作出的行政处理，送达适用相关规定。

4. 处理意见的执行

有权处理机关对信访请求作出支持性处理意见的，应当督促有关机关或者单位执行，负有义务的当事人应当履行自己的义务。

对于建议意见类事项，有权处理机关一般不适用强制性的程序，不一定启动调查等程序，而是认真研究信访人提出的建议意见，并回复信访人。必要时可以组织调查研究和论证，约见信访人听取有关情况。对科学合理、具有现实可行性的建议意见，应采纳或者部分采纳；对促进国民经济和社会发展、改进国家机关工作或者保护社会公共利益有贡献的，应给予奖励。

对于控告检举类事项，有权处理机关应当依照有关法律、法规或者其他规定及时调查、核实和处理。信访人实名提出控告检举的，应当按照有关规定回复。

## 二、复查程序

复查是指信访人不服办理机关的信访处理意见而提出申请，依法由办理机关的上一级机关对该信访事项处理意见和有关情况进行审查并做出信访复查意见的过程。

（一）复查机关

复查机关，是指原办理机关的上一级机关。办理机关是非垂直领导的党委或政府工作部门的，复查机关可以是办理机关的上级主管部门，也可以是本级党委或政府；办理机关是实行垂直领导的部门的，复查机关为其上一级主管部门；办理机关是地方党委或政府的，复查机关只能是上一级党委或政府。办理机关是省级党委或政府工作部门的，复查机关是本级党委或政府。

（二）复查环节

在信访工作实践中，复查的启动和办理一般有 3 个环节。

1. 申请

（1）申请复查的基本条件：①申请人必须是不服信访事项处理意见的信访人；②有具体的复查请求和事实依据；③向有权复查的机关提出申请；④在申请复查的期限范围内，即信访人应当自收到办理机关的书面答复之日起 30 日内申请复查。

（2）申请复查的方式：信访人一般应当采用书面方式申请复查，并载明申请人的姓名（名称）、住址（地址）和办理机关的主要答复意见、申请复查的主要事实、理由、时间。信访人书面申请复查有困难的，也可以口头申请，收到申请的工作人员应当当场记录以上内容，并要求复查申请人采用签字等方式予以确认。

2. 审查

（1）形式审查：对不符合申请复查基本条件的，收到复查申请的机关不予复查，告知信访人相关理由，同时出具不予复查书面说明。对符合申请复查基本条件的，接受复查申请；申请事由部分不清的，可以要求申请人在合理的期限内补正。

（2）实质审查：主要是审查事实认定是否准确，处理程序是否符合依法分类处理要求，处理意见是否依法依规、是否适当。

与信访事项的办理环节不同，调查不是作出复查意见必需的前置性程序，复查机关可以开展调查，也可以只进行书面审查。

3. 作出复查意见

复查机关对信访人提出的有效申请进行审查后，应当自收到复查申请之日起30日内，向信访人出具书面复查意见。①处理意见事实清楚、依据充分、处理恰当的，维持原处理意见。②处理意见事实不清、依据不足或者处理不恰当的，依职权直接变更、撤销原处理意见或者责令办理机关重新办理。其中，对应当适用信访程序以外的其他法定途径而未适用，以信访处理代替行政处理，以信访处理意见代替应当适用信访程序以外其他法定途径作出的行政处理决定或者行政履职行为的，应当区分情况，撤销信访处理意见，要求原办理机关适用其他法定途径重新处理，或者变更原处理意见。

复查机关责令办理机关重新处理的，办理机关不得以同一事实或理由作出与原处理意见相同或基本相同的意见。

## 三、复核程序

复核是指信访人不服复查机关的信访复查意见而提出申请，依法由复查机关的上一级机关对该信访事项的复查意见和有关情况进行审查并作出信访复核意见的过程。

### （一）复核机关

复核机关，是指复查机关的上一级机关。复查机关是非垂直领导的设区的市级以下党委或政府工作部门的，复核机关可以是复查机关的上级主管部门，也可以是本级党委或政府；复查机关是实行垂直领导的部门的，复核机关为其上一级主管部门；复查机关是省级党委或政府工作部门的，复核机关是本级党委或政府。

### （二）复核环节

复核环节与复查环节基本相同，复核机关应当根据信访人的申请，书面答复其经核实认定的情况、复核意见及依据和理由，并告知信访人如对复核意见不服，仍然以同一事实和理由提出投诉请求的，各级人民政府信访工作机构和其他行政机关不再受理。复核环节可以再次引入听证，如果复核期间举行听证的，听证所需时间不计算在复核期限内。

## 四、重复信访事项的办理

重复信访事项是指同一信访人第二次及以上提出的，主要诉求和事实、理由与此前基本相同的信访事项。重复信访事项的判定以信访人和信访事项均相同为标准。同一信访人再次提出相同诉求，但提出了新的事实和理由，不应认定为重复信访事项。

对有权处理机关正在或者已经适用信访程序以外的其他法定途径处理的诉求，信访人再次通过信访渠道反映的，区分下列情形作出相应处理：①以同一事实和理由再次提出同一诉求的，信访部门和有权处理机关不再重复处理。②对同一诉求提出新的事实和理由的，信访部门应当纳入受理程序，由有权处理机关认定是否属于新的事实和理由。有权处理机关认定属于新的事实和理由的，按照受理办理程序重新处理，不属于新的事实和理由的，不再重复处理。

适用信访程序办理的诉求，信访人重复提出信访事项的，按照《信访条例》规定，区分下列情形作出相应处理：①信访事项已经受理，正在办理、复查、复核期限内的，不予受理；②有权处理（复查）机关已经作出信访事项处理（复查）意见，在复查（复核）申请期限内的，不予受理，引导信访人申请复查（复核）；③有权处理（复查）机关已经作出信访事项处理（复查）意见，超出复查（复核）申请期限的，不再受理；④信访事项已经复核的，不再受理。

## 第五节 信访督查制度

党政机关的政务督查工作是一种领导行为和领导授权行为，旨在通过对各级党委和政府的工作进行督促检查，促进其全面履行职责，是落实依法执政、依法行政、保证国家政策和工作部署切实得以实施的重要保障。信访督查工作作为党委和政府督查工作的重要组成部分，是信访工作中的一个重要环节。

党中央对加强信访督查工作高度重视，《中共中央、国务院关于进一步加强新时期信访工作的意见》中明确要求，“建立健全党委和政府统一领导、信访部门组织实施、各职能部门共同参与的信访督查工作机制”，“配齐配强督查力量，建立和完善信访督查专员制度，不断加大督查工作力度，确保信访工作决策部署得到贯彻落实，推动群众信访问题妥善解决”；《关于创新群众工作方法解决信访突出问题的意见》中明确要求，“健全统筹督查督办信访事项工作机制。建立健全党委和政府统一领导、信访联席会议组织实施、相关职能部门共同参与的督查督办工作机制，进一步加大解决和化解信访突出问题的力度”，“采取有针对性的方法，加强对重点地区、重点领域、重点问题的跟踪督查和问效”，“各级党委和政府要支持信访部门开展督查，重视信访部门提出的改进工作、完善政策、给予处分等建议”。健全完善职责明确、协调统一、规范有序、务实高效的信访督查制度，不断提高信访督查工作的制度化、规范化、法治化水平，既是落实党和政府关于信访工作决策部署、促进信访问题解决的重要举措，也是信访部门发挥职责作用的一个重要方面。

## 一、信访督查的含义

信访督查是指信访部门依照法定职责对同级工作部门和下级党政机关落实有关信访工作决策部署、处理信访事项、执行信访处理意见等情况予以督促检查的行为。除信访部门外，各级党政机关内设信访工作机构可以按照党政机关授权开展信访督查工作。

### （一）信访督查的类型

从督查内容看，信访督查主要分为决策督查、专项督查和事项督查。

1. 决策督查。决策督查主要是对党委和政府或上级信访部门有关信访工作决策部署、相关政策规定等的贯彻落实情况进行督促检查的活动。

2. 专项督查。专项督查主要是对已安排部署的重点工作、重大活动和重要节点期间信访工作等的开展情况进行督促检查的活动。

3. 事项督查。事项督查主要是对信访事项的受理办理、解决和化解情况进行督促、检查、推动和指导的活动。需要说明的是，事项督查既包括对符合《信访条例》第三十六条第一款所列举的 6 种情形（①无正当理由未按规定的办理期限办结信访事项的；②未按规定反馈信访事项办理结果的；③未按规定程序办理信访事项的；④办理信访事项推诿、敷衍、拖延的；⑤不执行信访处理意见的；⑥其他需要督办的情形）的具体信访事项进行督办，也包括对同级党委和政府工作部门、下级党政机关处理信访事项的总体情况进行督查。

### （二）信访督查的原则

信访部门应当根据形势任务的需要，适时研究制定督查工作方案，确定督查内容，积极主动地组织好督查活动，推动决策部署落实和信访问题解决。信访督查工作应坚持以下原则。

1. 实事求是原则。求真务实，查实情、说实话，准确、全面、客观地调查了解情况。

2. 依法办事原则。严格遵守国家法律法规，严格把握政策界限，严格工作程序和制度，绝不以人情和个人好恶影响工作的开展。

3. 突出重点原则。提高站位，围绕党和国家的中心工作，督促解决信访群众反映的热点难点问题和信访工作存在的突出问题。

4. 注重实效原则。善于抓主要矛盾和矛盾的主要方面，采取有针对性的措施，注重方法灵活多样，坚决避免形式主义。

5. 依靠地方和职能部门的原则。既要独立思考，又要尊重地方、部门的意见，形成合力，保证督查督办事项的落实。

（三）信访督查的特点

信访督查涉及面广、政策性和专业性强、工作标准高，只有准确把握其规律特点，充分发挥功能作用，才能保证实际工作取得最佳效果。一般而言，信访督查具有以下特点。

1. 严肃性。从权力来源看，督查督办是《信访条例》等有关法规文件赋予信访部门的一项法定职权；从工作内容看，督查督办事关党委和政府关于信访工作决策部署的贯彻落实，事关信访人的切身利益，容不得丝毫的疏忽和差错；从措施保障看，督查意见的落实有相关法规制度作为保障，有关行政机关不采纳督查意见的，要书面说明理由；推诿敷衍、弄虚作假、违法失职的，信访部门可以提出追究责任、予以通报的建议，等等。

2. 间接性。一方面，信访部门一般不直接参与信访事项的处理，不会针对信访事项提出具体的处理决定，而是通过督促有关机关依法处理，来促使信访问题得到妥善解决；另一方面，必要时，信访部门可以对信访事项的有关情况进行督查督办并提出意见建议，但无权代替有关机关作出实体处理意见。

3. 及时性。办理信访事项本身就有法定期限的限制，如果办理机关违反《信访条例》规定，未依法及时办理，而信访部门又没有及时督查督办，就会导致信访事项久拖不决，损害信访人利益。特别是需要督办的信访事项一般都是比较重要的信访事项，很多涉及群体性、典型性、敏感性问题，如果能够得到妥善解决，不仅可以及时纠正工作中存在的问题，维护信访人合法权益，还可以起到“督办一案、影响一片、解决一个方面问题”的作用，反之则往往会引起负面连锁反应。

## 二、信访督查的实施

具体工作中，只有结合督查内容，采取合适的督查方式，履行必要的督查程序，才能保证督查工作按时保质完成，并取得实实在在的效果。

### （一）信访督查的方式

在信访工作实践中，督查的方式有很多。各种督查方式不是相互孤立和排斥的，有时需要同时运用多种方式。以下几种是常见的方式。

1. 电话督查。对处理信访事项的机关出现违反程序规定的一般情形，或者信访事项相对简单的，可以采用电话督查这种方便、快捷、低成本的督查方式。

2. 网上督查。针对处理信访事项机关出现的受理办理工作不规范、不到位、不落实等问题，依托信访信息系统，选择“督办”的办理方式进行督查，并要求有关地方或部门30日内汇报整改落实情况。网上督查是日常督查的主要方式，操作比较简单，覆盖面更广，有助于推动相关地方和部门及时改进工作。但仅审查书面汇报材料，不能完全避免弄虚作假的现象。

3. 书面督查。通过发函等形式，要求处理信访事项的机关整理书面材料、汇报工作进展情况。同网上督查一样，这种方式也是仅审查书面汇报材料，督查深度相对有限。

4. 约谈督查。对信访事项结案时间要求紧迫，或属于重要信访事项需要面谈的，可以采用约谈的方式，与有关地方党委或政府负责人和有权处理机关负责人面对面沟通情况，督促指导办理。

5. 会议督查。召开专门会议，组织与处理信访事项有关的机关共同协商，使各方意见和看法得到充分交流，有利于形成共识，促进信访事项依法及时处理。对“三跨三分离”等涉及部门和单位较多的信访事项，采取这种方式开展督查工作效果较好。

6. 实地督查。直接派人深入到信访事项发生地，在信访当事人中调查了解情况，掌握第一手材料，并提出相关建议，促进信访事项办理和处理意见的落实。这种方式适合在网上督查、书面督查的基础上，选取重点信访事项开展，工作效果好，但对工作力量要求比较高，覆盖面有限。

7. 联合督查。会同相关职能部门，对信访问题开展督查。群众反映的许多信访问题涉及多个部门和领域，需要各职能部门通力协作、密切配合才能把问题解决好。采取这种方式，既有利于发挥各职能部门熟悉法律法规政策的优势，也有利于形成共同推动问题解决的合力。

### （二）信访督查的程序

开展决策督查和专项督查，其目的在于全面了解有关地方和部门贯彻落实上级党委和政府关于信访工作决策部署、完成重点工作等方面的情况，总结经验、查找不足，并有针对性地提出加强和改进工作的意见建议，主要采取听取汇报、查阅资料、座谈走访、随机抽查、反馈意见等方式进行，没有严格的程序要求。而开展事项督查，一般按照以下程序进行。

1. 跟进督促。信访事项的督查督办，应当从转送交办开始，一直到信访处理（复查、复核）意见得到落实为止。信访部门转送交办信访事项后，应当主动对有关办理情况进行一般性跟进督促，直至办结；对有关机关处理信访事项的轻微不当行为，应当及时依托信访信息系统或通过电话、书面等形式予以提醒和督促纠正，以保证信访事项在法定时限内依法按政策得到妥善处理。

2. 督查立项。信访部门在对信访事项处理情况进行跟进督促的过程中，如果发现有权处理机关存在《信访条例》第三十六条第一款所列举6种情形，或信访事项属于反映比较集中、涉及面较广的信访突出问题，长期积累、久拖不决的信访积案，大规模聚集上访和涉及人数较多的联名信反映的问题，以及上级机关交办等情况的，应当及时予以立项。立项时应明确督查的理由、内容、目的、对象，并提前将有关材料汇集整理，研究提出初步意见。

3. 督查实施。信访部门可以通过书面、实地等方式，对立项督查的信访事项进行调查了解，针对信访人反映的问题向有关地方和部门核实情况，查阅有关材料，听取信访人、相关组织和人员陈述事实和意见。核实完毕后，可以视情况向有关地方和部门反馈情况，提出意见建议。

4. 审核汇报。督查事项的承办单位应结合督查意见，在指定时限内上报信访事项办理情况报告。信访部门对督查事项的汇报材料，按照“事实清楚、定性准确、适用法律法规和政策正确、处理意见恰当、程序规范、手续完备”的要求，严格审核。经审核后，符合要求的，应及时上报或办结存档；不符合要求的，退回原承办单位补充查报或重新查报。

5. 情况报告。对需要向上级机关反馈信访事项办理结果的，信访部门应当按照有关规定及时报告。

6. 立卷归档。督查事项办结后，应当将督查过程中查办原件、调查情况、处理结果、落实情况和来往文件等材料，整理归档，并录入信访信息系统，以备查索。

（三）信访督查的保障

信访督查具有间接性，行使的是一种“软权力”。为使“软权力”不软，充分发挥其作用，《信访条例》《信访工作责任制实施办法》等法规文件为信访部门履行好督查督办职责提供了相应的保障。

1. 信访部门可以结合督查情况，向有关地方和部门提出改进工作的建议，收到建议的机关应当在30日内书面反馈情况，未采纳的应当说明理由；如发现机关工作人员在工作中推诿、敷衍、拖延、弄虚作假造成严重后果的，可以向有关机关提出给予处分的建议；对信访人反映的有关政策性问题，可以向有关机关提出完善政策、解决问题的建议。

2. 对信访部门提出的改进工作、完善政策和给予处分等建议重视不够、落实不力，导致问题长期得不到解决的有关机关及其领导干部、工作人员，应当追究集体责任和个人责任。

## 三、统筹实地督查工作的探索实践

党的十八大以来，各地各部门坚持创新完善信访督查工作方法，在实践中探索了许多切合实际、行之有效的工作方法，有力推动了信访督查工作水平的整体提升。2013 年，国家信访局出台《关于加强和统筹信访事项督查督办工作的规定》，对信访事项实地督查工作实行统一计划、统一组织、统一实施，由办信、来访接待、网上投诉等业务部门筛选需实地督查事项，督查部门汇总审核后，统筹提出督查计划，经批准后再组织实施，进一步规范了信访事项实地督查工作。经过几年的工作实践，统筹实地督查工作机制不断发展完善。2016 年，国家信访局出台《关于进一步加强和规范信访事项实地督查工作的意见》，将相关经验做法转化为制度规定，推动成为各级信访部门的共同实践。统筹实地督查工作的主要做法包括以下几个方面。

### （一）坚持问题导向，实行精准督查

选准督查事项，是做好信访督查工作的重要环节。实地督查信访事项重点从以下几个方面选取：①上级机关转交的；②交办、转送后相关地方或部门超期未办结、办结后群众仍继续信访或评价不满意、办理工作明显存在不落实不到位的；③信访事项涉及下级两个以上地方或部门，经沟通对接后仍有争议、需督促协调的；④群众反映强烈的信访突出问题可能产生严重后果、需推动解决的；⑤其他需要实地督查的。

同时明确，对已经或者依法应当通过司法途径解决的，不得列入实地督查。

### （二）整合各方力量，实行联合督查

根据督查工作需要，吸收相关职能部门、新闻媒体和社会力量共同参与，变信访部门“单打独斗”为各方力量共同参与的“联合作战”。主要包括以下

几个方面。

1. 党委和政府督查机构。对突出的信访问题，提请本级党委和政府督查机构牵头开展督查，有权威、效果好、影响大。

2. 职能部门专业力量。根据事项内容，邀请相关部委派出业务骨干参加，充分发挥有关部委的职能作用和熟悉情况、精通政策的优势。

3. 第三方社会力量。邀请部分全国人大代表、政协委员、社会知名人士、律师、群众代表和新闻媒体记者参加信访督查，发挥社会舆论的监督引导作用。

4. 地方骨干力量。与所督查地方省级信访部门和相关职能部门组成联合督查组，并抽调其他地方信访督查骨干交叉督查，充分发挥地方同志熟悉基层情况的优势。

### （三）严格方法步骤，实行规范督查

抓住立案、督查、反馈等关键环节，明确各环节的规定动作。

1. 规范立项进口。实行四道程序把关，即业务部门筛选提供、督查部门初选、分管局领导审核、局长办公会研究确定。

2. 做好督查准备。制定督查工作方案，明确督查任务、方法步骤和纪律要求。对督查人员进行有针对性的培训，辅导相关方面的政策法规；督查组做好案情研究分析、任务分工等各项准备工作。

3. 履行工作职责。督查中，督查组及督查人员采取有效方式调查核实信访事项办理情况；向被督查地方或部门反馈督查情况；对督查中发现的损害群众利益行为提出批评并督促整改，对造成严重后果的提出责任追究建议；提交督查工作情况报告，对重点信访事项提出挂牌督办、问题通报建议等。重点是做到以下规定动作：

（1）听取情况介绍：针对信访人的诉求和发现的疑点，有重点地与有关地方交流并提出质询，初步判断信访人反映的诉求是否属实。

（2）查阅档案资料和查询信访信息系统：围绕信访人诉求、地方汇报材料、发现的疑点等，调阅原始档案逐一查找证据材料，对关键资料进行

复印、留存；查询信访信息系统，重点看受理、办理、答复、送达、督办、信息录入等环节是否规范完整，查找有关地方办理工作中存在的问题。

（3）约见信访人及相关利益方：掌握第一手详细资料，面对面听取信访人诉求、了解信访事项来龙去脉和主要症结，与地方汇报相互印证，避免偏听偏信，同时做好信访人的政策宣传、教育疏导等工作。

（4）查看现场：与当地相关职能部门一起到现场查看，并带上相关材料等随时现场核对；随机走访或暗访周边居民、商户等相关人员，听取多方面的意见。

（5）反馈信访事项督查意见：向被督查地方反馈督查意见，对信访事项事实和责任主体作出认定，指出工作中存在的问题，提出解决问题的工作建议。被督查地方党委和政府或部门应根据督查意见，及时形成整改落实的具体措施。

（6）向省级信访部门集中反馈督查意见：结合对该省（自治区、直辖市）所涉及信访事项的督查情况，向省级信访部门集中反馈督查意见，指出整体工作存在的不足，提出相关意见或建议，并对抓好具体事项督查意见的落实提出要求。省级信访部门要根据反馈意见研究制定整改落实方案。

（7）起草督查报告：既要根据实地督查情况和有关地方整改落实报告，逐案起草形成信访事项督查报告，也要起草督查工作综合报告，全面如实反映督查组工作情况和相关成果，做到有情况、有问题、有建议。

4. 严格督查纪律。要求督查组及督查人员严格落实中央八项规定及实施细则精神、廉政纪律、保密纪律、公务活动要求等。

（四）全程公开透明，实行阳光督查

积极借助互联网和新闻媒体，把信访督查行为、地方行政行为、信访人信访行为置于阳光之下，接受社会监督。主要体现在“三个公开”。

1. 公开督查过程，接受媒体监督。邀请相关媒体记者全程参加督查和跟踪报道。

2. 公开督查结果，接受社会监督。在国家信访局门户网站及时公开信访督查结果，将每一件信访事项的基本情况、核查情况公之于众。

3. 公开后续情况，推动彻底解决。对督查事项加强跟踪了解，重点是相关地方落实督查建议、解决信访问题的情况，并及时在门户网站连续公开。

（五）加强跟踪问效，实行责任督查

这是保证督查实效的重要措施，以此确保群众合理合法诉求解决到位、重点问题整改到位、面上工作规范到位。主要有以下措施。

1. 加强工作通报。通过梳理督查中发现的普遍性问题、重点事项存在的突出问题以及信访基础工作薄弱等问题，集中向各地发出通报，要求各地认真对照检查并抓好整改，推动各地信访工作重规范、上水平。

2. 实行挂牌督办。对督查中发现的损害群众权益、涉及面广、性质严重的重点问题，实行发函交办、挂牌督办、限期报告。

3. 强化回访督查。对督查后群众仍然信访、督查意见未落实的信访事项，安排督查组回访督查，确保督查意见不折不扣地落实到位。

4. 严格责任追究。对因有关地方工作乱作为、不作为、慢作为造成严重后果的，对督查意见整改落实不到位、工作进展缓慢甚至拒不整改或编报虚假材料的，向有关地方提出改进工作、责任追究建议；对突出问题报请党委和政府核查问责。

5. 用好督查成果。对所督查的重点领域典型问题进行深度分析研究，提出有价值的意见建议，为领导决策提供参考。对需有关职能部门关注或推动解决的重点信访事项，一并转送。

# 第六章 国外类似制度比较研究

中国信访制度是既遵循普遍规律，又有独特性的制度，当代世界很多国家和地区都有与信访制度相类似的公民申诉制度。研究这些制度，比较其与信访制度的差异和共通之处，互相借鉴，在保持独立性和开放性中增强制度活力、树立制度自信，对于进一步完善信访制度具有重要的意义。

## 第一节 国外公民申诉制度综述①

国外公民申诉制度按照机构设置，主要可分为以下几种类型：一是瑞典、丹麦、英国的议会申诉专员制度，申诉专员由议会产生、对议会负责又独立工作；二是德国议院请愿委员会和西班牙“护民官”制度，机构本身是议会的组成部分；三是法国的人民权益保护官制度，机构独立于行政体系之外，对总统和议会负责；四是韩国的国民权益委员会制度，设立专门行政机关对总理负责；五是日本的行政相谈和苦情制度，行政机关内部设有专门申诉机构并吸收社会力量参与；六是俄罗斯除在总统办公厅、联邦政府办公厅设有公民申诉机构外，联邦政府各部门和各联邦主体都设有负责公民申诉的机构；七是美国没有统一的专门机构，由各有关机构按

① 本节内容主要参考了国家信访局赴相关国家考察公民申诉制度的报告。

照职责和程序处理公民申诉。此外，还有以收集社情民意为主的新加坡民情联系组制度。

## 一、瑞典、丹麦、英国的议会申诉专员制度

国外公民申诉制度最早起源于瑞典。在瑞典语中，申诉专员叫做“Ombudsman”，其中“ombud”意为“调查团成员”“代表”，源于古斯堪的纳维亚语“umbodh”，由“um”（注视）和“bodh”（命令、管理）构成“由代表团负责”“调查”“管理”之意。而“man”这个词在瑞典语中的含义恰好和英语中的“man”（人）相对应。在瑞典语中，“Ombudsman”也用来指称管理一个群体如工会、商行的利益和法律事务的人。此后，随着公民申诉制度在其他欧洲国家的采用，申诉专员和“Ombudsman”这个词也被其他地区采用并成为专有名词。1809 年，瑞典设立申诉专员，专门负责调查公民对政府的投诉事务。20 世纪，北欧国家相继设立了同类制度（芬兰，1919 年；丹麦，1955 年；挪威，1962 年）。此后，很多国家先后建立了这一制度。目前，议会申诉专员制度已分布于欧洲、北美、拉美、加勒比海地区、非洲、大洋洲和亚洲的 100 多个国家。1995 年，欧盟依据马斯特里赫特条约任命了首任欧盟申诉专员。1978 年，各个国家申诉专员共同组成了一个国际性组织——国际申诉专员协会（International Ombudsman Institute，简称 IOI）。国际申诉专员协会每四年召开一次会议。

议会申诉专员的运行模式分为两种：一种是以瑞典、丹麦为代表的斯堪的纳维亚国家模式，仅在中央议会设立申诉专员；另一种是以英国为代表的其他国家模式，在联邦议会和地方议会均设立申诉专员。

### （一）以瑞典和丹麦为代表的议会申诉专员制度

丹麦和瑞典议会申诉专员制度都是根据本国宪法规定设立的，并有专门的法律作出详细规定。议会申诉专员由议会在非议会议员中选举产生，向议会负责，相对独立地处理公民投诉。其监察范围涵盖中央和地方的任

何公共管理部门，包括行政机关、军队、各部部长及民选官员，既监察合法性，也监察合理性。议会申诉专员制度设立的目的是监督行政行为，促进良性行政，使公民权利免受公权力的侵害。任何个人或团体认为自身的权益受到了公权力的侵害，均可以提出申诉或控告。

丹麦和瑞典议会申诉专员的法定职权主要有：一是检查权。申诉专员可以对监狱、精神病院、感化院、福利院或其他公共机构实施检查，进行评价，并向相关部门提交书面报告。二是调查权。申诉专员可要求当事人回答与案件有关的一切问题，有权调阅与案件相关的任何文件，并可要求受调查机关提交书面报告；如有必要，还可亲自到被投诉人的工作场所或住所调阅档案或搜集资料。申诉专员还有权传唤有关人员到法庭上就相关重要事项提供证据。调查可以依据公民投诉启动，也可以在发现问题时自主启动。三是建议权。根据调查情况，申诉专员可以要求主管机关重新审核案件，建议撤销、变更处理决定或建议上级机关予以处罚，这些建议虽不具有法律约束力，但通常情况下，行政机关都会接受和遵从。申诉专员还可以提出修改完善法律的建议。除此之外，瑞典议会申诉专员还有起诉权，在官员违反职责义务或者构成刑事犯罪时，可以特别公诉人的身份对其起诉，并拥有一定的处罚权。丹麦议会申诉专员没有直接起诉权，但有权要求检察官起诉部长以外的官员。

议会申诉专员受理投诉事项的范围有严格限定。一是对平等民事主体之间的私人事务、政治事务而非法律事务以及对议员本人的投诉、专业技术性问题等，不予受理。对法院的司法活动，丹麦议会申诉专员不具有监督的权力，但瑞典议会申诉专员有权对法院进行监督。二是对未经有关行政机关处理的、行政机关正在处理中尚未作出决定的，不予受理。三是对非实名投诉和超过规定时限的，不予受理。丹麦规定时限为投诉事项发生后 1 年之内，瑞典为 2 年之内。此外，对于一些不太可能改变原行政机关决定的投诉，申诉专员也不会受理，这样是为了让申诉专员把有限的精力用在该自己管也可以管好的事情上。

瑞典和丹麦均只在中央议会设有申诉专员，地方议会没有相应设置，但不同的行政机构均设有相应的处理公民申诉的机构。在丹麦，内阁各部大多设有行业投诉机构，受理诸如环境、交通、社会事务等投诉。比如，国家社会事务申诉委员会是儿童和社会事务部下属的行政机构，主要处理公民在社会保障和社会福利、就业领域的投诉。在经济和内政部下设最高地方监察局，负责监察自治市和大区政府的行为。纵向上，自下而上，公民对某个地方行政机关的决定不满，可以首先向原机关投诉，该机关一般会重新审核此案。如果维持原有决定，公民可以向市长投诉，如果对市长答复不满，可以继续向上投诉。属于行业投诉机构管辖的事项向该机构提出，其他事项可以向经济和内政部下设的最高地方监察局投诉。对行业投诉机构和最高地方监察局决定不服的，可以向议会申诉专员投诉；对一些不在行业投诉机构管辖内的中央政府行为和地方政府行为不合理等问题，也可以直接向议会申诉专员投诉。在瑞典，除了议会申诉专员外，还有消费者申诉专员、平等机会申诉专员、反对歧视申诉专员、新闻自由申诉专员等，他们是由行政机关或者其他社团任命的独立行使职权的申诉专员。

芬兰、挪威等斯堪的纳维亚国家均建立了议会申诉专员制度，其制度架构与瑞典、丹麦基本相同。

### （二）以英国为代表的议会申诉专员制度

英国议会于 1967 年通过了《议会申诉专员法》，同年设立了议会申诉专员，专门负责处理公民对行政机关不良行政侵害其利益的申诉。议会申诉专员由英王任命，只在有严重不法行为时，才由议会两院弹劾予以免职。英国的议会申诉专员制度由瑞典引进，其主要制度架构与瑞典基本相同，但有两个不同之处：

一是议员在公民申诉中起着“过滤器”作用。也就是说，英国公民关于公共行政管理方面的投诉，在向申诉专员反映之前，必须先向议员反映，由议员确定是否需要转交给申诉专员；申诉专员的调查结果及意见建议，会反馈给议员，再由议员向投诉人作答复。[①] 公民所反映的问题，议员认为有必要，会向政府有关部门提出办理要求，并将办理结果反馈给投诉人；议员认为涉及重大问题的，还会提交议会进行讨论。只有议员认为有必要转交申诉专员的，才会提交申诉专员进行调查。这样能够对公民投诉的问题起到过滤作用，确保一些社会关注度高、影响较大的投诉能够得到申诉专员的重点调查和处理。

二是地方议会和其他系统均设有申诉专员，并与议会申诉专员独立运行。1969 年至 1975 年，《地方政府法》把申诉专员制度扩大到地方政府，仿照议会申诉专员制度，先后设立了英格兰、威尔士、苏格兰地方行政申诉专员及其办公室，向地方议会负责。其间苏格兰、英格兰和威尔士先后设立了卫生行政申诉专员。此外，英国还在不同的系统设立了申诉专员，如在法院和监狱系统、社会保障系统、国民保健服务系统，以及银行和保险系统都设了申诉专员，关注相关群体的利益。英国的议会申诉专员制度是"多空的分散结构"，主要是指英国的议会申诉专员、地方申诉专员、卫生行政申诉专员以及其他系统（主要指法院和监狱系统、社会保障系统、银行和保险系统）的行政申诉专员分别在自己的系统和法律规定范围内履行职责。这些申诉专员系统都独立运行，无隶属关系。

此外，新西兰 1962 年通过了《议会申诉专员法》，是首个建立议会申诉专员制度的非斯堪的纳维亚国家，也是首个采用该制度的英联邦国家。澳大利亚、比利时等国家的议会申诉专员制度架构与英国基本相同。

## 二、德国议院请愿委员会制度和西班牙护民官制度

德国议院请愿委员会制度和西班牙护民官制度的共同特点是：处理公民申诉的机构是联邦议会的组成部分，对申诉事项的裁决最后由议会作

---

① Parliamentary Comissioner Act 1967，www. legislation. gov. Uk/Ukpga/1967/13/contents，最后访问日期：2018 年 10 月 20 日。

出。在中央和地方层面均有对应的机构。

在处理公民申诉方面，德国有一系列法律制度支撑。德国《联邦基本法》第 17 条规定，人民均有权以单独或与他人联合的方式书面向主管机关或民意代表机关提出请求或申诉。第 45 条还专门规定，联邦议院设立请愿委员会，负责处理公民根据基本法向联邦议院提出的请求和申诉。从根本法的角度明确了公民提出请求和申诉的权利，是国家机关处理公民申诉的宪法基础。各州的宪法也都有类似规定。请愿委员会由此成为议会常设的专业委员会之一，在议会中具有重要地位。联邦议院制定了《请愿委员会权限法》《请愿委员会规范请求和申诉处理规则》，对请愿委员会的权限和工作机制作了具体规定。

在组织架构方面，德国在议会和行政体系都有处理公民申诉的职能和相应的机构，形成了完整、多样化的体系。联邦议院和州议会都设有请愿委员会。联邦议院请愿委员会由来自不同党派的议员组成，委员的党派分配与该党派在联邦议院中所占议席的比例一致，主席一般由反对党议员担任。请愿委员会主要受理联邦议院职权范围内特别是与联邦立法相关的请愿，以及涉及联邦政府、联邦行政部门和其他履行联邦公共职务的机构职权范围的请愿，其职权主要有：一是查阅文书，进入相关部门进行调查；二是听取请愿人、证人和专家的陈述；三是要求法院和行政机关提供公务协助。各州议会请愿委员会的组织架构、职权范围与联邦类似。联邦议院请愿委员会对州请愿委员会不具有指导关系，其根据联邦和州权事务的划分确定管辖范围。与联邦请愿委员会仅受理公民书面请愿不同，州请愿委员会设立公开请愿日，接待公民走访。

为了实现处理公民申诉的专业化，提高处理问题的效率，德国石荷州、勃兰登堡州、莱茵州等 6 个州在社会事务、难民事务、残疾人事务、警察事务等特殊领域设立了专员。如石荷州的公民社会事务专员，其由议会选举产生，任期 6 年，可以连任，如议会对其不信任时可以免职。事务专员的工作团队由其自主决定，具有独立的地位，不受党派意见影响，每年需要向议会提交工作报告。社会事务专员与州议会请愿委员会在管辖范围方面有明确划分，除请愿人坚持要求由请愿委员会处理的以外，其他属于社会事务领域的问题一律由社会事务专员处理。

在行政体系内，根据《联邦基本法》第 17 条的规定，每个行政机构都有公民服务的职能。联邦内政部建设了覆盖全国的公民服务网络，为公民网上咨询、网上办事提供服务。公民服务网络利用各联邦行政机关和州政府已有的服务网络进行建设，通过制定统一的标准，要求联邦、州和地方政府为电子数据交换开放接入点，实现公民服务标准的统一化。德国还设立了覆盖全国的单一政府服务热线电话（115）。其确立的目标是，通过拨打 115 电话，公民可以获取联邦、州和地方政府层面关于公共行政服务的任何问题的解答。他们对服务标准作了细化，比如75%以上的电话要在拨打后 30 秒内被接听，65%以上的咨询电话应当当即得到解答等。115 热线电话使用统一的数据库连接联邦、州和地方政府的呼叫中心，到 2018 年已覆盖了 90 多家联邦行政机构和 16 个州的 1.6 万多个地方行政机构，服务对象超过三千万人次。115 热线电话对公民的咨询有详细的统计功能，从而明确公民关注的重点问题。

请愿委员会处理的请愿事项包括申诉和请求两类，申诉是对行使公权力的机关从事或者不从事特定行为提出的不满，请求是要求或建议行使公权力的机关从事或者不从事特定的行为，也包括对立法的建议。收到请愿后，委员会工作人员会先根据职权范围对请愿事项进行筛选，属于联邦议院或其他州职权范围的，转给联邦议院或相应州议会处理。对每个符合受理条件的请愿案件，由两位不同党派的委员作为案件报告人，其中一位报告人来自执政党团，另一位来自反对党团。请愿事项的处理结果由委员会集体决定。委员会会议不对外公开，以保护公民隐私。对案件报告人和工作人员达成一致意见的请愿，列成清单后交由委员会进行集中表决；对案件报告人与工作人员未达成一致意见，或者案件需要转交给联邦政府进行救济或权衡的案件，需要在请愿委员会会议上进行单独审理。请愿委员会对请愿事项的处理结果没有决定权，只有建议权，如果政府不接受请愿委员会的建议，委员会可以通过主席向议会施压，也可以将不被政府采纳的请愿信息透露给媒体，通过媒体向政府部门施压。在这一过程中，请愿事项的办理进展将会及时通报给请愿人，确保其知情权。

除了涉及公民个人利益的一般请愿事项外，联邦和部分州请愿委员会还建立了公开请愿制度，公民可以就公共事务提交公开请愿，公开请愿事项经请愿委员会审核同意后，放在网上公开请愿平台讨论并进行联署。自2005 年开始，联邦议院请愿委员会使用了网上公开请愿平台，如果自网上发布公开请愿书之日起 4 周内联署支持者达到 5 万人，经请愿人同意，请愿委员会可以就请愿事项进行公开审议，请愿发起人有当面陈述的机会。石荷州议会要求支持公开请愿书的人数达到 2000 人就可以进行公开审议。联邦议院请愿委员会公开审议会议每年举行 4 次，通过网络进行直播，公开审议后再进行不公开审议。自 2005 年起，超过 200 万人在网上公开请愿平台注册。2016 年，进入公开审议的网上公开请愿超过总数的40%。审议时，如请愿书得到三分之二以上参会人员的支持，则获得请愿委员会通过，其结果在网上向公众发布。

与德国议院请愿委员会制度相类似的，还有西班牙护民官制度，根据《西班牙王国宪法》中公民“基本权利和义务”有关“护民官制度”的规定设立。护民官的产生必须经西班牙参议院、众议院五分之三以上议员选举通过，由议会任命，向议会负责。任期 5 年，可以连选连任。护民官不参加任何党派，当选后不再是议员，还必须退出党派组织。护民官又称议会专员，其职能一是保障公民权利，二是对中央和西班牙各大区政府的权力运行进行监督。护民官办公室是议会组织，办公室人员属议会工作人员。公民可以通过写信、电子邮件、电话等方式提出针对政府行为的申诉，而且是免费的，对私人之间的行为，护民官无权干涉。护民官接到申诉后，就如何处理提出意见和建议，向议会报告，由议会向政府采取相应措施。除中央议会外，西班牙各自治区（相当于我国的省级行政单位）

中有的也设有护民官办公室。护民官制度现在已经覆盖了西班牙、葡萄牙、安道尔几个国家。

## 三、法国人民权益保护官制度

法国前后经历了两种制度模式，一种是1973年建立的共和国行政调解专员制度，另一种是2011年形成的人民权益保护官制度。目前的人民权益保护官，是一个独立的宪法性机构，向总统和议会报告工作。

1973年1月3日法国国民议会通过《关于设立共和国行政调解专员的第73-6号法律》，根据该法律规定，行政调解专员具有很广的职能范围，凡是涉及当事人对国家行政机关和地方行政机关、公务法人的机关和负有执行公务的非政府机构的各种申诉请求，都在此范围之内。2008年法国宪法修改，对共和国行政调解专员制度进行改革，改为人民权益保护官，并写入了宪法，规定了人民权益保护官制度的宗旨、地位和职责，确立了其法律地位。2011年3月法国颁布了《人民权益保护官组织法》，标志着人民权益保护官制度建立。人民权益保护官将法国各个权益自由保护机构进行了整合，包括共和国调解专员、儿童权益保护官、反歧视促平等高级公署、国家伦理安全委员会以及监狱监督总署等。改革之后，公民在各个领域受到行政权力的侵害都可以向人民权益保护官提出申诉请求，而不必考虑具体哪个部门。

1. 机构设置。人民权益保护官由部长会议以法令加以任命，对共和国总统和议会负责。人民权益保护官及其助理不能兼任政府成员，宪法委员会成员，最高司法委员会成员，经济、社会与环境委员会委员及任何选举性职务，也不得兼任任何公共职务，不得进行任何职业活动，不得在任何社团、企业或机构中兼任董事长、董事会成员、总裁、执行官、监事会主席或成员以及常务董事。其法律地位独立，在行使职权时不接受别的任何命令，并享有司法豁免权：在行使职权期间免于起诉、追诉、逮捕和拘留等；财政地位独立，其经费开支只受审计法院的审查，不受一般的财政监督。人民权益保护官组织机构由直属委员会、工作和职能部门、投诉处理小组三部门组成，分别负责技术支持和监督、受理分类和诉求处理，三部门地位相等，相互配合，共同完成投诉处理工作。

2. 主要职责。设立人民权益保护官的目的，是监督行政行为的正常、合法运作和国家机关对公民权益和自由的尊重。其主要职责有：在国家行政机关、各地方自治团体、公务法人以及公共服务机构的相关框架内保护权利和自由；保护或增进法律或法国已经通过的国际承诺中所规定的儿童权利和利益；同法律或法国已经认可或批准的国际条约中所规定的所有形式的直接或间接的歧视行为作斗争，同时致力于促进社会平等；在法国领土范围内，确保参与从事国家安全行动的人员遵守道德伦理准则。

3. 工作方式。人民权益保护官的主要工作方式是调解和提出建议。任何认为自身权益受到侵害的自然人或者法人都可以向人民权益保护官提出申诉请求。人民权益保护官首先要确认是否属于职权范围、是否介入；介入案件后会收集和处理案件相关信息，并进行调解。人民权益保护官可提出能够保护利益受损者的权利及自由、解决所遇困难或预防困难再次发生的建议。相关单位或个人应在人民权益保护官所确定的期限内反馈其建议完成情况。如在期限内未有反馈信息，或人民权益保护官根据所掌握的情况认为其建议未有成效，可责令被指控人在确定期限内采取必要措施。若责令仍未见效，人民权益保护官可撰写一份特别报告，以通知被指控人。人民权益保护官得按照其确定的方式公开此报告，必要时亦可将被指控人的答复公布于众。人民权益保护官可以在任何境况下对其职权范围内的申诉案件进行介入调查。

人民权益保护官受理未曾提交司法机关的申诉时，若其中涉及法律法规的解释或适用范围的问题，可向最高行政法院咨询。人民权益保护官不能对司法裁判提出质疑，但民事、行政及刑事司法机关可主动或应诉讼各方要求，邀请人民权益保护官表达书面或口头意见，人民权益保护官也可主动要求出具书面意见，或向这些司法机关阐述意见，司法机关应当给予足够的重视。

人民权益保护官在法国各地方单位下派分支机构承担大部分处理申诉的工作，只有涉及全国性的或者中央行政机构的申诉，才会交由巴黎的总部处理。对于下派分支机构所遇到的典型性和普遍性问题，可以写成报告向总统或议会，或向相关机构提出建议，促进完善法律制度。

## 四、韩国国民权益委员会制度

韩国处理公民申诉制度的特点是：中央政府有对总理负责的专门行政机构，地方政府有由行政长官任命的监察专员。1994 年，韩国中央政府设立了直接对总理负责的国民苦衷处理委员会。2008 年，韩国制定了《防止腐败及国民权益委员会设置运行法》，原国民苦衷处理委员会、独立反腐败委员会和行政申诉委员会整合为一个机构，全称为反腐败和国民权益委员会（简称“国民权益委员会”），对总理负责。2016 年 3 月，《防止腐败及国民权益委员会设置运行法》修订。该委员会由 15 位委员组成，包括 1 名委员长（部长级）、3 名副委员长（副部长级）、3 名常任委员和 8 名非常任委员。3 名副委员长分别协助委员长负责苦衷民怨的申诉、反腐败和行政审判事务。委员长和副委员长由总理提名，总统任命；常务委员由委员长提名，总统任命；非常任委员由总统任命或委托，其中由国会和大法院院长各提名 3 名常任委员。

国民权益委员会负责处理国民诉求及改善与此相关的不合理的行政制度，防止和有效控制腐败行为，其具体职责有 21 项，与处理公民申诉有关的主要有：制定并执行保护国民权益、权利救济及防止腐败的相关政策；调查和处理国民诉求，并提出对与此相关的纠正建议或发表意见；当认为引发国民诉求的行政制度及其运营需要改善时，对其提出建议和发表意见；对委员会处理国民诉求的结果及行政制度的改善进行调查和评价；指导、商谈有关的诉求事项，并对诉求事项的处理情况进行确认和指导；整合运营国民在线参与门户网站，设立和运行政府的国民诉求热线服务中心；与国民诉求处理委员会活动相关的合作、支援和教育；仲裁和调解与群体性矛盾相关的事务，调查和处理企业诉求以解决企业的难题。

在处理公民投诉方面，该委员会的网站上设有 e-people 的专栏，可以在线处理来自韩国境内外的各种投诉事项，还设立政府综合电话（110号）中心，处理电话投诉。公民个人或委托他人提出咨询或投诉申请，国民权益委员会派人展开调查，可以提出协商建议，也可以进行调解。国民权益委员会经调查，认为有充分的理由可以认定处分等结果存在违法或不当情况时，可向相关行政机关长官提出适当纠正的建议；在诉求事务调查、处理过程中，认为法令、制度或政策需要改善，可向相关行政机关长官提出合理的改善建议或意见。相关行政机关长官应当充分重视收到的建议或意见，在 30 日内向国民权益委员会通报处理结果，如果确有理由不能履行委员会的决定，行政机关应当书面说明理由。国民权益委员会通过调查处理国民投诉，研究公民、社会组织及媒体监督中提出的建议等方式，发现和判别需要改善的特别是一些对普通民众日常生活影响较大的政策和制度，同时对相关法律政策可以向总统或国会提出改善的建议，还可以向国会或地方议会提出修改或废除相关法律或条例的建议。

除了中央层面的国民权益委员会外，韩国地方政府也按照《防止腐败及国民权益委员会设置运行法》的规定设立市民诉求处理委员会。委员经地方议会同意，由地方政府行政长官委任，任期 4 年，不得连任。

## 五、日本行政相谈和苦情制度

日本处理公民申诉制度的特点，是行政机关内部设立机构和吸收社会力量参与相结合。日本语中的“相谈”，是指商谈、协商、征求意见、咨询等意思。行政相谈是相谈的一种特殊形式，指的是专门机关受理国民通过走访、电话、传真、写信、电子邮件等方式反映的意见建议或苦情，并做出相应处理的工作方式。“苦情”在日本是一个特殊词汇，由于行政机关的行政行为不当或行政制度不合理对老百姓所造成的侵害，都可称作苦情。1948 年日本设置了隶属于总理府的行政管理厅，负责视察各行政机关业务之过程，提出必要的劝告，发挥行政监督职能。现在日本苦情制度的法律依据是《行政相谈委员法》和《行政苦情斡旋处理要领》，组织法方面有《总务省设置法》《总务省组织令》等。

日本行政相谈和苦情制度机构主要设立在行政体系内部，吸收了社会力量参与。1999 年，根据《总务省组织令》，总务省设行政评价局，下属各辖区设辖区行政评价局，地方设地方行政评价局。这些遍布全国的工作机构，是中央政府受理、处理公民申诉的专门机构，对各行政机关的业务实施情况进行评价和监督，对苦情申诉进行斡旋。

1966 年，根据《行政相谈委员法》，日本建立了行政相谈委员制度，行政相谈委员一般由声望高、有学识、乐于从事公益事业的民间人士担任，由基层推荐，总务省确定，总务大臣签署委任书，任期两年，可以连任。行政相谈委员负责与行政机关业务相关的咨询，向申诉人提供必要的建议，并向总务省或者该相关行政机关等通知该苦情，接受行政机关的相关照会，并在认为有必要的情况下，将该行政机关的处理结果通知申诉人。委员可以向总务大臣陈述履行职责过程中获取的关于改善行政运营的意见。全国市区町村有几千名受委托的行政相谈委员，每一个城镇的政府机构中至少有一位。他们受政府委派，对投诉进行研究、调查、核实，必要时可要求获取相关材料，并要求政府部门对投诉作出解释。行政相谈委员属志愿性质，不领取任何报酬，因相谈工作而发生的费用由地方政府开支。

一些地方自治机关还建立了行政监察专员制度。川崎市 1990 年在日本率先创立了独立于政府之外的市民行政监察官制度，设有三名市民行政监察官，由议会批准、市长任命。[1] 市政府设立市民事务局，配合市民行政监察官工作。市民行政监察专员站在国民立场上，中立客观地处理事

① ［日］盐野宏：《行政救济法》，杨建顺译，北京大学出版社 2008 年版，第 43 页。

项，处理市民对政府的不满意见，行使建议权，监督政府的行政行为。行政相谈和苦情制度不具有法律强制力，但运行良好。该制度受理范围广泛，任何人或团体均可以作为提起人，申诉时限不受限制，原则上辖区行政评价局或地方行政评价局对管辖区内的苦情均应受理。但是，对于已经开始侦查的案件，目前正在法院审理的案件以及为法院判决的案件，不得斡旋；根本难以斡旋或强为斡旋为不适当的情形、纵使加以斡旋亦难以期待预料的效果的，可以不予开始斡旋程序而予以结案。行政相谈和苦情制度受理机关较多且具有独立性和专门性，因此它对日本现行行政救济和行政监督制度起到了积极的参与和补充功能。

## 六、新加坡民情联系组制度

新加坡处理公民申诉制度的特点，是在行政机关内部设立专门机构主动收集社情民意，广泛吸收公众参与公共决策。

新加坡政府 1984 年成立了民意处理组，2006 年 10 月 12 日，改组成民情联系组，隶属于通讯及新闻部。主要职责是收集和听取民意，联系民众，鼓励和提升公众参与公共政策的制定。民情联系组由 1 名国会议员担任主席。下设监察委员会，监察专员由 5 名国会议员和 24 名来自私人部门的代表组成。监察委员会又下设 5 个政策小组，分别对不同领域的问题进行研讨，鼓励和吸收公众参与政策制定，并提出建议，主要是：老龄和健康问题、教育和人力资本优化、经济和就业机会、自然和环境可持续、人口和群体事务。

工作方式上，除了传统的举办对话会、会议论坛及书面民情调查了解民众意见外，2006 年新加坡推出了一个与市民联系、互动、听取反馈意见的总门户网站，市民可以用博客、网上聊天、短消息或线上聚会等形式参与政府规划的各类项目，提出自己的意见和看法。① 2007 年，民情联系

---

① 参见新加坡民情联系组网站：https://www.reach.gov.sg/about-US/aboutreach，最后访问日期：2018 年 10 月 23 日。

组首次通过网站聊天室举办“网上民众大会”，与民众针对当年财政预算案进行交流。网上民众大会因其便利性与实时性开始大受欢迎，逐渐成为民情联系组举办民众大会的主要方式，不论是在国内还是海外的新加坡公民，只要通过民情联系组的官方网站进行登记，就可以自由参与讨论。一般在政府政策确定前，民情联系组会将资讯提供给民众，鼓励其发表不同看法，之后将公众意见汇总、分析、整理，提交给相关部门进行处理。民情联系组成立以来促成了多项政策改进，比如为中心企业减免税优惠，提供托儿津贴、调低女佣税以及公务员实行五天工作制，等等。

民情联系组也负责处理公民对政府部门决策的意见和建议。公民可以通过书信或登录官方网站提出意见，民情联系组会在3个工作日内转送给有权处理的机构，并督促其进行答复。有关部门的回复会在网站上公布。

## 七、俄罗斯和白俄罗斯公民申诉处理制度

俄罗斯和白俄罗斯处理公民申诉由不同的机关分别处理，有专门的法律对如何处理作出统一规定。

俄罗斯总统办公厅内设有公民通信局，是办公厅的一个独立部门，局长由办公厅主任提名、总统任命。该部门主要负责处理本国和外国公民、无国籍人给俄罗斯总统和总统办公厅的来信来电。工作职能有19条，主要围绕7项工作任务开展，具体是：保障处理公民向联邦总统和联邦总统办公厅提出的口头和书面请求；保障处理公民口头和书面请求提供有关联邦总统和联邦总统办公厅活动信息的查询；为联邦总统、联邦总统办公厅及办公厅各独立部门处理信访和查询等活动提供信息统计、分析和技术保障；保障俄罗斯联邦总统公民接待室的活动；研究信访、信访处理结果及采取的措施，在此基础上起草信息统计综述和报告；与信访和查询有关的信息咨询工作；保障联邦总统直属的政治迫害受害者平反委员会的活动。

俄罗斯联邦政府办公厅大众传媒、文化和教育局内设有公民信访处，是联邦政府的信访工作机构，负责处理公民来信来访，并定期安排政府及

其部门领导人出面接待公民来访。该处对政府各部门、其他国家机关和各地区的信访工作机构没有直接领导权，但受总统、总理委托，可在业务上进行监督和指导，可定期召集会议，交流经验，搜集信息，完善工作。俄罗斯联邦政府各部门、各联邦区、各联邦主体都有负责信访工作的机构，俄罗斯总统派驻各联邦区的全权代表也设有公民接待室。

俄罗斯总统办公厅公民通信局、政府办公厅信访处和联邦政府各部门、各联邦主体信访工作机构接受本部门、本级政府及其领导人领导，对本部门、本级政府及其领导人负责，相互之间没有领导和被领导关系，只是业务工作指导关系；在具体处理信访问题中相互联系不多，不相互转送、交办信访事项。俄罗斯总统办公厅信访局、政府办公厅信访处均直接向联邦政府各部门、各级政府转送、交办信访事项，可以监督、提醒和提出建议，但不具体处理信访问题。

为了协调、指导、评估俄罗斯联邦总统接待室、俄罗斯联邦总统办公厅各独立部门、国家机关和地方自治机关的工作，俄罗斯总统办公厅设公民和机构请求工作协调和评估工作组，由总统办公厅副主任领导工作组的工作，是集体领导机关。为了及时处理申请人致俄罗斯联邦总统涉及公职人员行为（不作为）的请求（投诉），设立了总统办公厅流动接待室。流动接待室根据俄罗斯联邦总统、总统办公厅主任或者工作组组长委托，赴联邦政府机关、联邦主体国家政权机关和地方自治机关接访，必要时可以会同联邦国家权力机关、联邦主体国家权力机关、地方自治机关的领导人及时做出回应；并依据工作组的决定，就申请人致俄罗斯联邦总统涉及公职人员行为（不作为）的请求（投诉）处理工作向俄罗斯联邦总统接待室下达必须执行的委托和指示。

2006 年俄罗斯颁布了《处理公民信访程序法》，规定了信访事项的受理、转送、调查、答复等程序，公民投诉的权利和义务，有权处理机关的责任等。公民的投诉和建议直接向有权处理机关提出的，各机关应在 3 日内登记，30 日内调查并答复。不属于本机关职责范围内的，应在 7 日内转送有权处理机关。国家机关、地方自治机关的领导人和全权代表在国家机关和地方自治机关亲自接见来访公民。

此外，俄罗斯联邦还设有人权全权代表，由宪法和《俄罗斯人权全权代表法》授权，独立地行使职权，不隶属于任何国家机关和公职人员。人权全权代表由俄罗斯联邦国家杜马任免，主要任务是促进公民人权受到尊重和维护，其职责和北欧国家的议会申诉专员相似。非经国家杜马许可，人权全权代表不被扣留、搜查、拘禁和起诉。人权全权代表有权访问国家和地方行政机关，企业和组织，要求和获得必要的文件资料，对相关机构和组织发起调查，会见相关机构和组织的负责人；受理俄罗斯境内公民和无国籍人的投诉，对投诉人不服联邦和地方政府做出的决定发起调查，不受理对联邦议会和法院的投诉。

与俄罗斯类似，白俄罗斯在总统办公厅设立了公民与法人信访工作局，主要负责处理公民给总统的来信、电子邮件，并接待公民来访。地方政府也相应设立了专门负责公民信访的工作部门。处理公民信访有严密的监督体系，总统办公厅负责监督各层级政府的信访工作，根据白俄罗斯法律，任何政府工作人员在处理公民信访过程中存在问题，都要受到追究。《白俄罗斯公民信访法》对公民的信访权、公民信访的提交和审理程序以及特殊类型的申诉处理等作了明确规定。根据该法，公民信访主要包括申请、建议、投诉等类型，可以采取写信、发电子邮件和口头表达等多种形式，也可以在政府网站进行网上信访，还可以通过社交网络和短信，向各级政府提出诉求或意见建议。申请和建议的提交不受期限限制，而投诉事项则需要在公民获知或者应当获知其合法权益受到侵害后三年内提出。对属于根据诉讼程序法进行审理或者根据立法另行规定审查提交和审理程序的事项，不予立案审查。公民对行政机关的信访处理答复或者不予受理的决定，既可以向其上级机关投诉，也有权向法院提起诉讼。该法还对重复信访、集体信访、匿名信访、网络信访等特殊类型信访的处理作了规定，比如，对重复信访不予审理，在行政机关书面通知信访人其重复信访不合理并终止与信访人关于该事项的通信往来后，对信访人再重复提出信访的，则对此信访不予立案的决定无需再通知信访人。

## 八、美国公民申诉处理制度

美国处理公民申诉没有统一的机构，不同机构在各自管辖范围内分别处理公民投诉。美国公民可以根据自己的意愿，选择向议员、行政机构或专门组织等不同途径投诉。向议员反映意见、提出诉愿是公民投诉的主要方式。选民可以通过写信、发邮件向议员投诉，也可以会见议员，每位议员都有专门的办公室和工作人员负责处理选民投诉。此外，还有不同的机构处理公民投诉。

### （一）总统通信处

美国白宫办公室秘书办公室，下设总统通信处，负责接收和代表总统处理公民信件、电子邮件、电话、给第一家庭寄来的礼物、要求总统和联邦政府给予帮助的请求等。该处每天选出 10 件来信送给总统，以使其了解民意。白宫办公室的网站上公布了电话和通信地址，方便公民与白宫联系。同时开设公民请愿网站，公民按照明示的步骤提出诉愿并征集签名，请愿事项超过 10 万人响应，白宫就会回复。①

### （二）监察长制度

美国在联邦政府内阁各部门均设有监察长处理公民投诉。1978 年，美国国会通过《监察长法案》，2008 年又进行修改。根据该法，政府部门设立专门的监察长办公室，由监察、调查、分析三个机构组成，接受公民对本部门工作人员有关浪费、欺骗行为的投诉。联邦政府各部门的监察长，由总统提名经国会讨论任命，实行终身制，除非由国会表决同意，任何人无权罢免其职务。监察长直接向所在行政机关负责人负责，独立行使职责，不受任何干扰，对所在部门财政的公共计划支出进行审核，必要时

---

① 参见白宫请愿网站：https://petitions. whitehouse. gov，最后访问日期：2018 年 10 月 20 日。

进行调查取证，提出相应建议。

监察长办公室接受来信、走访和电话等任何形式的投诉。监察长办公室有调查权和建议权，但没有处分权。调查结束后，发现构成违纪的，监察长通常提出处分建议，交所在行政机关负责人决定。涉嫌刑事犯罪的，移送司法部，由司法部检察官提起刑事诉讼。监察长办公室每半年向国会和总统报告一次工作，遇有重大情况可随时报告。监察报告提交前须送行政机关负责人，负责人可以提出不同意见并附上说明，但无权对报告进行修改。监察长办公室的工作情况对社会公开，接受公众监督。

### （三）地方议会申诉专员和行政监察专员

美国的一些州依照欧洲国家的议会申诉专员制度，设立了地方申诉专员，受理公民遭受不良行政行为侵害的申诉。一种类型是州议会申诉专员，以夏威夷州和亚利桑那州为代表，申诉专员办公室由州议会批准设立，直接向议会负责和报告。另一种类型是行政监察专员，以俄亥俄州为代表，监察专员设立于行政机构内部，由州长任命，向州长负责，属于行政机关的一部分。这些地方申诉专员和行政监察专员的主要职权有：接收对政府机构的投诉，以自己的方式进行调查，包括有权调阅所有必要的证书和文件，有权对政府机构和官员提出批评和改进建议，有权就发现的问题发布公开报告等。他们主要根据法律规定受理公众投诉，受理案件没有时间限制，但应当通过司法途径解决的、有专门机构受理的、替人投诉的、无理取闹的和事情发生太久的，则不予受理。美国申诉专员协会制定了《州政府申诉专员模范法案》，给各州制定相关法令提供了样本。

### （四）市民服务办公室和“311”市民服务热线

美国很多地方政府受理公民投诉的主要渠道是市民服务办公室和“311”市民服务热线。市民可以通过电话、邮件、走访等形式提出诉愿，市民服务办公室接到投诉后，以市长办公室的名义与有关部门或社会团体、中介组织联系，协调解决公民要求解决的问题。市民服务办公室的网站和电话全部向社会公开，每位工作人员的电话和信箱都在其列。工作人员如接到电话、写信投诉，一般很快做出回复，如果是走访投诉，当即便予回复。每个州、郡均有“311 系统”，运行方式等并非统一设置，“311”为非紧急事务政府信息和服务的部门，主要职能是接听和处理市民咨询、求助和投诉电话及网上诉求。“311”市民服务热线全天候开通，集中受理公民电话诉愿，能够答复的当即答复，不能当即答复的，则转交相应的政府职能部门处理。

（五）内阁各部的投诉机构

联邦政府一些部门也设有专门针对某一领域的投诉机构。劳工部设有能源业员工职业病赔偿计划监察专员，依据 2004 年国会通过的《能源业员工职业病赔偿法案》受理这一领域的投诉。其独立行使职责，向劳工部长提出建议，每年 2 月 15 日向国会提交年度报告，报告受理的投诉情况，分析和评估投诉人面对的共性问题。住房与城市发展部设有平等就业机会办公室，负责执行就业平等方面的法案，接受公民对就业歧视方面的投诉，进行咨询、调查处理。教育部设有公民权利办公室，受理关于教育不平等、不公平方面的投诉，同时，与司法部合作，对有犯罪行为者进行调查起诉。

（六）专门组织受理公民投诉

一些州还成立了专门组织受理公民针对特定领域的投诉。比如，纽约市市民投诉调查委员会依据该市法律成立，是专门负责调查及调解市民对纽约市警察不当行为投诉的机构。投诉信息的来源可以是市民诉求，也可以是通过媒体了解后的主动调查。委员会设置了公民来信、来访和电话受理平台，受理投诉的范围主要包括警察采取过度或不必要的强制措施、滥用职权、言行失当、使用具有冒犯行为的语言等。有的州还设有监督律师的纪律委员会，专门负责对从业律师的监督。当公民与其所聘请的律师之间发生纠纷，如有证据表明该律师不道德或者不诚实，就可以向这个机构进行投诉，纪律委员会就会介入调查，通过与被投诉律师了解情况、听取其解释、核实双方提供的证据等，辨明事实。

## 第二节　信访制度与国外类似制度比较

国外公民申诉制度在制度功能和法律依据、机构职权、受理范围、工作方式等方面与中国信访制度既有一些共通性，也存在较大的差异。

### 一、制度功能和法律依据

#### （一）都具有救济与监督的功能

中国的信访制度具有参与治理、保障权益和民主监督的多重功能。在处理具体信访诉求的过程中，一方面，信访可以给予当事人特殊的行政救济，维护公民的合法权益；另一方面，通过信访问题的处理，可以督促国家机关及其工作人员依法行使职权，纠正不当行政行为，发现政策或决策中的问题，从而成为民主监督的一种有效形式。这一点与国外公民申诉制度具有相似之处。国外的公民申诉制度类型多样，分别隶属于议会或行政体系，乃至不同行业部门，但从其功能上看，与中国信访制度类似，都同时发挥了救济和监督的双重功能。

以议会申诉专员制度为例，设立申诉专员制度的初衷，主要是应对行政权的扩张，通过设立独立的机构，代表议会对行政机构是否遵守法律进行监督。但在实践中，申诉专员制度逐渐超越了行政监察或监督的功能，其救济功能越来越凸显。尽管申诉专员的作用仅限定在对公民申诉案件进行法律评估，并就行政机关是否违法提出意见，但如果申诉专员认定行政机关的行为违反法律，则在间接上维护了公民的权益，发挥了救济的功能。

以日本行政相谈和苦情制度为例，行政苦情处理是“行政相对人因行政苦情而直接向有关行政机关提出申诉并由其受理后予以处理的一种行政救济制度”[①]，日本《行政相谈委员法》第1条规定的立法目的，即“为有助于促进解决国民对行政的苦情”，也体现了这一制度所具有的权利救济的功能。在发挥救济功能的同时，行政相谈和苦情制度通过听取公民对行政活动的意见，尤其是与行政评价制度的有效结合，使得这一制度与行政运作的一般改善相联系[②]，从而发挥了监督行政权运作的功能。

（二）都属于对传统救济机制的补充

与传统的、正式的司法救济和行政救济不同，信访制度和国外公民申诉制度都属于特殊的救济方式，是对传统司法和行政救济机制的补充。这种补充性主要体现在，信访制度和申诉制度都必须严格确立与正式的司法和行政救济程序之间的界限。中国的信访制度主要是通过信访与诉讼分离制度，明确了信访与司法的界限，即应当通过诉讼、仲裁、行政复议等法定途径解决的投诉请求，应当依照相关法律、行政法规规定的程序向有关机关提出，信访渠道不予受理；通过实行依法分类处理信访诉求制度，明确了行政体系内信访与其他法定途径的界限，即对进入信访渠道的投诉请求，能够通过信访途径之外的其他法定途径解决的，应当导入相应法定途径依法按程序处理，不再按照信访程序处理。

国外公民申诉制度的救济功能也都贯彻了补充性原则。在实行议会申诉专员制度的国家，其管辖范围大多不包括可能进入或者已经进入法院诉讼程序的申诉，也不包括尚未穷尽行政救济程序的申诉，这种机制设计，既是基于立法机关与司法机关的分权原则，也是为了确保申诉专员介入公民申诉前，行政机构与公民就争议事项进行了充分的沟通。处于行政体系内的公民申诉机构也具有类似特点，如韩国国民权益委员会制度也不受理正在进行不服救助程序的事项以及根据判决、决定、裁决、和解、调解等确定了权利义务关系的事项。

① 朱维究：《外国社会矛盾纠纷解决机制比较研究——以英、美、德、法、日五国为例》，《信访与社会矛盾问题研究》2012年第2期。

② ［日］盐野宏：《行政救济法》，杨建顺译，北京大学出版社2008年版，第41页。

申诉制度在救济功能上的补充性根本在于其作用并非替代原有的救济机制，且绝不能干扰传统司法和行政救济程序的独立、正常运作，而是为了弥补这些既有程序和机制的不足和局限。当代，信访制度和国外公民申诉制度在维护公民权益方面所发挥的作用越来越受到重视，在各自的法治体系中都具有不可替代的功能，这主要是因为，随着行政权力的扩大，传统的司法救济途径相对复杂，普通公民难以充分利用法律解决个案问题。比如，诉讼注重程序性，要求公民能够提出有力的法律论据，而公民通过信访制度或申诉制度提出信访、申诉，可以促使有关机关对个案开展调查和评估，获得凭借个人无法获得的救济和帮助，成为传统救济方式的有效补充。

（三）都具有宪法和法律依据

中国信访制度与国外公民申诉制度都是依照本国宪法确立的重要制度。中国《宪法》第二十七条、第四十一条分别明确了国家机关倾听人民意见建议、接受人民监督的职责和公民对国家机关提出批评、建议、申诉、控告、检举的权利。国外公民申诉机构以及公民提出申诉的权利也都有其宪法依据。德国《联邦基本法》既规定了公民提出申诉的权利，也对申诉机构的设立作了明确规定；法国《宪法》对人民权益保护官的设立、职责等均作了规定，并规定公民如认为其权利受到国家行政机关或公共服务机构侵害的，有权向人民权益保护官提出申诉。以宪法的形式确认和保障公民的申诉权及申诉机构的地位，充分说明了申诉制度的重要性。相比较而言，我国信访制度的宪法依据主要是对批评、建议、揭发、控告等权利的实体性规定，但宪法对信访制度的设立和程序未作出明确规定，而其他各国的宪法多对申诉制度、机构和程序作出了明确规定。

中国信访制度与国外公民申诉制度都有制度、组织和程序立法的依据。中国信访制度的主要立法依据是国务院制定的《信访条例》，各省、自治区、直辖市人大常委会大多以地方性法规的形式制定了本地方的信访法规，适用于本行政区域内的国家机关，但在法律位阶上要低于国务院

《信访条例》。相比较而言，国外的公民申诉制度基本都通过立法机关以立法的形式予以明确，实行申诉专员制度的国家都制定了各自的申诉专员法，以法律的形式为申诉专员履行职责提供全面的规则指引，包括申诉专员的任命或免职、管辖权、与议会的关系、申诉的处理等；行政体系内的申诉机构也大多通过法律对申诉机构的职责、申诉的处理等作了规定，如俄罗斯《处理公民信访程序法》、韩国《防止腐败及国民权益委员会设置运行法》、日本《行政相谈委员法》等，从而使申诉制度作为程序法和救济途径的功能定位得以明确和保证，也使作为一种程序性权利的申诉权能够得以实现。

（四）中国信访制度的功能更具有综合性

中国信访制度和国外公民申诉制度尽管都发挥了救济和监督的双重功能，但各有其不同的侧重点。

议会体制下的申诉专员制度本质上属于监督机构，其救济功能只是处理公民申诉过程中行使其监督职能的客观结果，其受理申诉是以更有效地开展对行政机关的监督为目的的。而行政体系内的申诉机构主要以救济功能为主，如韩国国民权益委员会和日本的行政相谈制度，都是以处理苦情民怨为目的，而不受理不具有利益诉求的意见、建议等内容。

中国信访制度的功能更具有综合性。信访制度建立之初，并没有明确制度的功能，为了适应社会发展和顺应人民群众实际需求，信访逐步成为一种兼有参与治理、保障权益和民主监督等多种功能和政治意义的特殊机制。目前，从实际作用和客观效果上看，信访制度发挥了重要的救济功能，这既与人民群众对利益诉求申诉程序的选择相关，也与国家治理的实际需要和对民众需求的回应相关。但这并不意味需要取消信访制度的其他功能，而是需要从实际出发对信访制度进行科学的设计。随着民意表达、权利救济等相关制度的完善和衔接配合程度的提高，信访制度的不同功能也将更为均衡。

## 二、机构职权

中国各级信访部门与国外公民申诉机构一般都不具有直接撤销或改变行政机关行政决定的权力，而是通过提出意见建议的方式对行政机关的工作施加影响，通常不具有强制性和终局性；同时，中国各级信访部门与国外公民申诉机构的职权也有一定的差异。

### （一）都具有建议权

在中国信访制度下，各级信访部门提出意见建议的权力主要体现在“三项建议”职责，即提出“改进工作”“完善政策”“给予处分”建议，都不具有强制约束力，但其效果存在区别。根据《信访条例》第三十六条第二款的规定，收到“改进工作”建议的机关应在30日内书面反馈情况，未采纳改进建议的，应当说明理由；“完善政策”的建议是信访部门将从信访渠道汇总的群众意见建议向有权处理机关的一种转达，有权处理机关不负有反馈或接受的义务，而是作为制定或完善政策的参考；“给予处分”的建议是针对国家机关工作人员在信访工作中存在的失职渎职行为提出的，需要根据人事管理权限由相应的部门依法作出处理。

国外公民申诉机构也都具有建议权。处于议会体制下的公民申诉机构，无论是议会申诉专员、议会请愿委员会，还是人民权益保护官等制度，只能在具体申诉案件中对案件处理发表意见，可以批评行政机关的决定或建议行政机关撤销、更改。尽管行政机关没有法律义务服从这些建议，但在实践中通常会采纳。日本的行政苦情制度是行政相谈委员通过向涉及的行政机关提供斡旋意见的方式促进公民苦情的解决，行政机关采取相应措施的，会将内容通知申诉人或行政相谈委员。为确保申诉机构建议的效力，有的国家也在立法中要求行政机关必须反馈落实建议的情况，法国《人民权益保护官组织法》第25条即规定，“相关单位或个人应在人民权益保护官所确定的期限内反馈其建议完成情况。如在期限内未反馈信息，或人民权益保护官根据所掌握的情况认为其建议未有成效，人民权益保护官可责令被指控人在确定期限内采取必要措施”。

（二）国外公民申诉机构大多具有调查权

国外公民申诉机构大多具有直接受理、处理公民申诉事项的权力，也有权对申诉事项开展调查，上述权力通过立法的形式予以保障。在实行议会申诉专员制度的国家，申诉专员除了就公民申诉的个案开展调查之外，还可以根据公民申诉反映的普遍性问题进行一般性调查，也可以不受申诉的限制，而根据新闻报道和舆论反映的热点问题开展自主调查。在行政体系内的申诉处理机构也具有相应的调查权，如日本《行政苦情斡旋处理要领》规定，“对于苦情事案，认为有必要时，应当通过对相关行政机关等的照会等方式，判明与苦情相关的真实情况”；韩国国民权益委员会的职能中，也包括了“调查和处理国民诉求，并提出对与此相关的纠正建议或发表意见”的规定。在这个意义上，当代各国的申诉制度更加注重自身处理问题的能力和作用，除国家申诉制度外，还将这一机制不断向相关行业和公共服务领域拓展。

中国各级信访部门不具有处理信访事项实体问题的权限，通常是将其转送或交办至有权处理机关处理，由有权处理机关对信访事项作出处理决定。信访部门通过协调处理重要信访事项以及督促检查信访事项的处理，推动有权处理机关及时、依法、公正处理信访事项。与此相应，《信访条例》也未赋予信访部门以调查权。鉴于调查权的行使对于查明事实、提出有针对性的意见、督促行政机关改进工作具有重要作用，信访制度在实践和制度层面进行了探索。在信访实地督查中，采用了联合有调查权的职能部门共同督查的方式，现场查看，面见信访人，提出督查反馈意见，既弥补了信访部门没有调查权限的不足，又能更好地查清事实。同时，相关文件要求根据实际履行职责需要，信访部门可以向有关国家机关、组织和人员了解情况，提请有关国家机关、组织予以协助，有关国家机关、组织和人员应当予以配合。

## 三、受理范围和处理方式

不同国家的公民申诉制度定位不同，覆盖的领域不同，机制设计也各有不同，有些将申诉与纠纷解决功能合一，有些则将二者分开，将救济或纠纷解决交由其他或附设机构（如调解、仲裁）处理，因此，各国申诉机构的受理范围也存在差异。比如，中国和俄罗斯的信访工作机构、德国的请愿委员会制度既受理公民针对行政决定或行政不作为等的不满而提出的申诉，也受理公民针对政府行政及公共事务提出的意见和建议，新加坡民情联系组只受理公民的意见建议，而其他国家的公民申诉机构一般只受理公民的申诉。本部分主要比较不同制度在受理和处理公民申诉事项方面的异同。

### （一）受理事项都具有广泛性

这里的广泛性，是相对于其他行政争议解决制度的受理范围而言的。比如，中国的行政复议和行政诉讼制度都主要限于具体行政行为，即针对行政机关直接侵犯公民人身权、财产权等合法权益的救济，而对行政机关发布的具有普遍效力的规范性文件不服，或者认为行政机关的行政行为缺乏合理性的，则不在行政复议和行政诉讼的受理范围内。同时，提起行政复议和行政诉讼还有期限方面的限制，超过期限的不予受理。信访制度补充了行政复议、行政诉讼在受理范围上的不足，确保了所有行政争议都能够纳入制度轨道内解决。日本的行政苦情制度也有类似特点，其受理对象广泛，民众对国家的任何行政事务都可以提起苦情申诉，而日本的行政不服审查（类似于中国的行政复议）和行政诉讼主要限于行政处分行为，即带有权力性并对行政相对人的权利义务产生实质性影响的行为。议会申诉专员除了评估行政机关的行政行为是否违反法律外，还将包括案件处理时间在内的良性行政标准也纳入评估范围。比如，丹麦议会申诉专员既受理程序性问题的争议（如案件处理时间等），也受理实体性问题的争议（即行政机构对公民权利义务作出实质性影响的决定），由申诉专员提出的良性行政标准，如友好和谦恭、开放、信任、效率等，是申诉专员评估案件的重要依据。

（二）受理事项都与公权力行使相关

我国《信访条例》第十四条明确了信访事项的受理范围是行政机关及其工作人员等5类涉及与公权力行使相关的组织及其工作人员的职务行为。韩国《防止腐败及国民权益委员会设置运行法》将“国民诉求”界定为“国民因对行政机关等的违法、不当或者消极处理（包括事实行为和不作为），以及由于不合理的行政制度而侵害了国民的权利，或者给国民造成不便或不当的事件的申诉和要求”；德国《请愿委员会规范请求和申诉处理规则（程序规则）》将申诉界定为“对履行公共任务的国家组织、部门或其他公共机构履行或搁置某行为提出的抗议”，从而明确诉求的性质必须与公权力行使相关。可以说，与公权力行使相关的争议尤其是行政争议是申诉制度受理的主要内容。实践中，民众提出申诉多与公权力机关的行政或准行政行为有关，但其中更多是与利益诉求相联系的，实质上是希望得到公权力机关对自身权利的救济。

（三）处理方式都具有灵活性

申诉制度面对的事项或诉求往往并不是单纯的是非判断或事实判断，往往涉及规则的合理性、当事人权益及相关因素的特殊性、新型社会问题，并可能涉及多种法律关系、社会因素和历史背景。面对这些复杂问题，申诉制度的处理方式和救济手段必须是灵活和适当的，不仅应尽可能借助协商式纠纷解决方式协调处理，而且对于复杂问题可以采用综合性的一揽子救济方式，以避免零和思维与简单化处理。同时，注重面向未来，在处理申诉的同时，针对发现的问题，通过建议推进规则和制度的改革。

中国的信访制度处理信访事项的主要方式，一是直接作出处理决定，即有权处理机关依据其职权和相关法律法规，在查清事实的基础上对信访事项直接作出处理决定；二是协商和调解，即有权处理机关在其合法的裁量权范围内，就信访人提出的信访诉求与其进行协商、合议，在法律允许的范围内形成双方都能够接受的处理结果，从而解决公民的诉求；三是教育和疏导，主要是对诉求无理但又坚持信访的公民，通过教育、疏导的方式，使其认同、接受国家机关对其诉求的处理意见；四是帮扶和救助，主要是针对生活有困难的信访人，帮助其解决实际困难。此外，对需要通过其他法定途径处理的诉求，为申诉人提供必要的法律服务，引导其通过其他法定途径维护自身合法权益。

在实行议会申诉专员制度的国家，尽管议会申诉专员在受理案件方面有较大的裁量权，但对不予受理的案件，也往往给予申诉人多种形式的帮助。比如，在丹麦，申诉专员处理案件的形式还包括将案件转送给有处理权限的部门，帮助申诉人获取更多关于所投诉的行政决定的详细理由，为申诉人提供与监察专员署法务人员通过电话讨论案件的机会，等等，以更好地维护申诉人的合法权益。① 根据韩国《防止腐败及国民权益委员会设置运行法》，国民权益委员会在处理公民申诉事项时，除在认为行政行为存在违法或不当时直接提出纠正的建议外，其他的处理方式还有：①协商解决，即向当事人提示必要的措施并建议协商解决；②调解，即当认为申诉案件涉及人数众多或社会影响较大，需要迅速、公正地解决案件时，根据当事人申请或依职权进行调解；③提出制度改善建议及意见，即当认为法令、制度或政策需要改善，可向相关行政机构长官提出合理的改善建议或意见。

这些灵活、多样的申诉处理方式，不同于传统的行政救济和司法救济，适应了行政争议多样、复杂的特点，也符合公民迅速解决行政争议的期待，是中国信访制度和国外公民申诉制度充分发挥作用的重要手段，成为当代法治国家社会治理机制发展改革的共同趋势。

① 参见丹麦议会申诉专员年度报告（2014 年），http://beretning2014. ombudsmanden. dk/english/ar2014，最后访问日期：2018 年 10 月 22 日。

### （四）案件受理方面的裁量权不同

当代申诉制度旨在为公民提供灵活便利的申诉救济渠道，因此在案件受理方面逐步从限制到开放，在法定要件之外，授予申诉机构一定的裁量权决定是否受理，以保证当事人的申诉渠道更加畅通。为了避免信访对司法等程序的干扰，同时为了防止行政主体不作为，中国信访制度在信访事项的受理方面作出了较为明确和严格的限制，只要不是属于已经、正在或者依法应当通过诉讼、仲裁、行政复议解决的投诉请求，各级信访工作机构必须及时受理，并转送有权处理机关，限期处理完毕后给予信访人答复，而不是通过行政裁量权决定是否受理。

相比较而言，由于议会申诉专员制度的主要功能定位于监督行政机关依法行政，因而在决定是否受理公民申诉方面有较大的裁量权，其裁量标准主要是该申诉案件的受理是否具有实际意义，是否符合法律预期、公共利益和效益，同时需要考虑申诉受理是否会对现行司法、行政制度及社会造成不利影响，是否会引起连锁反应和滥诉，以及有无其他可替代解决方式等。比如，根据丹麦《议会申诉专员法》，申诉专员有权决定是否有足够的理由对案件开展调查。澳大利亚、新西兰等国家的申诉专员法也明确了申诉专员在对申诉案件开展调查方面的裁量权。

## 四、信访制度是符合中国国情的制度设计

通过对中国信访制度和国外类似制度的比较可以发现，在处理公民申诉、联系和了解民情民意的制度模式上，不同国家和地区都结合自身的特点，选择了适合本国和地区情况的制度设计。以议会申诉专员制度为例，全世界实行这一制度的国家和地区已有150多个，不同国家和地区在引入和借鉴申诉专员制度时，都结合自身特点对其进行了改造和创新，使这一制度在不同国家和地区呈现出不同特色。信访制度一方面与当代世界不断加强和拓展公民申诉救济制度的潮流殊途同归，符合法治和社会治理的规律；另一方面作为一种立足于中国国情的制度设计，具有鲜明的中国特色

和优势。比较分析中国信访制度和国外公民申诉制度，要站在中国国情的角度，树立起对信访制度的制度自信。

首先，信访制度坚持中国共产党的统一领导，与中国特色社会主义本质特征相适应。中国特色社会主义最本质的特征是中国共产党领导，党的领导保障了国家各项事业沿着正确的方向前进。信访制度是中国共产党创立的制度，是党密切与人民群众血肉联系的重要桥梁，是马克思主义群众观与中国国情相结合的产物，体现了中国共产党全心全意为人民服务的根本宗旨。中国的信访制度实行中国共产党统一领导的体制，党委统一领导、政府职能部门各负其责、信访部门组织协调，整合资源、形成合力，把党的群众工作路线和方针落实到信访工作中。这是中国的信访制度与国外公民申诉制度最本质的区别。事实证明，只有坚持党的统一领导，才能确保信访工作紧密围绕党和国家大局，更好地发挥作用，才能有效保障群众参与治理、维护权益、民主监督，确保信访工作的效果。

其次，信访制度坚持多措并举、综合施治，与中国社会治理的实际相适应。我国仍处于并将长期处于社会主义初级阶段，发展不平衡、不充分的问题还有待解决，各项制度建设还需要不断发展和完善，社会矛盾多样、复杂，需要进行综合治理、多元治理。与国外公民申诉制度相比，中国信访制度是一项综合性制度，具有参与治理、保障权益、民主监督等多种功能，融协商、调解、裁决为一体，注重吸收多种社会力量参与，强调情理法的综合运用；既注重问题的解决，也注重分析社会矛盾的特点规律，从源头上预防矛盾的产生；既注重个案的处理，也注重从群体性问题中发现普遍性和政策性问题，推动完善政策、协调利益关系。信访制度的这些特点体现了综合治理、多元治理、协商治理的理念，符合中国社会治理的实际。

最后，信访制度更注重解决群众实际问题，与中国的文化传统和人民群众的现实期待相适应。在中国传统文化中，人民群众注重追求实体正义；在现实中，人民群众也需要更直接、更便捷、成本更低的制度来保障自身的权益。信访制度是一个平等、开放、包容的制度平台，具有参与普遍性、内容广泛性、行使直接性等特点，社会各个阶层都能够通过信访渠道维护权益。与国外申诉制度相比，中国信访制度把解决群众合理诉求作为工作的出发点和落脚点，对工作程序和办理期限都有严格的要求，对群众的诉求要求做到“件件有着落、事事有回音”。在工作实践中，信访制度充分发挥了救济功能，解决了一大批事关群众切身利益的问题，实现了对人民群众合法权益的保障，体现了以人民需求为导向，符合人民群众的现实期待。

信访制度的制度自信，来源于已经确立了适合中国国情、植根于中国传统文化又不断发展完善的制度，既注重吸收和借鉴国外公民申诉制度的有益经验，又不简单照搬照抄，在保持独立性和开放性中，不断在推动国家治理能力和治理体系现代化中发挥作用，为国际公民申诉制度的发展提供中国方案。

# 结语　信访制度的发展与完善

习近平同志指出："只有回看走过的路、比较别人的路、远眺前行的路，弄清楚我们从哪儿来、往哪儿去，很多问题才能看得深、把得准。"① 回看是为了总结规律，比较是为了弥补不足，远眺是为了明确方向。回顾总结我国信访制度发展的历程也是如此。只有通过回看、比较、远眺，才能透过现象看本质，抓住主要矛盾和基本脉络，坚持好问题导向和目标导向，从而做出科学规划，走好今后的路。

## 一、信访制度发展的综述

新中国成立以来，信访制度经历了一个从无到有、从初步建立到走向完善的发展过程，其间每一次探索、每一次进步，都凝聚着党领导人民建设社会主义现代化国家的伟大创造。尽管在不同的历史时期，党和国家的工作处在不同的发展阶段，广大人民群众有不同的期待和要求，但信访制度始终在党中央的领导下，围绕践行党的宗旨，围绕为人民群众排忧解难，在维护人民群众合法权益、为经济社会发展创造良好社会环境等方面发挥着重要作用。纵观信访制度的发展过程，几个大的脉络是非常清晰的。这几个脉络，也决定着今后信访制度继续发展、不断完善的基本方向和整体布局。

---

① 《习近平在学习贯彻党的十九大精神研讨班开班式上发表重要讲话强调 以时不我待只争朝夕的精神投入工作 开创新时代中国特色社会主义事业新局面》，《人民日报》，2018 年 1 月 6 日，第一版。

（一）不忘初心

信访制度发展的过程，是我们党践行为民宗旨、用实际行动回答初心和使命的过程。中国共产党人的宗旨是全心全意为人民服务，初心和使命是为中国人民谋幸福、为中华民族谋复兴。从 1921 年成立起，中国共产党所有的奋斗都是围绕谋求民族独立、人民解放和国家富强、人民幸福、民族复兴而展开的。信访制度作为党的一项重要制度安排，由群众所呼而生、而发展、而完善，这也是回答我们党从哪里来、为什么人的问题的一个重要方面。因此，无论经济社会发展到什么地步，信访因民而设的初衷、信访为民的宗旨是一以贯之、不会改变的。比如，在一段历史时期，反映农民负担、生活困难的信访事项比较集中，各级党委和政府全力发展经济，解决人民温饱问题，进而总体上实现小康，使这类问题成为历史。当前，人们的基本生活问题解决之后，需求也在不断走高，社会消费升级并且趋于多样化，逐步由生存型向发展型、享受型转变，而且在民主、法治、公平、正义、安全、环境等方面的要求也日益增长，这些变化同样反映在信访诉求之中。在人民群众“有”的问题得到基本解决的情况下，各级党委和政府及时把信访工作的重点转移到解决“好”“更好”问题上来，这仍然是以实际行动服务于最广大人民群众的根本利益，服务于党的宗旨、初心和使命。

（二）与时俱进

信访制度发展的过程，是伴随社会主要矛盾发展变化并适时调整工作方略的过程。新中国成立后，我国迅速建立了社会主义基本制度，党的八大明确指出：“国内的主要矛盾，已经是人民对于建立先进的工业国的要求同落后的农业国的现实之间的矛盾，已经是人民对于经济文化迅速发展的需要同当前经济文化不能满足人民需要的状况之间的矛盾。”① 但由于后来没有坚持用这一正确判断指导国家建设，再加上“文化大革命”这

① 《党的十九大报告辅导读本》，人民出版社 2017 年版，第 126 页。

样的严重失误，使社会主义建设遭受严重挫折。党的十一届三中全会后，我们党提出“我国社会的主要矛盾是人民日益增长的物质文化需要同落后的社会生产之间的矛盾”①。伴随着生产发展、人民生活水平的显著提高以及人民群众多样化多层次需求的出现，党的十九大报告作出新的概括，“中国特色社会主义进入新时代，我国社会主要矛盾已经转化为人民日益增长的美好生活需要和不平衡不充分的发展之间的矛盾”。就信访制度而言，其本身是国家上层建筑的一个组成部分，其方针政策、工作重点都是由国家不同发展阶段的社会主要矛盾和经济社会发展水平决定的。因此，信访制度的发展一直坚持与时俱进，做到与社会发展同步，与人民需要相适应。对比以往，信访制度起码在以下几个方面得到了长足发展并仍需继续完善：一是适应社会发展，建立健全了信、访、网、电四位一体的信访渠道架构，为群众反映诉求提供多种选择；二是适应信息化发展进程，建立健全了阳光信访工程，做到让数据多跑路、让群众少跑腿；三是适应群众需求，建立健全了解决群众合理诉求的配套制度，做到事事有着落、件件有回音；四是适应双向互动、外部监督需要，建立健全了信访事项满意度评价体系，着力提升信访工作亲和度和公信力。这些方面，充分体现了信访制度在坚持与时俱进、不断创新、不断完善中迸发的生机和活力，确保了始终跟紧社会进步和时代发展的步伐、充分发挥职能作用。

### （三）法治引领

信访制度发展的过程，是落实依法治国方略、不断推进信访法治化建设的过程。法治兴则国家兴，法治强则国家强。礼法结合、德法共治也是中华制度文明的精髓。从新中国建设社会主义国家的历程看，我们党团结带领人民进行艰辛探索，既收获过重视法治的丰硕成果，也有过忽视法治的曲折经历。在总结正反两方面经验的基础上，我们党把全面依法治国确立为坚持和发展中国特色社会主义基本方略，并形成了以宪法为统帅的中

---

① 《党的十九大报告辅导读本》，人民出版社2017年版，第126页。

国特色社会主义法律体系。中国信访制度的发展史，也是信访法治化不断深入的历史。主要表现在：一是大政方针方面，从中央出台《关于进一步加强新时期信访工作的意见》到制定《关于依法处理涉法涉诉信访问题的意见》《关于创新群众工作方法解决信访突出问题的意见》，全覆盖地规范了信访工作；二是专门法规方面，从1995年颁布《信访条例》到2005年重新修订，再到围绕《信访条例》出台的一系列配套制度，信访工作做到了有法可依，信访法治化建设开创了新天地；三是具体操作方面，从中央出台《关于依法处理涉法涉诉信访问题的意见》，把涉及司法诉讼的信访事项从普通信访体制中分离出来，到中共中央、国务院《法治政府建设实施纲要（2015—2020年）》，强调依法分类处理信访诉求，进一步明确了信访问题处理的路径，进一步推进了信访法治化进程。此外，国家信访立法从人民建议转化为实际行动，得到党中央、全国人大、国务院多方面的支持，正在稳步推进；而一些地方信访立法则走在了前面，在规范信访工作、厘清权利义务方面发挥了重要作用。

### （四）多元共治

加强和创新社会治理，是完善和发展中国特色社会主义制度、推进国家治理体系和治理能力现代化的重要内容。加强和创新社会治理，必须加强和改善各级党委对社会治理的领导，同时积极发挥各级政府的社会治理职能，还要引领和推动社会力量广泛参与，这样才能够打造共建共治共享的社会治理格局，切实搞好公共服务、公共管理、公共安全，确保人民安居乐业、社会安定有序。发展和完善信访制度，及时就地解决好人民群众最关心最直接最现实的利益问题，努力夯实社会和谐稳定的基础，无疑是各级党委和政府加强和创新社会治理的重要内容。这些年来，领导干部接访下访、包案解决重大复杂疑难信访问题制度全面推开，成为领导干部工作的重要方面和直接联系群众的重要指标；信访听证制度有序开展，让各方面参与评论百姓事，阳光操作、和谐运行；推行律师、心理咨询师参与接访，引进媒体进行督查、监督和报道，组织党代表、人大代表、政协委员和老干部、老党员、老模范、老教师、老军人等有影响力的人员参与解决和化解信访突出问题，等等，党委领导、政府主导的力度越来越大，社会参与的平台越来越广，有力地推动了信访群众合理诉求的妥善解决和矛盾纠纷的及时化解。这些都是信访制度发展完善的有力见证，也必将在今后一段时期呈现出更加蓬勃旺盛的生机和活力。

## 二、信访制度发展的启示

进入21世纪特别是党的十八大以来，信访工作制度改革不断深化，信访工作定位进一步确立，信访工作职责边界进一步清晰，信访工作机制逐步健全，信访工作透明度和公信力大幅提升，信访法治化建设取得长足进步，解决信访问题的力度进一步加大，基层基础工作进一步夯实，信访干部队伍建设水平进一步提高。这些成绩的取得，是党中央正确决策、坚强领导的结果，是各级党委和政府全力推动、协同努力的结果，也是各级信访部门攻坚克难、真抓实干的结果。这些弥足珍贵的实践经验，形成了许多可以指导今后工作的有益启示。概括起来主要有四个方面。

### （一）坚持和加强党的领导

办好中国的事情，关键在党。中国特色社会主义最本质的特征是中国共产党领导，中国特色社会主义制度的最大优势是中国共产党领导。[①] 坚持和完善党的领导，是党和国家的根本所在、命脉所在，是全国各族人民的利益所在、幸福所在。党是信访制度的设计者和指引者，信访制度每一项具有明确方向性和现实指导性的重大决策部署，都是在党的统一领导下研究、论证、出台、实施并发挥效力的。因此，信访工作制度改革必须把加强党的领导放在最重要、最突出、最关键的位置，充分发挥党总揽全局、协调各方的领导核心作用，这样才能使信访工作真正摆上各级党委和政府的重要议事日程，保证信访工作制度改革的正确方向，各项改革举措

---

① 《党的十九大报告辅导读本》，人民出版社2017年版，第19—20页。

蹄疾而步稳，信访工作的政治性、政策性得到充分体现，针对性、实效性得到进一步提高。

信访制度是一个系统性、协调性很强的整体，做好信访工作不只是信访部门一家的责任，更需要加强部门与部门之间、部门与地方之间、地方与地方之间的沟通与联系，搞好配合与协作，形成各部门各负其责、齐抓共管的信访工作格局。要形成这种格局必须坚持党的领导。因为只有党的领导才能调动社会各方的力量，统一意志、统一步伐、统一行动，也只有党的领导才能统筹谋划，在不断统一思想、提高认识的过程中有效推进和落实。因此，必须始终坚持和加强党的领导，紧紧依靠各级党委和政府建立起与形势任务相适应的工作机制，发挥好信访部门综合协调、组织推动、督导落实的机制作用，明确责任、传递责任、压实责任、强化责任，充分调动各方面的积极性和主动性，形成齐抓共管的强大工作合力。

信访工作的本质是群众工作，事关群众切身利益，事关社会和谐稳定。“纷繁世事多元应，击鼓催征稳驭舟。”当前，信访问题牵涉诸多方面，成因错综复杂，靠一个部门力量、一种工作方法、一项制度机制解决不了，也解决不好，需要更加注重综合施策、协同发力，增强解决问题的科学性和有效性。只有党能够站在全局的高度看清和把握信访问题的症结，能够正确地分析信访形势、找出解决问题的着力点，综合运用法律、政策、经济、行政等手段和教育、调解、疏导等办法加以解决和化解。因此，必须始终坚持和加强党的领导，坚持创新机制与强化责任并举，努力形成化解社会矛盾的合力，从而找到解决问题的钥匙、统筹兼顾的良方。

综上，信访制度的发展，必须坚持和加强党的领导，这既是工作的客观需要，更是必须坚持的原则。这就要求各级各部门认真贯彻落实党中央关于信访工作的一系列决策部署，自觉担当起信访工作责任，坚定不移推进信访工作制度改革和法治化建设，用严的要求、实的作风抓好改革各项举措落地落实，充分运用党的政治领导力、思想引领力、群众组织力、社会号召力，把党委和政府、职能部门和社会各方的资源有机整合起来，凝聚起强大合力，依法、及时、就地解决群众合理诉求，更好地担负起为民解难、为党分忧的神圣职责。

## （二）坚持围绕中心、服务大局

党的十八大以来，中国特色社会主义“五位一体”总体布局和“四个全面”战略布局扎实推进，“五大发展理念”为党和国家事业注入了强大动力，我们朝着全面建成小康社会的伟大目标迈出了坚实步伐。信访作为社情民意的“晴雨表”，是政治、经济、社会等各个领域矛盾和问题的综合反映。做好信访工作，必须准确把握大局、自觉在大局下行动，积极分析研判形势，及时就地解决问题、化解矛盾，更好服务改革发展稳定大局。

围绕中心、服务大局是做好各项工作的灵魂，更是信访工作充分发挥职能作用的根本保证。中心工作就是重点工作、首要工作，就是主要矛盾。中心工作一旦明确了、确定了，各个方面工作都要围绕这个中心来开展、来部署。明确了中心工作，就是抓住了主要矛盾；做好了中心工作，其他工作就会迎刃而解。同时，中心工作也是随着客观条件的变化而不断发展变化的。根据全局需要，在一个时期某一项工作可能上升为中心工作，而另一个时期另一项工作又可能成为中心工作，这就需要以敏锐的战略眼光，审时度势，紧跟党中央部署，牢固树立围绕中心、服务大局的意识，主动、适时调整和部署本部门工作。只有这样，信访工作才能在大局中找准位置、发挥作用、做出贡献。

围绕中心、服务大局是各级干部的政治责任和基本要求，也是信访部门加强自身建设的主要目标。能否自觉做到围绕中心、服务大局，是衡量各级干部特别是党员领导干部政治意识、大局意识强不强的重要标志。面对时代新发展、群众新期待，信访工作肩负着沉甸甸的责任，必须有一支政治坚定、公正廉洁、纪律严明、业务精通、作风优良的战斗队伍作为保证，努力适应经济社会的快速发展，做到与时俱进，在实践中不断提高围绕中心、服务大局的能力和水平。

综上，信访制度的发展必须坚持围绕中心、服务大局，找准信访工作的定位，发挥信访工作的作用。这就要求各级各部门要自觉把信访工作放到经济社会发展大背景下去思考，放到党和国家工作全局中去谋划，放到全面建成小康社会、实现中华民族伟大复兴的中国梦的伟大实践中去推进，准确把握信访工作与党委和政府决策部署的结合点，根据中心工作，科学设定信访工作目标和任务，使信访工作更好地顺应中国特色社会主义新时代的新要求，更好地顺应人民群众过上美好生活的新期待。

（三）坚持以人民为中心的发展思想

习近平同志指出："'治国有常，而利民为本。'以人民为中心的发展思想，不是一个抽象的、玄奥的概念，不能只停留在口头上、止步于思想环节，而要体现在经济社会发展各个环节。"① 中国梦归根到底是人民的梦。国家富强、民族复兴，最终要体现在亿万人民生活不断改善上，体现在老百姓的好日子中。改革开放以来，我们党之所以能够赢得广大人民的衷心支持和拥护，就是因为人民群众从经济社会发展中有了更多"获得感"。社会是不断发展的，人民群众的需求和关切也是不断变化的。人民对美好生活的向往，就是我们的奋斗目标。我们要认真贯彻党的群众路线，不断密切同人民群众的血肉联系，倾听人民呼声，回应人民期待，不断解决好人民最关心最直接最现实的利益问题，凝聚起最广大人民智慧和力量。

作为党的群众工作的一个重要平台，信访工作是送上门来的群众工作，是党委和政府联系群众的桥梁、倾听群众呼声的窗口、体察群众疾苦的重要途径。这就要求我们，必须牢牢把握以人民为中心的发展思想，把党的群众路线贯穿信访工作的全过程，以更大的力度畅通信访渠道、更认真的态度倾听群众心声、更耐心的服务解答群众疑问、更有效的举措推动问题解决，不断提高便民利民为民的能力和水平，全力做好了解民情、集

① 《习近平谈治国理政》第二卷，外文出版社2017年版，第213—214页。

中民智、维护民利、凝聚民心的工作。

民心是最大的政治，稳定是发展的基石。没有稳定的社会政治环境，一切改革发展都无从谈起，再好的规划和方案都难以实现，已经取得的成果也会失去。当前，我国正处于跨越中等收入陷阱并向高收入国家迈进的历史阶段，社会矛盾呈现多发易发、错综复杂的态势，不同区域、不同行业、不同群体的利益诉求日趋多样化和复杂化。现实矛盾回避不了，群众诉求躲不开、绕不过，再复杂也必须面对，再棘手也必须应对，再困难也必须解决，而解决的关键就在于正确处理维权和维稳的关系。信访制度的发展只有坚持以人民为中心的发展思想，才能真正维护好社会稳定大局。实践反复证明，事事处处、切切实实关心群众生活，紧抓民生之本、解决民生之急、排除民生之忧，是维护社会和谐稳定的治本之策。单纯维稳，不解决利益问题，就是本末倒置。

发展是党和人民的共同事业，党是发展的领导核心，人民是发展的主体力量，发展必须依靠全体人民的智慧和力量。习近平同志强调，“决胜全面建成小康社会的伟大进军，每一个中国人都有自己的责任。全党全国各族人民要拧成一股绳，以必胜的信心、昂扬的斗志、扎实的努力投身新的历史进军”[①]。做好信访工作，必须依靠人民群众的积极性主动性创造性，虚心采纳群众的合理建议，认真研究，积极运用到实际工作中，让蕴藏在人民中间的一切发展潜能极大涌流迸发，才能实现信访制度的发展，确保信访工作职能作用得到充分发挥。

综上，信访制度的发展必须坚持以人民为中心的发展思想，始终站稳群众立场、贯穿群众路线，老百姓关心什么、期盼什么，改革就要抓住什么、推进什么，顺应民心、尊重民意，感知群众冷暖，关注群众需求，反映群众心声，回应群众关切，真正做到发展为了人民、发展依靠人民、发展成果人民共享，给人民群众带来更多的“获得感”。

---

① 《全国政协举行新年茶话会 习近平发表重要讲话》，《人民日报》，2016 年 1 月 1 日，第一版。

### （四）坚持问题导向，积极回应社会关切

习近平同志强调："问题是时代的声音，人心是最大的政治。"① 在全面建成小康社会的决定性阶段，我们面临的机遇和挑战前所未有，我们所遇到的问题也有着深深的时代烙印。党的十八大以来，在党中央、国务院的高度重视和正确领导下，通过改革，信访工作有了新的发展和进步，信访形势稳中向好。但是，面对国内国际形势的新变化，面对经济社会发展的新常态，面对矛盾风险叠加的新挑战，信访工作与党中央新要求、人民群众新期待相比，还存在较大的差距。特别是在全面推进依法治国的大背景下，信访工作的理念思路、体制机制、法律规范、方式方法，仍有一些突出问题和薄弱环节亟待解决。这些都需要在不断发现问题、提出问题、直面问题、研究问题、回答问题中集聚推动信访制度发展的正能量。

"互联网+信访"方兴未艾，许多工作需要集中破题。以互联网为代表的信息技术的迅猛发展，为我们认识世界、改造世界的方式开启了一次重大的时代转型，激发了巨大的社会创新活力，已成为驱动社会治理创新的强大引擎，对推进信访工作信息化具有重要的现实和战略意义。信访工作信息化引领着信访工作现代化，特别是对大力推行"阳光信访"起着重要支撑作用，有利于最大限度地方便群众反映诉求，接受群众监督，增强透明度和公正性。信访制度的发展要主动适应信息化的大趋势，掌握信息化的规律特点，加强顶层设计，强力推动入轨。

近些年，信访问题一直是社会舆论关注的热点和敏感问题，可以说处在风口浪尖上。既有正面的肯定，也有负面的质疑。特别是随着自媒体的普遍应用，不仅一些信访个案极易成为舆论炒作的对象，信访工作中的不足和问题，也很容易被曝光、放大。这不仅影响信访工作的公信力，还影响到党和政府的形象。因此，信访制度的发展要在下决心解决好群众合理信访诉求的基础上，进一步加强与社会公众的沟通互动，在提高信访公信

---

① 《全国政协举行新年茶话会 习近平发表重要讲话》，《人民日报》，2015年1月1日，第一版。

力上下功夫。

综上，信访制度的发展必须坚持问题导向，深入查找工作中存在的突出问题，紧抓不放，从完善制度规定层面推动解决。要密切关注涉及信访的舆情，对于媒体重点关注的一些信访案件，主动发声、回应关切，防止小事酿成大事；对于那些因不了解信访工作所发表的不当言论，解疑释惑、善加引导；对于那些歪曲放大信访个案，捏造事实诋毁信访制度、信访工作的恶意行为，及时澄清、以正视听。

## 三、信访制度不断走向完善的展望

一个时代有一个时代的主题，一代人有一代人的使命。伴随着中国特色社会主义进入新时代，我国社会主要矛盾已经转化为人民日益增长的美好生活需要和不平衡不充分的发展之间的矛盾。人民美好生活需要日益广泛，不仅对物质文化需要提出了更高要求，而且在民主、法治、公平、正义、安全、环境等方面的要求日益增长。在这样的大背景下，信访制度一定会不断适应新时代新形势、满足人民群众的新需求，以习近平新时代中国特色社会主义思想为指导，自觉践行习近平总书记关于加强和改进人民信访工作的重要思想，站在历史制高点上丰富理论、指引行动，在探索中继续前进、在创新中发展完善，不断开创新时代信访工作新局面。

### （一）信访制度将更加突出政治凝聚功能

习近平同志指出："中国特色社会主义最本质的特征是中国共产党领导，中国特色社会主义制度的最大优势是中国共产党领导"①；"经过长期努力，中国特色社会主义进入了新时代，这是我国发展新的历史方位"②。新时代需要把人民群众更好地凝聚在党中央周围，实现中华民族伟大复兴

① 《党的十九大报告辅导读本》，人民出版社2017年版，第19—20页。
② 《党的十九大报告辅导读本》，人民出版社2017年版，第10页。

的中国梦。信访制度在发挥好参与治理、民主监督、权益保障等基本功能的基础上，必须更加突出政治凝聚功能，把各行各业的智慧和力量充分积聚起来，最大限度增加和谐因素、减少不和谐因素。这就需要各级各部门增强战略思维，自觉地把信访制度摆在党的政治建设的高度来对待，在工作中牢固树立政治意识、大局意识、核心意识、看齐意识，不断完善党组织领导信访工作的体制机制，引导人民群众积极参与国家治理，以此进一步增强党的执政能力、巩固党的执政基础。

### （二）信访制度将建立起更加完备的法律体系

党的十九大报告提出："以良法促进发展、保障善治"。全面依法治国，就是要实现权利有保障、权力受制约、违法必追责、正义可预期、公平看得见的善治状态，促进人民安居乐业、社会安定有序[①]。随着全面依法治国的深入实施，信访法治化建设将加速推进。从现在看，国家信访立法的民意基础、理论研究、实践经验等条件基本成熟，地方信访法规也不断推出，信访立法方面也将继续加快推进。国家信访立法，将有效弥补现有信访法律位阶方面的不足，进而与党内法规、行政法规、地方性法规一起，形成较为完备的信访法律体系。

### （三）信访制度将更加凸显社会治理的现代化特征

社会治理是国家治理的重要领域，社会治理现代化是国家治理体系和治理能力现代化的题中应有之义。党的十九大明确了推进社会建设的目标：到 2035 年，我国现代社会治理格局基本形成，社会充满活力又和谐有序；到本世纪中叶，我国社会文明将全面提升，人民将享有更加幸福安康的生活。同时要求提高社会治理社会化、法治化、智能化、专业化水平。信访制度将更深层次地嵌入社会治理大格局，围绕这些目标要求继续完善，充分体现社会文明发展成果和现代化特征。在社会化方面，在党委领导、政府负责、社会协同、公众参与、法制保障的社会治理体制下，动

---

① 《党的十九大报告辅导读本》，人民出版社 2017 年版，第 281 页。

员组织更多社会组织、专业人士、志愿者参与到信访工作中，形成共建共治共享的良好局面。在法治化方面，信访法治化水平提升到新的高度，公权力机关依法行使权力、依法处理信访问题，信访群众依法行使诉求表达权，信访秩序更加友好和谐。在智能化方面，在信访工作中融入人工智能技术，做到科学研判、精确识别、高效办理，同时充分运用信访大数据，与政府评价体系、社会信用体系形成有效对接。在专业化方面，信访干部素质进一步提升，职业培训范围明显拓宽，体现信访工作柔性特点的观念、标准、制度、方法形成完整体系，在非诉讼化解矛盾机制中体现出更加独特的优势和更加独到的价值。

（四）信访制度将更加融入中国特色社会主义文化建设洪流

信访制度是中国的一门文化，渗透着传统文化、民族文化、人本文化和现代文化的精神。当前，信访工作已由一项不大为人熟知的工作转变为社会关注度很高的工作，信访工作神秘化的外衣已经脱掉。在深入推进社会主义文化建设的潮流中，对信访制度的研究，无论在广度还是深度上都会有一个大的提升，在把社会主义核心价值体系转化为人民群众的精神信仰和基本价值取向方面发挥不可或缺的作用。一是信访理论探讨将持续增强，探索建设信访制度新型智库、研究机构，加强对习近平总书记关于加强和改进人民信访工作的重要思想的研究，开展信访基础理论研究，开展信访工作发展史的基础性和系统性研究，丰富新时代中国特色社会主义信访制度思想文化宝库。二是信访制度宣传将持续增强，以和谐党群关系、干群关系为主题，大力宣传中华传统优秀文化，宣传党的为民宗旨和惠民政策，宣传信访法律法规和信访工作制度改革措施，将文化熏陶、法律意识与群众工作融合起来，在潜移默化中拉近干群距离、纾解群众情绪，在情感共鸣中加深社会对信访制度的理解、增强对党和政府的信任。三是信访文化创作将持续增强，着眼于厚植为民情怀、培养高尚人格和树立正确导向，以更大力度打造信访文化载体，在中国特色社会主义伟大实践中进行信访文化创造，让人民共享信访文化发展成果。四是信访制度和文化输出将持续增强，抓住构建人类命运共同体的机遇，以高度的文化自觉和制度自信，科学布局中外信访制度交流，建立制度交流、人文交流和作品输出机制，通过信访工作视角彰显中国特色、中国风格、中国气派。

# 后 记

国家信访局对本书的编写高度重视，组织精干力量开展编写工作，力求系统、准确地梳理和总结新中国成立以来特别是党的十八大以来信访制度发展形成的理论和实践成果。本书既可以作为各级干部的培训用书，也可以作为社会各界全面认识和深入了解信访制度的参考用书。

本书还邀请了著名专家学者参与编写。中国人民大学范愉教授对书稿作了审核，对部分内容作了补充和修改完善；中共中央党校（国家行政学院）龚维斌教授、中国政法大学王万华教授承担了部分书稿的撰写任务。本书的出版获得了国家出版基金的资助，中国法制出版社及责任编辑马颖、靳晓婷同志为本书的编辑、出版做了大量工作，在此一并表示感谢！

2019 年是新中国成立70 周年。这70 年，是信访制度不断发展完善的70 年，也是信访工作及时反映社情民意、维护群众合法权益、促进社会和谐稳定的70 年。我们谨以本书，致敬新中国70 周年华诞。

由于时间和水平所限，本书难免有不足之处，希望广大读者批评指正。

**图书在版编目（CIP）数据**

中国信访制度研究／舒晓琴主编．—北京：中国法制出版社，2019.3（2019.8 重印）

ISBN 978 -7 -5216 -0105 -3

Ⅰ．①中… Ⅱ．①舒… Ⅲ．①信访工作 - 工作制度 - 研究 - 中国 Ⅳ．①D632.8

中国版本图书馆 CIP 数据核字（2019）第 056717 号

策划编辑 马 颖　　责任编辑 马 颖 靳晓婷　　封面设计 李 宁

---

**中国信访制度研究**

ZHONGGUO XINFANG ZHIDU YANJIU

主编/舒晓琴

经销/新华书店

印刷/三河市紫恒印装有限公司

开本/710 毫米×1000 毫米 16 开　　印张/15 字数/297 千

版次/2019 年 3 月第 1 版　　2019 年 8 月第 5 次印刷

---

中国法制出版社出版

书号 ISBN 978 -7 -5216 -0105 -3　　定价：59.00 元

北京西单横二条 2 号

邮政编码 100031　　传真：010 -66031119

**网址：http：//www. zgfzs. com**　　**编辑部电话：010 -66034242**

**市场营销部电话：010 -66033393**　　**邮购部电话：010 -66033288**

（如有印装质量问题，请与本社印务部联系调换。电话：010 -66032926）